JN215784

社会変革のための
システム思考
実践ガイド

共に解決策を見出し、
コレクティブ・インパクトを
創造する

デイヴィッド・ピーター・ストロー
小田理一郎 監訳　中小路佳代子 訳　井上英之 日本語版まえがき

英治出版

世界を修復するあり方を私に見せてくれた
祖父のアルバート・サウンドハイマー博士と
母のエヴァ・サウンドハイマー・ストローに捧ぐ

Systems Thinking for Social Change
by
David Peter Stroh

Copyright © 2015 by David Peter Stroh

Eiji Press edition published by arrangement with
Chelsea Green Publishing Co,
White River Junction, VT, USA www.chelseagreen.com
through Japan UNI Agency, Inc., Tokyo

日本語版まえがき

映画のように素敵なリーダーが現れて、何度も壁を乗り越えながら、みんなの困りごとを最後はあざやかに解決する――そんな分かりやすいストーリーやニュースを目の当たりにすると、あんな人が身近にいたら私たちの毎日はもっとよくなるかもしれない、と思わずまぶしく見えてしまいます。これはこれで素敵なことですが、現代の社会や地球の課題は、目に見える以上に、数多くの要素が関わりあっていて、複雑なものになっています。これらの問題は、ひとりのヒーローやリーダーの力だけでは解決できません。いろいろな立場の違う人たちが主体となって、社会を根本のところから変えるような「システム変化」をおこすアクションが必要だと言われています。

私の専門は、「ソーシャルイノベーション（社会変革）」という分野です。特定の社会課題の解決や新しい社会のビジョンを、どのようにしたら意図的に実現できるのか、そのやり方を探求し、実践することで、私たちの日常と社会の変化をつなごうとする新しい分野です。

この本は、「システム思考」というツールを使って、いかに実際に社会に変化をおこしていくのか、という実践にフォーカスをあてた待望の一冊です。著者のデイビット・ストロー氏は、抽象的でつかみにくい概念になりやすかったシステム思考を、彼が経験してきた豊富な実例を用いて、非常に実践的に描いています。

そして何より、私がこの本の大きな貢献だと考えるのは、今、世界の社会変革の分野で多くの人が大切に育て始めているアプローチ、「コレクティブ・インパクト」（＝集合的な社会変化）を実現するために、システム思考が非常に役立つと示していることです。

コレクティブ・インパクトとは？

「コレクティブ・インパクト」とは、個別の努力の限界を超えて、協働を通じて大きな変化を生み出そうという、新しいアプローチについた名前です。ずっと手がつけられなかった、大きな、もしくは根本的な課題に対して、今こそ、多くの人たちの協力によって目に見える結果を出す必要がある、という差し迫った危機感が背景にあります。

この言葉が知られるようになったきっかけは、米国スタンフォード大学が発行する『スタンフォード・ソーシャルイノベーション・レビュー』誌（二〇一一年冬号）に掲載された、「Collective Impact」という記事です。執筆者は、社会課題の解決を専門とするコンサルタントのジョン・カニア氏とマーク・クレイマー氏です。

この記事は世界中に影響を与え、以来、北米のみならず、欧州、中東、中米などにおいて、「コレクティブ・インパクト」と呼ばれるアプローチに取り組む実践事例や、そこから得られた学びが共有されるようになりました。また、日本でも政府の文書や委員会でも取り上げられたり、関連イベントが開催されたりするなど、コレクティブ・インパクトへの取り組みが加速しています。では、「コレクティブ・インパクト」とは、いったいどのようなものでしょうか？

カニアらは、次のように定義しています。

「異なるセクターから集まった**重要なプレーヤーたちのグループ**が、**特定の複雑な社会課題**の解決のために、**共通のアジェンダ**に対して行うコミットメントである」

彼らはこの一文で、非常に重要なことを示しています。「共通のアジェンダ」とは、集まった人たちが一緒に築きあげた、課題に対する理解とこれからの方向性を意味していますが、そのアジェンダを築くこと自体が、大変なことです。同じ課題に対して、私たちは互いに違う見方をしたまま、その解決に向けた話をしていることはよくあります。

この定義を、もう少し柔らかく言い換えてみると、「多くの人が関わる、複雑でむずかしいと思われるテーマに関して、すべての関係する重要プレーヤーが集まり、互いに補い合い強化しあえる関係性をつくり、テーマに関する共通の理解を構築しながら、全体のインパクトにつながるように、それぞれに出来る活動を具体的にデザインし実行する」ということになります。

実際、カニアらは、「コラボレーション（協働）そのものは、特段新しいことではない」が、コレクティブ・インパクトは、それまでの典型的な協働関係とは、はっきりと違っていると述べています。たとえば、これまでの協働は、同じ方向性や関心を持っている少数の組織同士の連携が主流でした。また、多くの場合、問題解決に向けた戦略の部分は特定の組織がリードして描き、他の組織には協力を依頼するという形がとられていました。

ここに、新しい協働のかたちが求められるようになった背景があります。これまでの協働関係ではなかなか問題解決に至らない、それどころか、問題を悪化させてしまうこともあるといった状況は、今までもくりかえされています。

これは、本書の第2章でも述べられている、システム思考を使う条件と重なります。たとえば、〝問題が慢性的で、解決しようとする人々の善意の意図に逆らいつづける（いつまでも解決しない）〟〝利害関係者たちが、足並みを揃えて取り組むのが難しい〟〝利害関係者たちの短期的な努力が、実は、その問題を解決しようという意図を台無しにしている可能性がある〟〝継続的に試行錯誤をつづけるよりも、ベストプラクティスなど、（聞こえのよい）特定の解決策にとびついてしまう〟といった状況が生じていたのです。

それに対してコレクティブ・インパクトでは、システム全体から多様な利害関係者を招集し、対話を通じて現状を理解し、ゼロから解決策を見出していくというプロセスが特徴となっています。

加えて、カニアらは、コレクティブ・インパクトの成功条件として、有名な五つのポイントを挙げています。上記の**「共通のアジェンダ」**に加えて、**「共通の測定手法」「相互に補強し合う活動」「継続的なコミュニケーション」「バックボーン組織」**というものです。

具体的な事例で見てみましょう。カニアらの記事で中心的に取り上げられている〈ストライブ〉

（Strive Together）は、米国オハイオ州シンシナティ市や近郊地域における若者の学力危機に立ち向かうネットワークです。学校区の代表者、教職員、八つの大学の学長、地域の財団、自治体、数百の教育関係NPOやアドボカシーグループなどから、約三〇〇名のリーダーたちが集まり、数年間にわたって取り組みが続けられています。

ストライブは、「ゆりかごから就職まで」を大きな合言葉に、乳幼児から二〇代前半まで、すべての子どもの教育の質を向上するという目標を定め（共通のアジェンダ）、目標達成を測るために「就学前の識字率」「高校卒業率」など六つのカテゴリーごとに五三の具体的な指標を定めました（共通の測定手法）。共通の目標を達成するために、個別の組織が個別に取り組むのではなく、得意分野ごとの連携を促しました（相互に補強し合う活動）。それを支えるためのファシリテーションやコーチングなどを行う支援組織が〈ストライブ〉となっています（バックボーン組織）。

その結果、目覚ましい成果をあげました。具体的には、行政から支給される教育予算が二〇％カットされたにもかかわらず、高校卒業率、小学生の読解と算数の成績、就学前教育を受けた児童の数など、数十の評価指標が向上しています。

ここで、コレクティブ・インパクトの推進を後押しするものとして、私がとくに重要と考えるポイントは、以下の三点です。

❶**必要なプレーヤーたちをしっかり集めた**——ストライブでは、単に仲の良いグループだけが集まったのではなく、ほぼすべてのキーパーソンが招集されました。本書の事例においても、

州の教育局と地方の教育局のようにお互いの仕事をよく思っていない組織同士や、助成金をめぐる競争相手となる団体同士を集める事例が紹介されています。

❷データに基づいて、共通の理解（アジェンダ）をつくった——ストライブでは、対象地域における教育がどのような状況で、何が起きているのか、互いに情報を持ち寄り、事実ベースで全体像を浮かびあがらせ、全体の理解を進めました。ちなみに、日本のソーシャルセクターでは、対象となる受益者のデータが圧倒的に少ない、もしくは行政などから共有されていない状況があります。その結果として、それぞれが自分たちの立ち位置から見える独自の情報に基づいて、独自に問題を把握したり解決策を講じたりすることも多く見られます。

❸相互理解や、関係性の質を高める工夫をした——ストライブにおいて、三〇〇人のリーダーたちは、一五のサブグループに分かれ、二週間に一度のミーティングを三年にわたって続けています。そこではそれぞれの進捗や学びを共有し、評価指標を見直すというプロセスがくりかえされています。これは非常に大切なことで、リーダーたちがそれぞれどんな背景でこの分野に関わっているのか、通常のやり取りでは見えていなかったことまで見えてきます。他者の目が入ることで、自己理解も進み、自分たちが全体の中でどうふるまえば、他の組織との連携の中で、より効果的に活動のインパクトを出せるのかもわかります。何より、「関係性の質」を高めて信頼感を醸成することこそが、自分たちがめざす未来をつくる「行動の質」

に大きく影響することを、関係者全体で認識できます。これ以上の、「アジェンダの共有」はありません。本書においても、四段階の変革プロセスのはじめに「共通の基盤を築く」「協働する能力を構築する」といった、変革に向けた土台づくりが解説されています。

ここで行われているのは、ただ連携するということを超えて、自分たちが大きく実現したい未来や目標に対して、個々の努力が最終的な結果につながるように、それぞれの要素と相互の関係性をより良くデザインする、ということなのです。

本書に登場するホームレス問題の事例でいえば、「ホームレスの発生を防ぐ団体」と「ホームレス状態になった人たちを支援する団体」と「支援サービスつき住居の提供によってホームレス状態を終わらせる団体」という、異なる立場のサービス提供者の間に、新たな関係性を確立するという取り組みがこれにあたります。そうすることで、すべての関係者の問題解決能力が高まり、より大きな変化につながったことが紹介されています。

システム思考とソーシャルイノベーション

本書では、コレクティブ・インパクトを推進するツールとして、システム思考がどう役立ち、深いところからの社会の変化を促していくのかについて紹介しています。著者のストロー氏は、システム思考を「望ましい目的を達成できるように、要素間の相互のつながりを理解する能力」と定義しています。システム思考に触れるのが初めての方への導入となるように、基本的な用語やツールの説明もしています。

では、システム思考という手法は、ソーシャルイノベーションにどのように役立つのでしょうか？　私は、大きく二つのポイントがあると考えています。一つは「(よくしたいのに) 意図と異なる結果が生まれるパターンを紐解く」。もう一つは「個々の要素について、より深い理解ができるようになる」です。この本の冒頭からたびたび登場する、「犯罪者に対する厳しい実刑判決」の事例を見てみましょう。

1．意図と異なる結果が生まれるパターンを紐解く

犯罪者に対する厳しい実刑判決は、次のような意図や期待していたことに反する結果を生み出しています。

意図

犯罪を抑制し、市民を守りたい。

意図に反する結果

- 受刑者の九五パーセントが社会復帰するが、厳しい罰を受けた経験によって心が閉ざされ受刑者たちの再犯率が高まる。
- 受刑者に子どもがいる場合、残された子どもたちは不安定な境遇に置かれ、新たな貧困や犯罪

など、社会不安の可能性も高まる。

しかし、厳しい実刑判決が社会不安や犯罪を生み出す可能性に関しては検討されないまま、厳しい実刑判決がくりかえされています。

この事例で着目したいのは、厳しい実刑判決を出す裁判所の判事は、決して、「犯罪を増やそう！」とは意図していないということです。良かれと思って行っている行為が、必ずしも結果として自ら望む未来に対して貢献していない。それどころか、逆効果であることすらあるのです。つまり、私たちが「意図している」ことと、実際に実現されている「結果」にある、大きなギャップに気づく必要があるのです。

これは、私たちの身近なところでもよく起きています。家族の幸せを願っているにもかかわらず、家庭の関係が悪化してしまうことがあります。同じように、自分が意識していなくとも地球環境に負荷をかけている場合もありますし、組織の誰も望んでいないのに長時間労働が蔓延してしまう、という場合もあるかもしれません。

誰も意図していないのに、どうしてこのような状況が起きるのでしょうか？　これを紐解こうとするのが、システム思考の一つめのポイントだと思います。

2．個々の要素について、より深い理解ができるようになる

複雑な社会システムの全体像を把握するためには、個々の要素の理解が欠かせません。たとえば、

受刑者たちはなぜ犯罪に至ったのか、属性や経済的な状況はどうか、地域特有の状況はあるか、といったことを、もっと高い画素数で見る必要があります。また、受刑者だけでなく、問題に関わるさまざまな人たち、受刑者の家族や友人、近所の住民や職場の人たち、警察や司法、刑務所といった人たちも含まれます。

もちろん、いま問題に関心をもっている自分自身も「要素」の一つです。「自分は受刑者をどのように見ているのか」に気づくのも大事なことです。

システム思考は、自分も含めた各要素がどのようなダイナミズムで関わりあっているのかを観察し、互いの関係性やその背景にあるメンタルモデルなどを理解する際の手立てになります。

そうすることで、それぞれの状況に置かれているプレーヤーたちへの共感や受容が生まれ、システム全体が見えるようになってくるのです。そして、この理解が進んだ時、これまで「課題」や「問題」だと捉えていたものが、違ったものに見えてくることがよくあります。

実刑判決の例では、受刑者を大量に生み出していたのは「犯罪そのもの」よりも、実は「人々の犯罪に対する恐れ」だったのだ、という気づきが生まれたことが示されています。

システムシンカー（システム思考家）になろう

本書でもたびたび登場する、システム思考を世界に広げた一人でもあるピーター・センゲさんは、よく「私たちは、すべて生まれもってのシステムシンカーです」と言っています。また、本書の著者ストロー氏も、「システムを感じる」ことは、ほんとうは子どもの遊びのように簡単なんだ、と述べています。ぜひ、この「システムを感じる」ということについて、日常での経験などと照らし合わせながら、本書を読み進めてみてください。

このシステム思考は、一見、左脳的・分析的に見えますが、実は体感や感情も同じくらい大切です。私たちが日常的に感じている五感や自然とつながる感覚への認識をもち、他者への愛情や共感を育む、つまり「人間らしくあること」と、システム思考は密接につながっています。

自分に起きていることと、同じような状況の人は何人もいて、私たちはいつも誰かを「代表」しています。そして、それは何かの縮図となっていて、同じメカニズムやパターンで社会問題や世界情勢も動いています。ここで、「私」という存在が、自らも変化しながら誰かと共に新しいパターンをつくりだせば、システムを変えるような変化が広がっていくかもしれません。あらゆる「私」という存在には、大切な「代表性」があると思うのです。

私たち人間という生物には、本来、他者の感情を自分のことのように感じ、共感し、他者と協働する力も備わっています。だからこそ、これまで人類は、社会的生物としての力を発揮し、この世界で生き残ってきたとも言えます。

いま、新しい協働のあり方が問われています。どうやったら違いをこえて協働できるでしょうか。また自分を理解するように他者を理解し、つながることができるでしょうか。多様性を保ちながら、コラボレーションを実現できるでしょうか。よりよい未来をつくるために、システム思考が教えてくれるメッセージは大切だと思います。

本書は、社会の問題だけでなく、組織の課題に取り組んでいる人たちに読んでほしいと思っています。あるいは、身の回りの関係性に悩みを抱えている人や、何かを変えるために自分ひとりで始めるのはむずかしいと思っている人たちにも。この本の存在が、誰かを信じることや、他者の背景に好奇心をもって対話してみることの可能性を広げ、多くの人が本来持っている前向きな望みを結集し、よりよい未来につなげていく、大切なきっかけとなることを祈っています。

二〇一八年一〇月

井上英之

社会変革のための
システム思考
実践ガイド

目次

Part 1 社会変革のためのシステム思考

Part 2 四段階の変革プロセス

12 評価のためのシステム思考

13 システム思考家になる

編集部注

・理解を深める一助として、原書にはない改行、太字の処理を施した。

・登場人物の肩書は原書執筆当時のもの。

・団体情報、書誌情報、訳注は脚注にまとめた。

・未邦訳の書籍は、仮題のあとの括弧に原題を記載した。

はじめに

いま本書を手に取っているあなたは、ホームレスの撲滅、教育の推進、公衆衛生の改善、貧困の削減、持続可能な環境づくりといった活動に、熱心に取り組んでいるかもしれない。あるいは別の方法で、人々の人生をよりよいものにしようとしているかもしれない。しかし、変えたいと思っている組織やシステム*が「思い通りに変わらない」と感じることはないだろうか。つまり、あなたが改善しようとする努力の甲斐もなく、その組織やシステムはいままで通り動きつづけるのだ。

組織や社会システムは実際、それ自体が生き物であるかのように振る舞う。

持続可能で画期的な社会変革を実現しようと全力で取り組むとき、こうした力学を自覚せずに取り組むのではなく、理解を深めたうえで意識的にその力学と協働することは有用だ。あなたは、財団や非営利組織、政府機関、議会、または企業のCSR（社会的責任）部門で仕事をしているかもしれないし、そうした職業の人たちへのコンサルティングをしているかもしれない。所得格差の拡大と気候変動によって、多くの人々の脆弱性が高まり、すべての人々の持続可能性が損なわれている。このような時代において、あなたは、世界を救うためにもっと多くのことに取り組まなければと感じているかもしれない。しかも、時間も注目もお金も以前より限られた状況で、もっと多くの成果を挙げることを迫られているかもしれない。

本書の前提となるメッセージは、とてもシンプルだ。**「システム思考の原則とツールを活用すれば、**

＊　システム：システム思考家のドネラ・メドウズは、システムを「何かを達成できるように一貫した秩序をもつ、互いにつながり合っている一連の要素の集合体」と定義した（47ページ参照）。ここでは、「社会」「制度」「仕組み」あるいは「人々の営み」などと考えるとよい。

より少ないリソースで、より永続的に、よりよい結果を得ることができる」。システム思考がなぜ結果につながるのか。それは、次のような効果があるからだ。

- いかに自分自身が、知らず知らずのうちに、自分が解決しようとしている問題そのものを生み出しているかについて、気づきやすくなる。
- 自分自身の意図、思考、行動について振り返り、それを変容させることで、他者に対して最大の影響《インパクト》をもたらすポイントに対する働きかけから始めることができる。
- さまざまな利害関係者《ステークホルダー》に対して、短期的な自己利益を求める行動ではなく、長期にわたってシステム全体の効果を高める行動を促す。
- 善意の解決策が長期的にもたらすマイナスの結果を予期し、それを避けることができる。
- レバレッジ*の効く施策を見つけ出せる。それは、最も効果が高く、永続的で、システム全体規模の改善に向かうような取り組みに、限られたリソースを重点的に投入する、ということだ。
- 継続的な学習を促し、支える。

具体的に、システム全体を考えることを学ぶことがどのような利点をもたらすか、職業分野別に見ていこう。

もしもあなたが**財団の理事やプログラム担当者**だとしたら、会議の主宰者、資金提供者、

＊ レバレッジ：より少ないリソースで、より永続的に、よりよい結果を得ること。システム思考では物理的なてことは違うメカニズムで働くため、あえてカタカナにしている。

社会活動家《アクティビスト》や政策提言者としての役割をより効果的に果たせるようになるだろう。

会議主宰者として……

- さまざまな利害関係者が全体像を見られるように支援する。
- 自分たちが、問題に対してどのように説明責任を果たしているかについて、利害関係者間の対話を促進する。以て、それぞれ自身が、いかに無自覚のうちに、解決しようとしている問題そのものを生じさせているかに気づけるように支援する。
- 人々が、部分最適ではなく、システム全体を最適化するよう促す。

資金提供者として……

- 慢性的かつ複雑な問題の根本原因を明らかにする。
- レバレッジの効いた介入策を見つけ出す。
- 長期にわたって投資する姿勢と、長期的なインパクトを評価する能力を高める。

社会活動家《アクティビスト》や政策提言者として……

- 政策立案者や一般市民に、それぞれの解決策がもたらす短期的な結果と長期的な結果を対比させて知らせる。
- 長期的には問題を悪化させるだけの可能性が高い「応急処置」への依存を軽減する。

- 人々の、より高く、より長期的な志の後押しにもなるような、現れたばかりの小さな成功を擁護する。

もしあなたが外部の資金提供に頼る**非営利団体や政府機関の職員**ならば、

- 解決したい問題についての理解を深められる。
- あなたが携わっているコミュニティの関係者たちを、より効果的に巻き込める。
- あなたの洞察を抽出し、「千語の価値がある」ループ図に落とし込んで可視化できる。
- 限られたリソースを最もうまく活用できる、戦略的な介入策を見つけ出せる。
- 上記のことすべてを盛り込んだ、より説得力のある助成金申請書を作成できる。

もしあなたが**議員や政策立案者**ならば、

- 社会問題の解決のために最善が尽くされているにもかかわらず、なぜその問題がなくならないのかを、より明確に考えられる。
- 解決策が長期的にもたらす、意図せざるマイナスの結果を予期し、避けることができる。
- 市民の税金を最大限に活用する、レバレッジの効いた介入策を見つけ出せる。
- 上記のことすべてをもとに、法案や政策案の利点を有権者に力強く伝えられる。

企業の社会的責任（CSR）の責任者ならば、システム思考によって、市民セクターおよび公的セクターの主要な外部の利害関係者たちとの間に、より効果的な協調関係を構築できる。

- 全体像がよりはっきりと見えるようになる。
- あなたの組織の行動がもたらす意図せざるマイナスの結果を発見し、受け入れる。
- 外部の利害関係者と協力して、長期にわたってすべての関係者に利点をもたらす可能性が高い解決策を策定する。

すでに**システム思考を実践し、社会変革に全力を投じている専門家**ならば、本書で説明する実証済みの変革プロセスに、システム思考をどのように組み込むかを学ぶことができる。

あなたが**組織開発やコミュニティ開発のコンサルタント**ならば、システム思考を用いて、人々の変わろうとする意欲を高め、多様な利害関係者間の協働を促し、レバレッジの効いた介入策を見つけ、継続的な学習に打ち込む姿勢を呼び覚ませるだろう。

何を学べるか

本書は、システム思考とは何か、またどのようにあなたの仕事に役立つのかを理解してもらうことで、前述のような利点を得られるように支援するものだ。また、あなたがシステム思考の専門家にならなくても、基本的な原理とツールを十分に理解し、問題解決や意思決定や戦略策定に、システム思考を応用する方法を学ぶことにも役立つだろう。

具体的には、次のことを学べる。

慢性的かつ複雑な社会問題に対処するために、従来の線形の思考ではなく、システム思考を活用する。アインシュタインは、「われわれの直面する重要な問題は、その問題を生み出したときと同じレベルの思考では解決できない」と言った。慢性的かつ複雑な社会問題を解決するには、従来の思考よりもシステム思考のほうが適している。逆に、社会問題の解決策について従来の思考法で対処することは、無自覚に問題を永続させることになりやすい。

問題解決のための原理としても、分析ツールとしても、システム思考を用いる。本書で取り上げるツール——ピーター・センゲによって広められた**氷山モデル、ループ図、システム原型、バスタブ・モデル**——は、社会問題への対処方法を変えるのにひじょうに効果的であることが実証されている。[1] 経営コンサルタントのラム・チャランは、優秀なリーダーは「情報がいかに複雑でも、問題の表面ではなく核心まで一気にたどり着く」と説いた。[2] 本書では、数々の分析ツールの中で、[3] なぜシステム思考が「問題の核心までたどり着く」のにとりわけ役立つのかを明らかにする。

システム思考を、実証済みの四段階の変革プロセスに組み込む。多くの変革プロセスは、多様な利害関係者をとりまとめようとする際に見過ごしてしまうことがある。それは、すべての関係者に対して、「自分たちの思考とそこから生じる挙動が、いかに無意識のうちに、システムにおける自分や他者のパフォーマンス*と、システム全体の効果を損ねているか」を理解してもらうことだ。言い換えると、共通する懸念の周辺で共通の基盤を築くことはあっても、関係者たちが、何が起こっているのかについてだけでなく、なぜ起こっているのかについての共通理解にいたることもない変革プロセスが多いのだ。根本原因を探す際、人々はたいてい、「自分は最善を尽くしていて、悪いのはほかの誰かだ」と思い込んでいる。リーダーシップ論の専門家であるビル・トルバートの言う「自分が問題の一部であることに気づかなければ、その解決策の一部になることはできない」ことがわかっていないのだ。それに対してシステム思考は、人々が、自分自身の思考と挙動も含めた根本原因に対する深い洞察を見出し、レバレッジの効いた介入策を見つけられるようにする。

本書では、システム思考を基盤とした、**四段階の変革プロセス**を紹介する。これは、〈イノベーション・アソシエイツ・オーガニゼーショナル・ラーニング〉での長年の同僚であるマイケル・グッドマンと私が、一五年以上をかけて開発したものだ。また、本書では、どのようにして他の変革プロセスにシステム思考を組み込めるかも論じる。近年、複雑性に対処し、リソースを共有する一つの方法として、多様な利害関係者を巻き込むプロセスが数多く開発されている。[4] システム思考の観点から言うと、**最も重要なことは、関係者たちが、「今の現実は、自分の外側に存在するものでも自分と無関係なものでもなく、自分が生み出したものにほかならない」という深い気づきを培えるよう支援することだ。**

イノベーション・アソシエイツ・オーガニゼーショナル・ラーニング：
Innovation Associates Organizational Learning

＊　パフォーマンス：人や組織の関わるシステムにおける「パフォーマンス」とは、知識、スキル、能力を駆使して仕事を遂行することを意味する。その結果の側面に注目すると、文脈に応じて「業績」（ビジネス）、「成績」（学校）、「成果」などと捉えることができるが、繰り返し結果を出すためにはそのシステムのもつ能力自体や、能力発揮の条件などの側面が重要となる。製品や設備におけるパフォーマンスならば「性能」に相当する。さまざまな文脈でしばしば使われる用語であるため、本書では、カタカナで「パフォーマンス」と表現する。

人々が達成したいと掲げる目的と、彼らが今得ている見返りのどちらを優先するか、意識的な選択を促進する。システムは、人々が現在得ている結果を得るべく設計されている。[5] つまり、システムがどれほど機能していないように思えても、システムに関わっている人々への何らかの見返りを生み出しているということだ。この変革プロセスにおいてきわめて重要な介入は、人々が変革の便益と現状維持《ステータス・クオ》の便益を比べられるように――そして、彼らが今得ている見返りと、彼らがそのシステムに達成してほしいと掲げる目的のどちらを優先するか、意識的な選択を行えるように――支援することだ。また、この支援は、人々が最も大切にしているものとのつながりを深め、彼らの最も高い志に貢献していない現在の見返りを手放すことも後押しする。

システム思考を、「将来を見通すこと」と「過去を振り返ること」の両方に役立てる。この本ではまず、システム思考を**過去を振り返る**ツールとして使うことを紹介し、慢性的で複雑な社会の問題をよりよく解決していこうという人たちの助けとしたい。それには、まず、なぜこれまで彼らが最善を尽くしてきたにもかかわらず、成功を収めていないかについて、深く理解することだ。システム思考を過去を振り返るツールとして使うことは大切である。なぜなら多くの場合、人々は、自分が解決しようとしている問題についてまず十分に理解することをしないまま、さらなる問題を作り出してしまうからだ。

同時に、この本で明らかにするのは、システム思考をどのように**将来を見通す**ツールとして使い、あなたが戦略をつくるときや、評価を行うときに役立てるのか、ということだ。ここで学ぶのは、構造のツボ《レバレッジ・ポイント》をシステム的な変化の理論《セオリー・オブ・チェンジ》に織り込み、まだ前例のない新しいシステムをデザインすること、自分にとっての優先順位を見極めること、そして、システムがもつ原則に根差した評価手法を作っていくことだ。

システム思考を、単に思考法としてだけではなく、あり方を体現する方法として培う。システム思考は、自分の行動にもっと責任をもって、困難な選択をとろうという気にさせる。そのため本書では、**思考法を超えた枠組み**と捉えている。システム思考が認知面だけでなく、感情面でも精神面でも行動面でも人々にどう影響を及ぼすかを説明する。あなたは、全体像から考える能力を構築するにつれて、単に新しい**方法**を習得するだけでなく、新しい**あり方**を体現できるようになるし、それを求められていることに気づくだろう。新しいあり方とは、好奇心、思いやり、勇気といった、新しいスキルを獲得して深めるための一連の性格特性を育んでいる状態のことである。

これらの概念を、これまで私や同僚たちが、システム思考を社会変革の取り組みに適用した際の経験と共に、詳しく紹介していく。本書では、以下のような事例を取り上げる。

- 一〇万人のコミュニティにおいて、ホームレス撲滅の一〇年計画への協力と連携を強める。
- 州全体でより効果的な乳幼児期の発達支援と教育制度を設計する。
- 全米の州、郡、市における、環境衛生の質を高める。

- 刑務所から出所したばかりの人の再犯率を減らすために、司法制度を改革する。
- 州内の幼稚園～高校の教育改革を担当する、二つの政府機関同士の関係を改善する。
- 農村部の人々の運動と、健康に良い地元産農作物の消費を促進する。

本書の構成

本書は三部構成となっている。

第1部では、社会変革にシステム思考がどう役立つかを紹介する。

第1章では、慢性的な社会問題を解決しようとする人々の最善の努力が、なぜ期待された結果を生み出さないことが多いのかを説明する。また、**システム**と**システム思考**を定義し、従来の思考法との違いを述べる。

第2章では、変革の四つの難問に対処する際に、なぜシステム思考が効果的なのかを説明し、システム思考が効果を発揮する状況の六つの条件を示す。また、**コレクティブ・インパクト**と呼ばれる先駆的なセクター横断の協働プロセスに、システム思考がどのように寄与しうるかについて論じる。

第3章では、**ストーリーテリング**になぞらえたシステム思考を紹介する。現状維持にしばしば見られるよくあるストーリーと、生産的な変化を促すシステムのストーリーという、二種類のストーリーの違いを明らかにする。また、ストーリーを創り出す言語の力と、ストーリーを形成する基本的な構成要素を簡潔に論じる。

第4章では、多様な社会問題の根底にある、より豊かなシステムのパターンや**筋**を浮き彫りにすることによって、第3章で述べたストーリーテリングの意義を深める。

すでにシステム思考を習得された読者なら、システム思考がどのように変化に寄与するかを述べた第2章をとくに読んでいただきたいが、第3～4章は参考事例を知るためにざっと目を通すくらいでもよいかもしれない。

第2部では、変革プロセスについて論じる。

第5章では、以下の四段階の変革プロセスを紹介する。

❶変革の基盤を築く。
❷今の現実に向き合う。
❸最優先事項は何か、意識的な選択を行う。
❹人々の志と現状との間にある乖離を解消する。

第6章では、**変革の基盤を築く**方法について論じる。つまり、主要な利害関係者を特定して巻き込み、共通の基盤を確立し、協働能力を開発することだ。この章では、「高い志と目先の自己利益の両方に突き動かされる利害関係者たちと、いかに協働するか」「いかに果てしない挑戦のように思える取り組みに、関係者の力を結集するか」「いかに複雑な世界で、人々が責任ある参加者となれるような関係構築スキルを高めるか」などの課題を扱う。

第7章では、変革プロセスの初期段階で、いかにして利害関係者が**今の現実を深く見つめるか**――そして、なぜこの段階が重要であるか――を説明する。多くの場合、変革プロセスの初期段階では、誰もが「成果を挙げたい」という願望を抱く。しかし、何が本当の問題で、それを解決するために何をするべきかについての認識は、関係者それぞれひじょうに大きく異なるものだ。彼らは、自分たち自身の意図や信条や行動が、自分自身のパフォーマンスだけでなく他者のパフォーマンスにもいかに影響を及ぼすかを正しく理解していない。全体像が見えないために、解決しようとする問題そのものを永続させるリスクのある、おなじみの解決策を提案しがちなのだ。あるいは人々は、全体像のあまりの複雑さに気が遠くなり、「今までのやり方を変えることなどできるのか」と疑問に思うかもしれない。この章では、今の現実を評価する方法を説明する。まず、システム分析のための情報を、収集・整理する方法を述べる。つぎに、いくつかの事例における分析結果を紹介する。そして、多くの重要な要素と視点を網羅できるほど包括的でありながらも、伝えやすく、取り組みやすいだけの単純さも併せもったシステム分析の方法を示す。

第8章は、システム分析の結果への支持を得る方法を扱う。分析の結果生まれた新たな洞察を、どのようにして利害関係者に受け入れてもらえるかについては、一章分を割く意義があるだろう。なぜなら、システム思考の用語はなじみがうすいうえに、「他者への責任転嫁をやめて自分の責任だと認めよう」というメッセージは、なかなか快く受け入れることはできないからだ。この章では、この難問に対処するための、以下の三つの方法について説明する。

❶ できるだけ**自分自身を含めたシステム分析**に、関係者を巻き込む。
❷ 人々の行動に影響を与える**メンタル・モデル**を浮き彫りにする。
❸ 気づきと受容を促し、代替策を生み出す**触媒的な会話**の場をつくる。

第9章は、利害関係者が、そのシステムに達成してほしいと望む目的について、情報に基づいて**意識的な選択**を行えるよう導く。システムはそれがどれほど機能していないように思えても、常に、何かを達成するよう設計されている。それゆえに、そのシステムがいま達成している目標と、人々が達成したいと切望することを区別し、必要ならばどちらかを選択するように支援することがきわめて重要となる。この章では、人々が、（自分たちが深く望むことと照らし合わせて）変革による便益と、現状維持の見返り（関係者が現状のシステムに関与することで得られる、しばしば表面に現れにくい便益）とを比較する方法を説明する。通常、現在得ている見返りと人々のより高い志との間にはトレードオフがあるので、このプロセスは、利害関係者が、何が最も大切か、何が最も達成したいか、よりいっそう重要なことを実現するために何を手放してもよいかに基づいて、意識的な選択を行えるよう後押しする。この時点で関係者は、ビジョンの実現に伴う犠牲も認識するので、共有ビジョンの意義が深まる。そのシステムの一部だけを最適化するのでなく、システム全体を最適化することに、もっと前向きになれるのだ。

第10章では、関係者が、今の現実と、自分たちが意識的に選んだ方向との橋渡しをする。そのためには、**構造のツボ**《レバレッジ・ポイント》を見つけること、継続的な学習と波及のプロセスを確立する作業が必要だ。この章で扱う構造のツボ《レバレッジ・ポイント》は、以下の四つだ。

❶しばしば自明でない利害関係者間の相互依存性に対する、人々の気づきを高める。
❷重要な因果関係を「配線し直す」。
❸根底にある信条や前提を変容する。
❹選択した目的に沿うように、目標や測定基準、インセンティブ、権限構造、資金調達の流れを変える。

また、経験からの学習、リソース供給源の拡大、うまくいく施策の展開を通じて、前述した四段階の変革プロセスをいかに発展させるかも示す。

第3部では、システム思考を用いて未来を形作る三つの方法を論じる。

第11章では、**戦略計画の策定**にシステム思考を適用する方法を扱う。線形の変化の理論《セオリー・オブ・チェンジ》よりも**システム的な変化の理論**《セオリー・オブ・チェンジ》が優れている点を説明し、二つの主要な理論を紹介する。そして、どうすればこういった理論を用いて、構造のツボ《レバレッジ・ポイント》、重要な成功要因、さまざまな優先事項を一体化して、長期にわたって航行可能な首尾一貫した戦略を策定できるかを示す。

第12章では、資金提供者から尋ねられることが多い「システム思考はどのように評価に寄与しうるか」という問いに答える。**システム的な評価**を行うための指針と、システム的な変化の理論《セオリー・オブ・チェンジ》の正当性を確認するための具体的な助言を提供する。

最後に第13章では、**システム思考家**としてのあなたの能力を長期にわたって開発するための、三つの指針を紹介する。

❶システム的な手法の認知面・感情面・行動面・精神面を統合する姿勢を培う。
❷実践することで学習する。
❸システム的な問いを立てる。

まとめると、本書は、解決が困難に思えたさまざまな社会問題に直面した人々と共に、私たちが数十年にわたって取り組んで検証してきた手法を用いて、より生産的に考え、実践する方法の数々を提供するものだ。すでに高いスキルをもっているチェンジメーカーであっても、自分の目標に近づくため、また生涯にわたって不可欠となる問題解決能力を高めるために、本書を役立てていただけるだろう。

数年にわたって私は、米国疾病予防管理センター（CDC）の環境衛生リーダーシップ研究所の研究員たちに、システム思考の手法を教えてきた。このプログラムの報告書によると、研究員たちは以下のことを学んだという。

- 困難な課題を考え抜く方法
- 自分は何がわかっていないのか、どうやってそれを学べるのかを理解する方法
- 効果的な問いの立て方
- 他者の視点から現実を見ることによって、より効果的に他者を巻き込む方法
- 柔軟かつ具体的な問題解決策の適用法
- 多くの要素間のつながりを明らかにし、複雑な問題の根本原因を見つけ出す、より大きな全体像の捉え方
- 最優先事項に焦点を当てる方法
- 既存のプロセスと手続きを支配する、根底にある前提と方針を変容させることによって、深いシステムの変容を築く方法

これらの結果は、本書を読み進めることで、社会変革のためのシステム思考が何をもたらし、あなたにどのような改善機会を供するかの証左にほかならない。

Part 1

社会変革のための
システム思考

1 なぜ善意だけでは不十分なのか

次の見出しをよく読んでほしい。どれも実際の出来事に基づいている。

「ホームレス保護施設があるために、ホームレスがなくならない」
「麻薬取り締まりによって、麻薬犯罪が増加」
「食糧援助が、飢餓増加の原因に」
「〝厳しい〟実刑判決を続けても、凶悪犯罪への恐れは減らず」
「職業訓練プログラムが、失業率悪化を引き起こす」

ここでは何が起こっているのだろうか？　なぜ、善意の政策が、それによって実現するはずのことと真逆の結果を生み出すように見えるのだろうか？

このように、うまくいかなかった多くの社会政策を詳しく見てみると、似たような特徴がある。それは以下のようなものだ。

- 根本的な問題ではなく、症状への対処に留まっている。

- 誰の目にも文句なしの策に映るし、短期的には成功する場合が多い。
- しかし、長期的なインパクトによって、短期的な効果が徐々に損なわれていく。
- 意図せざるマイナスの結果を生み出す。
- 私たちに、「その問題が再発するのは自分のせいではない」と思い込ませる。

たとえば、厳しい実刑判決は、大都市の犯罪を引き起こす条件となる、社会経済的な根本原因に対処していない。加害者が投獄され、差し迫った脅威は薄れても、受刑者の九五パーセントは最終的に社会復帰する――しかし、罰を受けた経験によって受刑者の心は閉ざされ、コミュニティに貢献可能な形で復帰する準備が十分にできていない。出所者のうち、半数近くが三年以内に再び罪を犯して収監される。[1] それに加えて、この現在のシステムはコミュニティの構造基盤をいっそう弱める。なぜなら、子どものいる親を収監すれば子どもの面倒を見る人がいなくなるため、それによってさらなる不安定が生まれ、新たな世代の犯罪者が生み出される可能性が高まるからだ。このシステムはまた、貴重な公的資金の使いみちを、犯罪を永久に減らせるかもしれない社会経済政策と刑事司法改革ではなく、別のことに振り向ける。結果として、収監歴のある人が再び罪を犯すと、その人は刑務所に送り返される一方で、厳しい実刑判決が再犯の一因となった可能性については考慮されることがない。

医療分野のエッセイストとして受賞歴のあるルイス・トマスは、次のように述べている。「たとえば、あなたが複雑な社会システムに直面して、そのシステムにまったく納得できず、色々なところを修正したくてたまらないと感じたとしよう。そして、よかれと思い修正に取りかかったとしても、そううまくはいかないものだ。これは現代社会でひじょうにがっかりすることの一つだ。……何かを修正したいなら、まずは、システム全体を理解しなければならない」[2]

システム思考と従来の思考法を区別する

システム全体を理解するとは、どういう意味だろうか？　第一に、従来のレンズではなく全体的なレンズを通して、自分が変えたいと思っている状況を正しく理解する、ということだ。もしあなたが、「システム全体を見るレンズ」は高尚すぎて、多くの人の理解を超えるものだと思うなら、断言しよう。それは子どもの遊びのように簡単なことだ。

子どものいる人なら、幼い子どもが散らかしたものを自分が片付けていた頃のことを思い出してほしい。子どもは服を床に脱ぎっぱなしにして、もっとおもしろいことのほうへと気を移す。あなたは何度も、服を洗濯物袋に入れるように子どもを促しては失敗し、結局、あきらめて自分で洗濯物袋まで運んだことだろう。子どもが戻ってきたときには、服はなくなっている。まるで手品のように。「これは使える！」と子どもは考えるに至る。非線形の関係性、時間的な遅れ、成功（子どもの視点からの成功。必ずしもあなたにとっての成功ではない）――これらはすべて、ひじょうに有能なシステム思考家の徴候なのだ。

従来の思考法、つまり線形の思考法は、「手を切ったので、傷口が治るように絆創膏を貼る」というような、単純な問題には機能する。それは、ほとんどの人にとって、学校で教わり、今でも自然にたどってしまう思考法の土台でもある。つまり、「部分に焦点を当て、その部分を最適化することで最も効果的に全体に対処できる」という前提に基づいて、世界を学問分野で分けたり、問題をその構成要素に分けたりするという考え方だ。

だが、従来の思考法は、あなたが解決したいと思っているような、複雑かつ慢性的な社会問題や環境問題に対処するのには適していない。システム思考が欠かせないのだ。表1－1が示すように、システム思考は、いくつかの重要な点で従来の思考法とは異なる。

たとえば、問題がホームレスの場合、解決策は単に保護施設の提供だけに留まらない。路上生活者たちの多くは、周期的に保護施設、路上、病院、拘置所を巡るので、一時的な保護施設を提供するだけでは不十分だ。さらに、「ホームレスでありつづける人たちは、自分の家が欲しくはないのだろう」と安易に結論を出しがちだが、実は恒久住居とそれに伴う安心を求めている場合が多い。そのうえ、保護施設に資金

表 1-1　従来の思考法とシステム思考の違い

従来の思考法	**システム思考**
因果関係は明白で、簡単にたどることができる。	因果関係は間接的で、明白ではない。
問題は、組織内外にいる他者のせいであり、変わるべきはその他者である。	私たちは無意識のうちに自分たち自身の問題を生み出しており、自分たちの挙動を変えることで問題解決のための手綱を握ったり、影響を及ぼしたりできる。
短期的な成功を得るために設計された施策は、長期的な成功も約束する。	応急処置はたいてい予期せぬ結果をもたらす。長期的には何も変わらないか、事態が悪化する。
全体を最適化するためには、部分を最適化しなければならない。	全体を最適化するためには、部分と部分の**関係**を改善しなければならない。
多くの個別の取り組みに、同時並行して、積極果敢な対処をしなければならない。	いくつかの、変化へのカギとなる協働的な取り組みを長期にわたって持続させることで、システム全体の大きな変化を生み出せる。

出典：Innovation Associates Organizational Learning

を投入することで、ホームレス状態を終わらせることを目的とした政策の実行や財源の確保も難しくなる。

ホームレスをなくすには、手頃な価格の恒久住居、慢性的なホームレスに対する支援サービス、経済開発などを含む、複雑で長期的な対策が必要だ。これはつまり、ホームレスの発生を防ぐ団体と、ホームレス状態になった人たちを支援する団体、支援サービスと雇用が保障された恒久住居の提供によってホームレス状態を終わらせる団体の間に、新たな関係性を確立するということだ。サービス提供者を連携させて、「支援サービスを伴う手頃な価格の恒久住居」という終着点に向けて、連続した支援ができるようにする。そうすることで、すべての関係者の問題解決能力が高まるのである。

短期的に機能する解決策が長期的にはマイナスの影響を及ぼすことが多いという原則は、「**悪くなる前に良くなる挙動**」として知られる現象で、資金提供者や政策立案者にとって重要な意味をもつ。この原則によって、助成団体が「慈善の難題」と呼んでいる課題、つまり、今すぐできる解決策か、時間をかけて受益者を支援する解決策かを選択する課題が生じる。またこの原則ゆえに、政策立案者やビジネスリーダーたちは、応急処置の危険性について、投票や支援を行う一般市民や投資家たちにどう説明すればよいか、という難題に直面する。短期的に問題を緩和することが、どのように長期的に悪影響をもたらすかは明確にしづらいからだ。即座に満足を求める世界では、「ただほど高いものはない」ということを人々に気づいてもらうのは容易ではないだろう。

これと対照的な原則は、システム思考の用語で「**良くなる前に悪くなる挙動**」として知られている。これはつまり、長期的に成功するには、短期的な投資または犠牲が必要な場合が多いということだ。長期的な成功を目指して努力するよう人々を動かしたければ、あなたがリーダーとして、あなた自身が最も実現したいと願う、長期的な志に従って行動しなければならない。また、以下のような行動も求められる。

- 結局は長期的な効果を損なうことになる応急処置に抵抗する。
- 支援の対象者と協働して、現実的な期待値を設定する。
- 長期の結果につながるような短期の成功目標を設定し、人々に、口約束ではなく真の希望を与える。

システム思考の定義を練り上げる

もう一つの有用な区別としてここで紹介したいのは、システムとシステム思考の違いだ。実践家の中でも傑出した貢献が評価されるシステム思考家のドネラ・メドウズは、システムを「何かを達成できるように一貫した秩序をもつ、互いにつながり合っている一連の要素の集合体」と定義している（強調は筆者による）。[3] メドウズの定義は、システムはある目的を達成するという事実を示している。だからこそシステムは安定していて、変えるのが難しい。だが、この目的は往々にして、私たちがそのシステムに達成してほしいと望んでいることではない。

メドウズの定義を発展させて、私はシステム思考を「望ましい目的を達成できるように、要素間の相互のつながりを理解する能力」と定義する。システム思考がもたらす利点の一つは、システムが達成しようとしている目的を私たちが理解するのに役立つことだ。これによって私たちは、自分が望んでいると思っていること（標榜する目的）と、実際に自分が生み出していること（実際の行動時に使っている目的）との違いについて、じっくりと考えるよう促される。この二つの食い違いを一致させるというのが第9章のテーマだ。

もしかするとあなたは、一般システム理論[4]、複雑性理論、システム・ダイナミクス、ヒューマン・システム・ダイナミクス、生命的システム理論など、システム思考のさまざまな流派に出会ったことがあるかもしれない。こういったすべての流派が、前述した表1－1に書かれているシステム思考の原則の大部分について一致する傾向にある一方で、システムの分析と改善方法の特定に用いられる手法が異なっている、ということを知っておくのは役に立つだろう。

本書は主に、システムにおける**フィードバック・ループ**[*1]の概念に基づいており、ピーター・センゲが著した経営書の古典『学習する組織』と『フィールドブック 学習する組織「5つの能力」』[5]で初めて一般に知られるようになった**ループ図**[*2]というツールを用いる。こういったツールは、システム・ダイナミクスやソフト・システムズ方法論など、他の種類のシステム分析と統合しうるものだ。

私は、このフィードバックのツールを重視しているが、それにはいくつかの理由がある。ピーター・センゲの本の中で言及されている考えの多くを先駆けて実践するコンサルティング会社を、チャーリー・キーファー、ピーター・センゲ、ロバート・フリッツと共同で設立した者として、私

*1　フィードバック・ループ：原因から結果への一方向・線形への因果関係だけでなく、結果が原因へ影響を与える双方向・環状の因果関係がある際に、その相互作用の系の構造を「フィードバック」「フィードバック・ループ」あるいは略して「ループ」と呼ぶ。フィードバック・ループには大別して、変化を強める動態（ダイナミクス）を生み出す「自己強化型」と、変化を打ち消す動態（ダイナミクス）を生み出す「バランス型」の2種類がある。文脈や応用するフィールドによって、以下のように言い換えられるのが一般的だが、名称が変わっても同じ種類の因果関係の構造を指す。
自己強化型ループ：強化（型）ループ、拡張（型）ループ、Rループ（Reinforcing Loop）、正のフィードバックなど。
バランス型ループ：均衡（型）ループ、収束（型）ループ、Bループ（Balancing Loop）、負のフィードバックなど。

にはこれらのツールを実務に活かした三五年間の経験がある。私はまた、非営利・公共・民間の三つのセクターすべてのリーダーが参加するコミュニティにおいて、持続可能かつ画期的な変化を実現するうえで、それらがいかに力強いツールになりうるかも目のあたりにしてきた。加えて、それらのツールは、（センゲや、私たちの他の同僚の多くが行ってきた仕事の評判が証明しているように）さまざまな人々によって幅広く認識され、十分に理解されている。

システム思考に対するよくある誤解は、単に問題解決のための技術や考え方をまとめたツールであるというものだ。しかしピーター・センゲは、学習する組織を生み出す「第五のディシプリン」としてシステム思考を位置づけることによって、システム思考をより幅広い文脈の中に組み込んだ。この文脈には複数の側面が存在する。

- **認知的な側面**――長期にわたって多様な人々の利点になるであろうものを理解し、明確に表現する能力。
- **感情的な側面**――より高い目的に仕えて自分の感情の手綱を握る能力。
- **物理的な側面**――人々をまとめ、協働を可能にする能力。
- **精神的な側面**――私たちの個人および集団としての思考が、私たちの望む結果にどのように影響を及ぼすかを認識する能力。

この最後のポイントは、システム思考がもたらすもう一つの重要な利点を説明している。それは、

＊2 ループ図：相互作用に関わる要素を因果関係の矢印で結び、どのような相互作用の系があるかを示すシステム図の一種。英語では「Causal Loop Diagram(CLD)」であり、「因果関係図」と訳す書籍もある。本書では、「システム原型」の基本雛形部分のみで書かれた図に対してさらにループや要素を加えた図、あるいは列挙された要素から展開して作成した図をループ図と呼んでおり、バスタブ・モデル、ストック・フローを含めず、要素間の因果関係とフィードバックを中心に表現している。広義には、システム原型を表す図もループ図である。

『学習する組織――システム思考で未来を創造する』（ピーター・M・センゲ著、枝廣淳子ほか訳、英治出版、2011年）
『フィールドブック 学習する組織「5つの能力」』（ピーター・M・センゲほか著、柴田昌治、スコラ・コンサルト監訳、牧野元三訳、日本経済新聞出版社、2003年）

この方法論が責任とエンパワーメントに重点を置いていることだ。私たちが周りを見回せば、毎日のように、かつてはよく練られた計画だと思えたものから生じる、意図せざる結果が目に入ってくる。そういった計画を考えた人が皆、最善の意図をもっていたという点には疑いの余地がない。子どものいる犯罪者を次々に投獄している判事は、自分は市民を守っているのだと信じているだろうが、同時に、残された子どもから見れば、問題を悪化させて長期にわたって犯罪行動を永続させることになっているのだ。このことを判事自身は十分に理解していないかもしれない。ホームレス保護施設の運営者は、路上生活者たちを風雨から守っていると信じているだろうが、保護施設は、支援サービスつきの恒久住居という、より人間味のある持続可能な解決策に重要なリソースを配分できなくさせるものだということを十分に理解していないかもしれない。

つまり、負担が別の人に転嫁され、意図せざる結果が表面化し、さまざまなシステム的な問題が善意から起こる。複雑な問題を解決したいのであれば、いかなる問題であっても、個々のプレーヤー全員が、どのように自分たちが無意識に問題に関わっているかを認識する必要がある。ひとたびそのプレーヤーたちが問題に対する自分自身の責任を理解すれば、そのシステムの中で彼らが最も大きくコントロールしている部分——つまり自分たち自身——を変えることから始められる。前述したように、永続する変化のための最大の機会は、すべてのプレーヤーが自分たち自身の意図、前提、挙動についてじっくりと考え、それを転換するときに訪れるのだ。

まとめ

- 慢性的で複雑な社会問題に対して従来の思考法を適用すると、社会システムを改善しようとする人々の善意が台無しになる場合が多い。
- システム思考は、いくつかの重要な点で従来の思考法とは異なる。
- 社会システムは常に、ある目的を達成するために設計されているが、それは、人々が達成したいと望んでいる目的と同じとは限らない。
- 本書で用いられる、複雑な社会システムを分析する手法は大きな利点を数多くもたらすし、他の分析的な方法を補完するためにも使うことができる。

2　システム思考〝インサイド〟──社会変革の触媒

二〇一一年夏、アイオワの州教育局と州内の地域教育局を代表するリーダーの一団が、連携の方法を改善するために集まった。この二つの組織は、両方とも幼稚園～高校の教育の質に対する責任を負うが、従来、別々に資金提供を受け、独立した組織として機能してきた。だが、新たな難題が生じていた。予算の制約が強まっていたうえに、テスト結果が全国の平均点に比べて伸びていなかったのだ。子どもたちにとって、より質の高い、より統合された教育支援の仕組みが求められていたが、そのためには州教育局と地域教育局の両方が、より緊密に連携する必要があった。他の州も同様に、似たような課題に直面している。教育への期待が高まる一方での予算削減。さらに、標準化された制度を促進したい中央機関と、地域内の学校に合わせた変革を追求したい地域教育局との間にある対立、といった課題だ。

あらゆるセクターで数多く見られる合併の失敗例が示すように、協調関係の構築は容易なことではない。だが、アイオワ州の場合、〈コラボレイティング・フォー・アイオワズ・キッズ（アイオワの子どもたちのための協働）〉という新たなパートナーシップが、大きな成功を収めている。二つの組織は今、共通の目的・ビジョン・価値観の下に運営を行っている。共同で策定された成功理論を支持して、共通目標に向かって活動し、地域の学区の代表者と共に月次会議を開き、共通の評価

アイオワ州教育局：Iowa Department of Education
地域教育局：Area Education Agencies
コラボレイティング・フォー・アイオワズ・キッズ：Collaborating for Iowa's Kids

基準を見直し、有意義な結果を出している。このプログラムは、四年前に始まってから拡大しつづけてきており、八〇～一〇〇人の参加者を得るまでになった。運営委員会は、戦略と個別の取り組みの一貫性を保ち、新たな取り組みで本当に協働ができているかを確かめる。州教育局と地域教育局、地域の学区のメンバーを含む作業グループは、優先する取り組みを決める。この大きなグループは、学習するコミュニティとして機能する。データを検証し、施策がもたらす意図せざる結果に対処し、施策を強化しうる方法を提案し、作業グループの計画を再検討するのだ。幼児期の読み書き能力を伸ばす取り組みを検証する学区を、州全体に設けた。そして、それぞれの学区において包括的な施策が実施された。専門能力の開発、生徒向けの手引きの作成、学校チームと地域教育局の提携団体が共同で行う計画策定やモニタリングの実施、評価計画の策定、幼稚園から小学校三年生までの教師向けの指導、データ収集・分析などの施策だ。

他の多くの州では期待はずれに終わっている時勢に、この協調関係の発展を可能にしたものは何だったのだろうか？　多くの理由がある中で、両グループを団結させたポイントが二つある。一つめは、協働を始めたばかりの頃から、経験豊かなコンサルタントであるキャスリーン・ザーカーが関わっていることだ。ザーカーが担っている役割は、両グループに共通する志を明確にすることだ――これは、システム思考の手法の一つの基軸である。二つめは、両組織のリーダーたちは、私とともにシステム思考を活用して、自分たちがアイオワの子どもたちの人生をよりよいものにしたいという意図を共有しているにもかかわらず、なぜ協働するのが難しいのかということに対する理解を深めたことだ。

「多くの慢性的かつ複雑な問題は、組織の中でよく見られる挙動のパターンである、**システム原型**（第4章）のレンズを通して見ることができる」という事実が、この洞察を深める助けとなった。そのおかげで、結果を予測し、十分に解明されている解決策を見つけることができている。この事例における原型は明らかだった。**予期せぬ敵対者**である。つまり、それぞれのグループがシステム全体の一部と考えられていて、その行動は全員のためになるはずだったのに、両グループがそれぞれの責任と成功に重点を置くようになっていたのだ。そのプロセスにおいて、一方のグループの挙動によって、もう一方のグループの業務に支障をきたし、両方のグループの成功と、そしてシステム全体の成功を阻んでいた。たとえば、州教育局は州の教育制度に対する指導と管理を行うという目標を達成するために、多くの新たなプログラムを導入してきた。だが、こういったプログラムは、地域教育局のリソース管理能力を消耗させ、これによって地域教育局は、州教育局の取り組みを自分たちに合わせて改変するか、真剣に取り組むことを放棄し、以て州教育局の仕事をより困難なものにした。

予期せぬ敵対者のストーリーは、双方の関係者に響いた。これが刺激となって、両者は、新たな対話の場を持とうという意欲を抱いた。自分たちの協調関係のもたらす利点を最大化し、自分たちが互いに対して生み出してきた意図せざる問題を回避するために、どうすれば自分たちが統一されたシステムとして機能できるかについて、話し合った。両者は、「州教育局の役割は方向性を定めて導くことであり、地域教育局の役割は実行することだ」という合意に達した。その結果、州教育局は、「地域教育局は自分たちだけで仕事をしている」と責めるのをやめて、州全体という枠組みの中で地域のニーズを満たすために地域教育局と協力するようになった。一方の地域教育局は、自分たちの個々の取り組みが州全体の方向性と計画の中にうまくはまるように調整するようになった。両者はまた、地域の学区（以前は地方教育局として知られていた）は不可欠で、それをシステム全体の連携に含める必要があることでも一致した。そして最後に、自分たちの労力とリソースを、選択された優先事項──まずは幼児期の読み書き能力を伸ばすこと──に集中させることを約束した。

グリーン・ヒルズ地域教育局の特別教育担当部長であるマーク・ドレイパーは、最初のシステム分析の会議について、「これは、われわれ二つのグループ間の関係について私が過去二〇年間に行った対話の中で、最も具体的かつ有用なものでした」と語っている。州教育局の教育・学習サービス支局長だったコニー・マックスソンは、「これは、私がここの仕事に就いてからの七年間に、二つのグループ間の関係について行った対話の中で最良のものでした」と述べた。予期せぬ敵対者の動態《ダイナミクス》について彼らが理解したおかげで、州教育局と地域教育局のシステム間だけでなく、やがて地域教育局のシステムと個々の地域教育局との間や、地域の学区と州教育局との間、地域の学区と個々の地域教育局との間にも、より強い関係が築かれることになった。

システム思考はどのように変革の四つの課題に対処するのか

システム思考は、人々が持続可能で画期的な変化を実現するのをどのように支援するのだろうか。アイオワ州の教育の話やその他多くの事例は、変革の取り組みにおける典型的な四つの課題に、システム思考がどのように対処できるのかを提示する。

第一に、システム思考は人々の中に、変わろうとする**動機を生む**。なぜなら、解決したいと思っているはずの問題の悪化に対して、自分がどのような役割を果たしているかに気づけるからだ。たとえば、州教育局は、自分たちが地域教育局のニーズを十分に考慮せずに新たなプログラムを次々に展開すると、地域教育局がプログラムを改変したり、真剣に取り組まなかったりするという事態につながり、その結果、一貫性のない質の低い解決策になってしまい、州教育局自身の仕事に支障をきたしていると気づくに至った。一方、地域教育局は、州全体のプログラムを変えたり真剣に取り組まなかったりすると、州教育局がいっそう多くのプログラムを考え出すことになり、地域教育局自身のリソースがぎりぎりまで酷使されることになると気づいた。

第二に、システム思考は**協働を促進する**。なぜなら、自分たちが直面する不満足な結果を、集団としてどのようにして生み出すのかを、関係者たちは学ぶからだ。アイオワ州の事例では、当事者の双方が、地域に合わせて解決策を改変してしまうと、自分たち自身の組織の効果も子どもたちの学習能力も損なってしまうことを理解するようになった。そして、自分たちは自らが作る同じ船に乗る運命共同体であり、力を合わせることで初めて、航海により適した船を設計できるのだと気づいたのである。こういった洞察に基づき、両者は、長期にわたって提携するための新たな原則と仕組みを作り上げた。そして再びシステム思考を適用して、共通の成功理論を軸に今後の取り組みを策定した。

第三に、システム思考によって人々は、システム全体に重要かつ持続可能な影響を及ぼすような、カギとなる協調的な変化を起こすべく、長期にわたって取り組むことに**集中できる**。人々はあまりに少ないリソースであまりに多くのことを実行しようとするために、結果として得るものも少なくなりやすい。システム思考はそれとは対照的だ。アイオワ州の事例では、幼児期の読み書き能力が長期的な生徒のパフォーマンスにきわめて重要な役割を果たすことから、その能力を伸ばす取り組みを手始めに、具体的な**レバレッジ**の効いた教育成果を目標にすることを選択した。

第四に、システム思考は**継続的な学習を促す**。これは、複雑なシステムにおいて有意義な変化を起こそうとするときには不可欠なものだ。社会問題に固有の刻々と変化する複雑性の前では、知識は決して完全なものでも固定的なものでもないということを、システム思考によって人々は受け入れるようになる。学習は、知識よりも力強いマインドセットである。なぜなら、学習によって私たちは、新しい情報や状況に適応しつづけることができるからだ。[1] アイオワ州の事例では、両方のグループが、自分たちの進捗を評価し、協働戦略を長期にわたって調整するプロセスを導入した。

表2－1は、これら四つの変革の課題を要約したもので、社会変革

表 2-1　システム思考を通じた変革の課題への対処

課題	システム思考の利点	従来の手法の特徴
動機づけ：なぜ私たちは変わるべきなのか？	今の現実に対する責任を示す。	欲求や恐れに訴える。
協働：なぜ私たちは協力すべきなのか？	現在の人々の相互作用が、いかにそれぞれのパフォーマンスと集団としてのパフォーマンスの両方を損なっているかを明らかにする。	協力すべきだと人々に命じる。
集中：私たちは何をするべきなのか？	レバレッジを用いて、ほかのことすべてを変えるようなポイントを変える。	多くの問題に、同時かつバラバラに取り組む。症状に対処する。
学習：なぜわざわざそうするのか？	私たち自身の行動が問題に関わっており、その行動の結果から学ぶ必要があることを認識する。	悪いのは他者であり、学ばなければならないのは他者だという前提に立つ。

に携わる多様な利害関係者《ステークホルダー》を一つにまとめる方法について、システム思考と一般的な手法の違いを示している。一般的な手法でも、人々が共通の志を認識するのに役立つものもある。しかしたいていの場合は、どのようにして自分たちが今の現実の原因となっているのかを人々に示せないという欠点がある。

ピーター・センゲが『学習する組織』の中で述べているように、「共有ビジョンの構築は、もしシステム思考なしに実践されれば、重大な支柱を欠くことになる」。センゲはさらにこう続ける。「慎重に練り上げられている限り、共有ビジョン自体に問題はない。問題は、今の現実に対する私たちの受身の姿勢にある。ビジョンが生きた力になるのは、人々が自分の未来は自分で形作れると本当に信じているときだけだ。実は、ほとんどのマネジャーが、今の現実をつくっている一因は自分にあることを体感していない。だから、その現実を変えることに自分がどれだけ寄与できるかわからないのだ」。[2] 人々が現実に対する自分の責任を理解できないと、二つの弊害が生じる。

❶自分の主たる仕事は、（自分自身ではなく）他者またはシステムを変えることだと思い込みやすくなる。

❷システム全体を最適化する方法は各部分を最適化することだという誤った思い込みに基づいて、システムの各部分を最適化するという解決策を促進する。

それに対してシステム的な見方は、人々に、まずは自分たち自身がどう寄与しているかをじっくりと評価するよう促す。

システム思考をいつ用いるか

一九九一年から、インテル社は「インテル入ってる（Intel Inside）」というフレーズを用いて、自社のチップが世界中のコンピューターを動かしていることを強調してきた。そのチップと同様に、システム思考は、他の多くの変革マネジメントの枠組みの中に組み込まれ、変化の動力源となっている。システム思考は、本書で取り上げているものを含めた多くのさまざまな方法論に組み込まれているので、私はこれを「システム思考インサイド」と呼んでいる。システム思考を組み込むことでとくに効果的なのは、以下のような条件がある場合だ。

- 問題が慢性的で、それを解決しようとする人々の最善を尽くそうとしている意図に逆らいつづけている。
- 多様な利害関係者が、意図を共有しているにもかかわらず、足並みを揃えて取り組むのが難しいと感じている。
- 利害関係者たちが、システムの各部分が全体に及ぼす影響を理解せずに、自分たちの部分だけを最適化しようとしている。
- 利害関係者の短期的な努力が、実は、その問題を解決しようという自分たちの意図を台無しにしていることを可能性がある。

- 人々が多くの異なる事案に同時に取り組んでいる。
- 継続的な学習を行うことよりも、（ベスト・プラクティスなど）特定の解決策の推進を優先させている。

システム思考は、アイオワ州の事例で起こったような、利害関係者間の意図せざる衝突や対立を避けるうえでも役割を果たすことができる。イスラエル・パレスチナ紛争のように、衝突が深くなり、共通の関心事や志に基づいて互いに協力し合いたいという意志を、人々がほとんど持っていない場合でも、システム思考は、第三者がその根底にある動態《ダイナミクス》をより深く理解し、可能な介入策を見つける助けになれる。[3]

このような、より広範なシステム手法については、第5章でその概要を述べ、第6～10章で詳細を説明する。次のセクションでは、コレクティブ・インパクトのモデルに代表されるシステム手法について見ていく。これらも、「システム思考インサイド」を確立することによって恩恵を受けられるものだ。

コレクティブ・インパクトのためのシステム思考

大規模な社会変革を目指す手法の中でも、近年とくに評価されているものの一つが、**コレクティ**

ブ・インパクトである。これは、ジョン・カニアとマーク・クレイマーが『スタンフォード・ソーシャル・イノベーション・レビュー』誌の先駆的な論文「Collective Impact」の中で紹介した、幅広いセクター横断的な協調プロセスである。[4] この手法は、複雑な問題に取り組むNPO、企業、政府機関、一般市民を互いに連携させるものだ。そうすることによって、個々の組織の介入策が孤立してしまう状況に陥らないようにする。カニアとクレイマーは、多様な利害関係者が集団として成功するための五つの条件を挙げている。それは「共通のアジェンダ、共通の測定手法、相互に補強し合う活動、継続的なコミュニケーション、バックボーン組織*」だ。

このモデルは大いに支持されたが、本当に効果があるのかという懸念も生じた。たとえば、コミュニティと非営利組織の連携を促進するNPO〈パブリック・アライズ〉のCEOであり、『みんなが主役』(未邦訳/*Everyone Leads*)の著者でもあるポール・シュミッツは、コレクティブ・インパクトのモデルでは限界がありうる重要な領域として、以下の三つを指摘している。[5]

- それぞれの組織のリーダーが、自画自賛しようとしたり、逆にうまくいっていないことや外部の助けが必要な状況を隠そうとしたりする傾向を克服できるか?
- 自分自身の視点から問題を捉えることに慣れきった組織に対して、問題や長期的な解決策についてより統合的に考えるよう促せるか?
- コミュニティのメンバーを自発的なリーダーとして、あるいはサービス提供者として関わらせることができるか?

＊ バックボーン組織：バックボーンとは「背景」を意味する。バックボーン組織とは、変化くにおけるさまざまな側面で協働者たちをコーディネートする機能に特化した組織のこと。

パブリック・アライズ：Public Allies

システム思考は、コレクティブ・インパクトでも他の変化の手法でも、最初の二つの課題には直接的に役立つだろう。表2－2は、コレクティブ・インパクトのプロセスでシステム思考を用いることの利点を要約したものだ。

この表にある「コレクティブ・インパクトの成功条件」を概観してみよう。

第一に、システム思考は**相互に補強し合う活動**の支柱となる。自分たちが把握する限りの問題に対しては全員が最善を尽くしていると確認することによって、信頼を築き上げるのだ。また、自分たちの善意の行動が、いかに他者と自分たち自身の両方に対して、意図せざるマイナスの結果を及ぼしているかに気づくよう支援することによって、変化の土壌を整える。

これらを理解することによって、人々は、自分たちがいかに互いに依存し合っているかを認識できると同時に、現状に対する個人の説明責任をより明確にする。システム思考は、人々のつながりと個人の影響の両方について深掘りすることによって、人々の行動が実際に互いを支え合うことになる可能性を高める。

第二に、システム思考は四通りの形で**共通のアジェンダ**の策定を後押しする。

- コミュニケーションを促す共通言語を提供する。第3～4章で詳しく説明するが、この言語によって人々は、自分たちが往々にして自明ではない形でどうつながっていて、**時間的遅れ**と**意図せざる結果**が自分たちのパフォーマンスにどのように影響を及ぼすかをより深く認識できる。

- 人々が問題を解決しようと最善を尽くしているにもかかわらず、なぜ問題は根強く残るのかについて、共通理解を生み出す。人は、他者が行っていないことについては問題を単純化し、自分がすでに行っていることについては解決策を単純化する傾向にあるが、その傾向を防ぐことができる。また、慢性的かつ複雑な問題の根本原因を見つけることで、システム全体にわたるレバレッジの効いた解決策を特定するための確固たる基盤も確立できる。
- 人々が標榜する望ましい目的と、現状のシステムがもたらす見返りとの区別を明らかにする。この区別を理解しないと、利害関係者たちは、共通の志の下に集まるが、その一方で、いともたやすく、各自がもつ、現状を永続させようという強いインセンティブが無関係を装う。人々は、変化がもたらす利点と同時に、そのまま何もしなかった場合どうなるかも認識したときに、

表 2-2　コレクティブ・インパクトのためのシステム思考

コレクティブ・インパクトの成功条件	システム思考の利点
相互に補強し合う活動	・意図せざる結果への洞察を通じて、信頼と変化の土壌を築く。 ・集団および個人への影響（インパクト）に対する理解を構築する。
共通のアジェンダ	・相互依存性、時間的な遅れ、意図せざる結果を伝えるための共通言語。 ・問題の根本原因と、人々がその一因となっていることに対する共通理解。 ・現状の見返りへの説明責任を負う共通の志。 ・共通のシステム的な変化の理論。
共通の測定手法	・定性的・定量的なデータの双方を重視する。 ・複数の時間軸での進展を区別して評価する。 ・意図された影響と意図せざる影響の両方を探る。 ・明示的でシステム的な変化の理論に関してパフォーマンスを追跡する。 ・目標と評価基準を、意識的に選ばれた目的と同調させる。
継続的なコミュニケーション	・コミュニケーションの質と一貫性が、個々人の責任の高まり、共通のアジェンダを中心にした協調の深まり、短期的な影響と長期的な影響を区別する能力の強化とともに高まる。 ・継続的なコミュニケーションの基盤としての継続的学習の必要性を確立する。

彼らのビジョンが現実的なものになる。また、個人的に変化を起こしにくくさせる可能性がある要素についても認識する。マーティン・ルーサー・キングは、あの「I Have a Dream（私には夢がある）」という演説で、厳しい現実を表現することに七割の時間を割いており、夢を語るのに割いた時間はわずか三割だった。

- 利害関係者が、共通のシステム的な変化の理論《セオリー・オブ・チェンジ》を生み出せるようにする。それは、彼らが望む姿と現状とのギャップを埋めるために、自分たちが時間をかけて特定した重要な成功要因をいかにして統合していくかを示すロードマップである。たとえば、裕福な家庭の子どもと貧しい移民家庭の子どもの両方を支援していた、ある学区コミュニティのリーダーたちは、「すべての子どもたちが、自分は愛されているし、うまくいっていると感じられるようにする」というビジョンを実現したいと考えた。彼らは、共通の測定手法の策定や、バックボーン組織の特定と承認など、一五を超える重要な成功要因について合意した。また、格差を縮めるために、こういった要素を首尾一貫した戦略に組み入れる方法についても合意した（彼らの計画の詳細については第11章を参照）。

第三に、システム思考は**共通の測定手法**を築く。シュミッツなどの指摘の通り、たとえ長期的な成果につながらないことが示されていても、短期的なデータや簡単に計れる成果指標《アウトカム》に惑わされやすいものだ。それに対してシステム思考は、定性データ・定量データの両方に焦点を当て、複数の時間軸での進展をそれぞれに評価し、意図された影響と意図せざる影響の両方を探して、意識的に選択したシステム的な変化の理論《セオリー・オブ・チェンジ》に関するパフォーマンスを追跡する。適切な指標を選択する際は、目標と評価基準を、（事実上のシステムの目的ではなく、むしろ）意識的に選択したシステムの目的と同調させる。たとえば、ホームレスの撲滅を目指す場合には、恒久住居を重視して、保護施設のベッドの利用を長期的に減らすような評価基準が必要となる。それに対して、従来の評価基準は、ホームレス状態をなんとかしようとするあまり、保護施設のベッド数をますます増やすために資金を費やすことを助長するものだ。

第四に、システム思考は、人々の**継続的なコミュニケーション**の質と一貫性を高める。なぜなら、人々が、自分たちの行動が自分たち自身や他者に及ぼす影響に対して責任をもち、それによって修正された共通指針を中心に連携し、長期的な文脈の中で短期的な結果を評価する方法を理解するからだ。さらに、システム思考は、継続的なコミュニケーションには継続的な学習が欠かせないことも強調する。

まとめ

- システム思考は、変革の四つの課題に対処するのに役立つ。システム思考は、人々の変わろうとする動機を高め、協働を促進し、集中を可能にし、継続的な学習を促す。
- 慢性的かつ複雑な問題に対しては、システム思考を使おう。それは、多様な利害関係者が、目的は同じはずなのに取り組みを同調させるのが難しいと感じているような場合に、とくに必要だ。

●システム思考は、さまざまな手法による変革マネジメントの中で使うことができる。たとえば、人々がより変化に前向きになり、全体像を見ることができるよう支援することによって、コレクティブ・インパクトの四つの条件——相互に補強し合う活動を展開させる、共通のアジェンダを策定する、共通の測定手法を決める、継続的なコミュニケーションを育む——を後押しする。

3 システムのストーリーを語る

二〇〇六年一一月、〈USジャスティス・ファンド・オブ・オープン・ソサエティ・インスティテュート（OSI）〉のプログラムである〈アフター・プリズン・イニシアティブ〉（TAPI／収監後の取り組み）〉は、米国における大量投獄と厳しい処罰の廃止を促すために、ニューメキシコ州アルバカーキで三日間の合宿研修を催した。[1] その研修は「私たちはどこへ向かうのか？」というぴったりの表題を掲げて、一〇〇人の進歩的なリーダーたち――活動家、学者、研究者、政策アナリスト、弁護士――を団結させるものだった。研修の目的は、服役後の人々がうまく社会に復帰できるよう促し、米国を先進国中で最大の投獄国にする原因となっている根本的な経済的・社会的・政治的な状況と政策を是正するために何ができるのかを明確にすることだった。

参考までにこの問題の概観を説明すると、米国の服役者は一九七〇年代には二〇万人だったのに対し、現在では二五〇万人まで増え、毎年およそ六五万人が出所する。この研修は、いかに米国の刑事司法制度が人種によって左右されているか（この傾向は当初から見られ、一九七〇年代以降そのペースが加速している）、カリフォルニア大学バークレー校の法学教授であるジョナサン・サイモンの言葉を借りれば、いかに社会がますます「犯罪によって支配される」[2]ようになっているかという問題意識から出発した。参加者の大部分が、OSIの助成対象組織のメンバーだった。つまり

USジャスティス・ファンド・オブ・オープン・ソサエティ・インスティテュート（OSI）：The US Justice Fund of the Open Society Institute
アフター・プリズン・イニシアティブ：The After Prison Initiative

彼らは、ＯＳＩの資金獲得をめぐる競争相手であると同時に、刑事司法制度改革に取り組む同志でもあった。

合宿研修で示されたのは、この種の集まりでしばしば出てくるような課題だった。それは、「慢性的かつ複雑な問題の解決に取り組む多様な利害関係者《ステークホルダー》たちは、自分たちの活動が〝いかにわかりにくい形でさまざまにつながっているか〟〝どのようにつながり合っているか〟を往々にして理解していない」ということだ。研修ではこの課題を念頭に置きつつ、次のことが目標にされた。

● 米国の収監率と再収監率はなぜこれほど高いのかについて、共通理解を深める。
● 過剰投獄を終わらせる。服役経験者がうまく社会復帰するための新たな機会を創出し、そのための障害を取り除く。
● 改革支持者の関係性と協働を強化する。
● 改革支持者のさまざまな取り組みの間の相互依存性（互いを強め合う関係と、対立する関係の両方）について、気づきを深める。
● 市民団体を強化し、社会的および政治的な包摂を促進する新たな方法を見つける。

おそらく、この合宿研修で紹介された新たなツールの中で最も斬新なものが、システム思考であった。ＯＳＩから助成を受けてこの合宿研修を企画した〈シード・システムズ〉のジョー・ラウルとセイラ・スライは、「同じ問題に対して、これまでと同じマインドセットと戦略で取り組んでも同じ結果しか出ない。しかもたいていは失敗に終わることが多い」と認識していた。二人は、この分野の人たちが行き詰まらずに、**変化の理論**《セオリー・オブ・チェンジ》を理解し、新たな戦略と協働の方法を考え出すのにシステム思考が役立つかもしれないと考えた。

私はジョーとセイラから、システム思考とシステムを可視化する手法を紹介してほしいと依頼を受けた。なぜ大量投獄と高い再犯率が持続しているのかについて共通のストーリーを生み出すことを支援し、それらを減少させるために参加者にはほかに何ができるかを探り当てることが狙いであった。この構想を実現するためには、次のようなことが必要とされた。まず、すべての参加者が解決策に貢献すること。次に、個別の努力ではなぜ不十分なのかについて説明すること。そして、リソースが限られているが変化が急務であることを考慮して、何をより効果的に行えるかについての洞察を得ることだ。

社会変革のためのストーリーテリング

ストーリーを語ることとは、私たち自身の経験と、私たちの周りの世界について理解するための力強い方法である。ストーリーは、私たちのアイデンティティを形作り、私たちは何者なのか、私たちにとって重要なことは何かを明確にして、他者に行動を促す。また、記憶に残り情報を引き出しやすい形に変換するにはいちばんの方法である。リーダーはストーリーを用いて他者の感情に訴える。平和構築の活動家は、ストーリーが争いの根源であると認識している（なぜなら人々は歴史的な事実を、ひじょうに異なった、相容れない形で解釈するからだ）。そのため、争いの当事者たちが、互いのストーリーを正しく理解することや、自分たちのストーリーを修正することを支援している。

同様に、社会変革に力を尽くしている人々は、実現しようとしていることと直面している課題について、似たようなストーリーを共有している場合が多い。このストーリーの主な要素は次の三つである。

- マルティン・ブーバーの言葉を借りれば、世界は「われわれを必要としている」のであり、私たちは自分の資質とリソースを用いて、自分よりも恵まれない人々への支援を求められている。
- 私たちは、最善を尽くそうとしている意図にもかかわらず、私たちが望むような影響《インパクト》を生んでいない。
- 私たちの成功を妨げているのは、リソースが限られていることと、そのシステム内の他者の挙動である。

このストーリーのうち最初の二つは人々を前向きな行動に向かわせるが、三つめのポイントのように「問題の主な原因は自分がコントロールできないものだ」と考えてしまうと、人は実力を十分に発揮できない。目標の未達をリソースが限られているせいにし、変わるべきは他者であると思い込むことによって、人々は自分自身の意図や思考や行動がその効果に及ぼす影響《インパクト》を、最小限に評価する傾向がある。[3] さらに、このＴＡＰＩの事例では、利害関係者の多くが限られた助成金を求めて競っているために、自然に自分たち自身の成功を宣伝して失敗は控えめに語り、協力したがらない状態にあった。

システム全体のパフォーマンスを最大化するためには、関係者たちは、システムにおける自分たちの部分を最適化しようとする方向から、その構成要素間の関係性を改善する方向へと行動を変える必要がある。この事例の場合、システム全体として次のようなところまで理解の範囲を広げる必要がある。つまり、犯罪にどう対処しているか。現状のシステム構造が、意図せざるマイナスの結果をどのように生んでいるか。これらの事柄について、制度改革者がどのような規制緩和や制度設計に取り組んでいるか。そのために関係者たちに求められるのは次のようなことだ。

- システムにおける自分たちの部分——この例で言えば、助成対象者の改革の取り組み——だけに重点を置くと、そのシステム全体の効果を後押しするだけでなく、制限する可能性もあることを理解する。
- 自分たちが、明らかな形だけでなく、目に見えない形でも、ほかの関係者やシステムの中にいる人々ともつながり合っていることを理解する。
- 自分たちの意図や思考や行動が、他者と自分たち自身の両方に及ぼす意図せざる影響《インパクト》を理解する。
- この自己認識を深めることで、自分とシステム内の他者との関わり方を変える。

たとえ関係者たちが問題の一因であることが明らかでないとしても、ジェシー・ジャクソンの言葉を借りれば、「落ち込んだのは私たちの責任ではないかもしれないが、立ち上がらないのは私たちの責任である」と自分自身に言い聞かせることは重要だ。つまり、自己認識を深めることによって自分自身に力を与えることが、自分たちの現実を変えるための第一歩なのだ。

システム思考は、人々がより新しく生産的なストーリーを語る手助けをする。それは人々の個々の努力を尊重し、そういった努力を制限しているものを浮き彫りにする。また、人々の行動が及ぼす短期的影響《インパクト》と長期的影響《インパクト》とを区別する。そして、人々の多様な考え方とストーリーを調整して、個々の貢献者が自分たちの部分と全体の関係性を理解できるような、より大きな全体像へと統合する。全体像とその中での自分の役割を理解することで、人々は全体を再設計しようという気持ちがさらに高まり、協力できるようになる。

システムのストーリーを練る

システムのストーリーを語るためには、次の三つの転換が必要だ。

- システムの中の自分たちの部分だけを見ることから、システム全体の視点をもってより多くのものを見ることへ。そのシステムは現在、なぜ、どのように作用しているのか、また、それを変えるために何がなされつつあるかなどに目を向ける。

●他者が変わるのを期待することから、まずはどのようにすれば自分たち自身が変われるかを理解することへ。

●個々の出来事（嘆きや攻撃）に焦点を当てることから、それらの出来事を引き起こす、より深いシステム構造を理解し、再設計することへ。

全体像を見る

盲人と象にまつわるスーフィズムの故事は、多様な利害関係者が全体像を見るという難題を端的に表している（図3－1を参照）。それぞれの当事者は、象の異なる部分を触って、それがもっと複雑な現実の一部にすぎないとは思わずに、自分の体験から得たものこそが象であると思い込みがちだ。また、自分がうまくやれていることや、自分の活動に対する見返り、もっと多くのリソースがあればよりうまくできそうなことについては、現実を見る傾向にある。方で、他者の寄与の価値については、理解できなかった、疑問視したりする。さらに、より複雑な世界を見たり、

図3-1　群盲象をなでる

それぞれの人が、より複雑な現実の一部を見て、自分の見ているものが全体像だと思い込みがちである。

出典：Sam Gross/The Cartoon Bank

自分と他者の意図や思考や行動が、どのように相互に作用し合うかを理解したりするための手立てをもっていない場合が多い。

ＴＡＰＩの事例では、まず参加者たちは自然に、過剰投獄と、それぞれの支援サービスを通じた社会復帰の失敗という問題をどう解決するかに目を向けた。刑罰の長さと判決までに要する時間を短縮する量刑手続きを改革しよう、社会復帰や支援サービスの仕組みを整えよう、仮釈放や保護観察の制度を見直そう、と言う人もいれば、現在の刑法から恩恵を受けている刑務所のロビー団体が問題だと言う人や、より効果的で革新的な社会復帰の手法に対する役人の抵抗を減らそうと言う人もいた。さらには、議員に対して、犯罪に厳しい法律こそが、政治的には見栄えがよくとも効果のない政策であることを説得するべきだ、と主張する人もいた。結局はどの参加者も、自分の守備範囲の中に留まっていたのだ。それゆえに、彼らの認識が広がるよう支援する必要があった。それをなすためには、自分たちの成功は（この場にいない人も含めた）すべての関係者の成功にかかっているのだと参加者に理解してもらうこと、そして、費用対効果が高く持続可能な方法で社会の安全性を高めるために、（繰り返すがその場にいない人とも）より効果的に協力しようという意欲を参加者に抱いてもらうことが必要だった。

その第一歩は、人々が異なる観点を共有できる、**力強く安全な器**を創り出すことだった。これこそが、私が「全体の人々を一つに集めるもの」と呼び、もともとはマーヴィン・ワイスボードが「システム全体を部屋に持ち込む」と呼んだものである。[4] この事例の場合では、システム像を表現したのは刑事司法制度改革に向けて活動している人たち自身だったが、それに対抗する施策

＊1　システム図：システムに関わる要素間にどのような相互作用があるか、という系のモデルを図に示したもの。システム原型、ループ図、バスタブ・モデル、ストック・フロー図などはすべてシステム図の一種である。本書では、種類を特定せずに述べる場合、あるいは、ループ図にストック・フローを加えたものをシステム図と呼んでいる。システム・ダイナミクスのシミュレーションを行う際には、必ずシステム図を作成し、因果関係の数式化とパラメーターの定量化が必要となる。

や前提や行動などの厳罰化支持者側の観点も、**システム図**[*1]に描き出された。ファシリテーターのジョーとセイラは、専門家のプレゼンテーション、個別テーマに関するパネル・ディスカッション、革新的な取り組みを検証した参加者からの報告、ダイアローグ[*2]、「ワールド・カフェ[*3]」（これらの方法論についての詳細は第5章を参照）、システム図など、さまざまなコミュニケーション手法を組み込むことによって、合宿研修の参加者のための器を創った。

二人は、システム全体から利害関係者を集めることは、協働のために必要だが必ずしも十分ではない条件だと認識していたので、研修でシステム図を描くことを取り入れた。これは、いくつかの理由で的を射たものだ。

- ＴＡＰＩの事例のように、たとえ人々が共通の価値観と目標を共有していても、「システムを最適化する最善の方法は、個々の部分を最適化することだ」と思い込みがちである。この思い込みは、すでに行われている取り組みの踏襲を促す評価基準や見返りによって強化されることが多い。
- それに対して、参加者たちは、その部屋の他者を尊重できなかったり、それどころか、その他者がいっそう効果的になれないことを（暗にだが）責めたりするかもしれない。
- 一部の利害関係者は、「同じ志を共有できそうもない」「問題の原因かもしれない」「招集者にとって近寄りがたい」という理由で、そのような集まりに招かれない。この場合、参加者間の共同戦線を確認することで、自分たちは可能な限りの最善を尽くしていて、悪い

＊2　ダイアローグ：ギリシア語の「Dia（通す）」と「Logos（意味）」を組み合わせた言葉で、人々の間で話し合われた言葉の意味が通じて、共通理解が生じるような話し方と聞き方をする会話形態を指す。日本語では「対話」と訳されることが多い。この言葉を用いる背景として、私たちは文脈や意味が互いに通じ合っていない状態のまま会話を行うことが多い、という前提がある。たとえばディスカッション（議論）やディベート（討論）、あるいは一方的な講話・講演・プレゼンテーションなどの場においてである。ダイアローグでは、参加者間で文脈や意味を互いに理解し合えるようになるための、グラウンドルールを共有して会話を進める。

＊3　ワールド・カフェ：組織や社会のイノベーションに向けて、真に大切な質問や課題について、利害関係者が一堂に会して対話を行う会議手法。多数の丸テーブルを配してカフェのようにオープンに語りやすい空間の中で参加者が少人数に分かれて対話し、セッションごとに他のテーブルとメンバーを変えることで生まれてきたアイデアを掛け合わせ、創発を目指す。ファニータ・ブラウンとデイヴィッド・アイザックスによって開発された。

のはその部屋にいない他者だと自分たちをごまかしてしまう可能性がある。ＴＡＰＩの参加者の多くが、集まりにいなかった人たちともさまざまな形で協働していたが、この罠に陥らないよう改めて確認することと、システムの崩壊を他の利害関係者だけのせいにする危険性を避けることが重要だった。

第1章で述べたように、システム思考が前提とするのは、「システムを最適化する最善の方法は、その部分間の関係性を改善することであって、各部分を個別に最適化することではない」というものである。この「部分」には、特定の集まりに参加している人々も参加していない人々も、変化を後押しする人々も変化に抵抗する人々も含まれる。全体を招集している人自身が全体像を考えられるように支援すれば、その人は、すべての利害関係者と協働することを、必ずしも唯一の選択肢ではないにしても、第一の選択肢として考えられるようになるだろう。また、システム図によって、個々の利害関係者は、システム全体のパフォーマンスに自分たちがどのように――プラスにもマイナスにも――寄与しているかを見ることができる。

ＴＡＰＩの参加者たちにとって、システム図（第7章で詳しく述べる）から得られた主な洞察の一つは、一般市民や政治家が心の奥底で抱いている懸念は、実際の犯罪率そのものよりも、犯罪や人種差別の犠牲になることに対する恐れと関係があるということだった。実際のところ犯罪率は一九九一年からおよそ二五パーセント減少したにもかかわらず、暴力的な犯罪の犠牲になることへの恐れは高まりつづけている――同様に、有色人種のほうが犯罪率が高いという認識も強まりつづけていて、それが人種に関連した恐れの原因になっている。たとえ刑事司法制度が多額の税金を使っているとしても、大量投獄を推進する当局者は、支持を得るためにわざと恐れを煽るか、この恐れを和らげようとする取り組みに抵抗することで無意識に恐れを煽ることがよくある。具体的には、過去に服役したことのある人々を社会復帰させるための革新的な手法（再犯率を低下させられる可能性のある手法）に抵抗し、犯罪に対して甘いと思われるのを恐れて、宣誓釈放（仮釈放）の手続き上の違反と実質的な違反とを区別できない。この洞察を得たことから、ＴＡＰＩの参加者たちは、互いに協力し合う方法だけでなく、その場にいなかった善意の当局者と関係者の市民の恐れを減らすような、活動の幅を広げる新たな方法を考えることになった。

自己認識と責任感を高める

他者の貢献よりも自分自身の貢献をひいき目に見るのは自然なことだが、この傾向は競争環境において一層強まる。共通の志をもった人々がリソースをめぐって競うことがよくあり、そのために、ますます自分自身の欠点を認めようとせず、他者の貢献を認めようとしなくなる。

それに対して、システムのストーリーは、人々が良かれと思ってしたことが、無意識とはいえ、問題の一因になるのはどういうわけなのかを明らかにする。このようにして自己認識を深めることで、より効果的になる能力を育める。「システムの中にある最大のレバレッジは、他者が変わることに頼るのではなく、まず自分が変わることだ」と気づくのだ。自分自身の意図や思考や行動に責任を負うことで、望みを実現する力をもっと得られるということを認識する。

ＴＡＰＩの参加者の中には、自分たちが互いにどのようにつながり合っているかという重要な点を理解し、部屋の中の他者との協働を始めようという意欲が高まった人もいた。また、議員が刑務所のコストと再犯率の抑制をアピールして票を集めやすくするように司法制度の改革の骨子を策定することが、自分たちの運動に恩恵をもたらすのではないかと気づいた人もいた。

より深いシステム構造を理解する

「象」、つまり、あらゆる複雑なシステムの像を最初に描くための一つのツールは、**氷山モデル**と呼ばれる。この氷山モデルは、問題の症状と根本原因を区別するための単純な方法である。図３－２に示されているように、このモデルでは、洞察が三つのレベルに分けられていて、そのそれぞれが、ある特定の問いで特徴づけられ、ある種の行動または反応を促す。

より具体的に言うと、氷山モデルは、**出来事レベル**（私たちの目に最も見えやすいもの）と、時間の経過に沿って多くの出来事をつなげた**傾向やパターン**とを区別し、さらに深く掘り下げ、この根底にある**システム構造**――氷山の九〇パーセントを占める見えない部分であり、傾向や出来事を形作るので、最も大きな悪影響をもたらすもの――を明らかにする。システム構造には、パフォーマンスを形成するプレッシャー、施策や政策、権力の動態《ダイナミクス》などの目に見えやすい要素が含まれる。また、認知（人々がそのシステムについて本当だと信じている、または想定しているもの）や目的（人々の挙動を誘導する意図。掲げている意図と現実に作用している意図がある）など、目に見えにくい力も含まれる。人々の洞察のレベルが深くなればなるほど、その人たちがシステムの振る舞い方を変える可能性も大きくなる。

私たちは多くの場合、個々の**出来事**への対処に重点的に注意を払い、大部分の時間を費やす。目の前の危機にすばやく対応できるように、何が起こっているのかを知りたいのだ。たとえば、刑事司法制度改革を支持する人たち（およびそれに反対する人たち）は、最新の犯罪統計や、再犯や宣誓釈放の手続き上の違反のために最近再収監された人の数、新たな法律の制定、刑務所制度の費用などについての報道に目を向ける。どのように危機に対処するかが、彼らの効果にきわめて大きな影響を及ぼしうる。刑務所に送られた人の九五パーセントが

図 3-2　氷山モデル

このモデルによって問題の症状と根本原因を区別できるようになる。

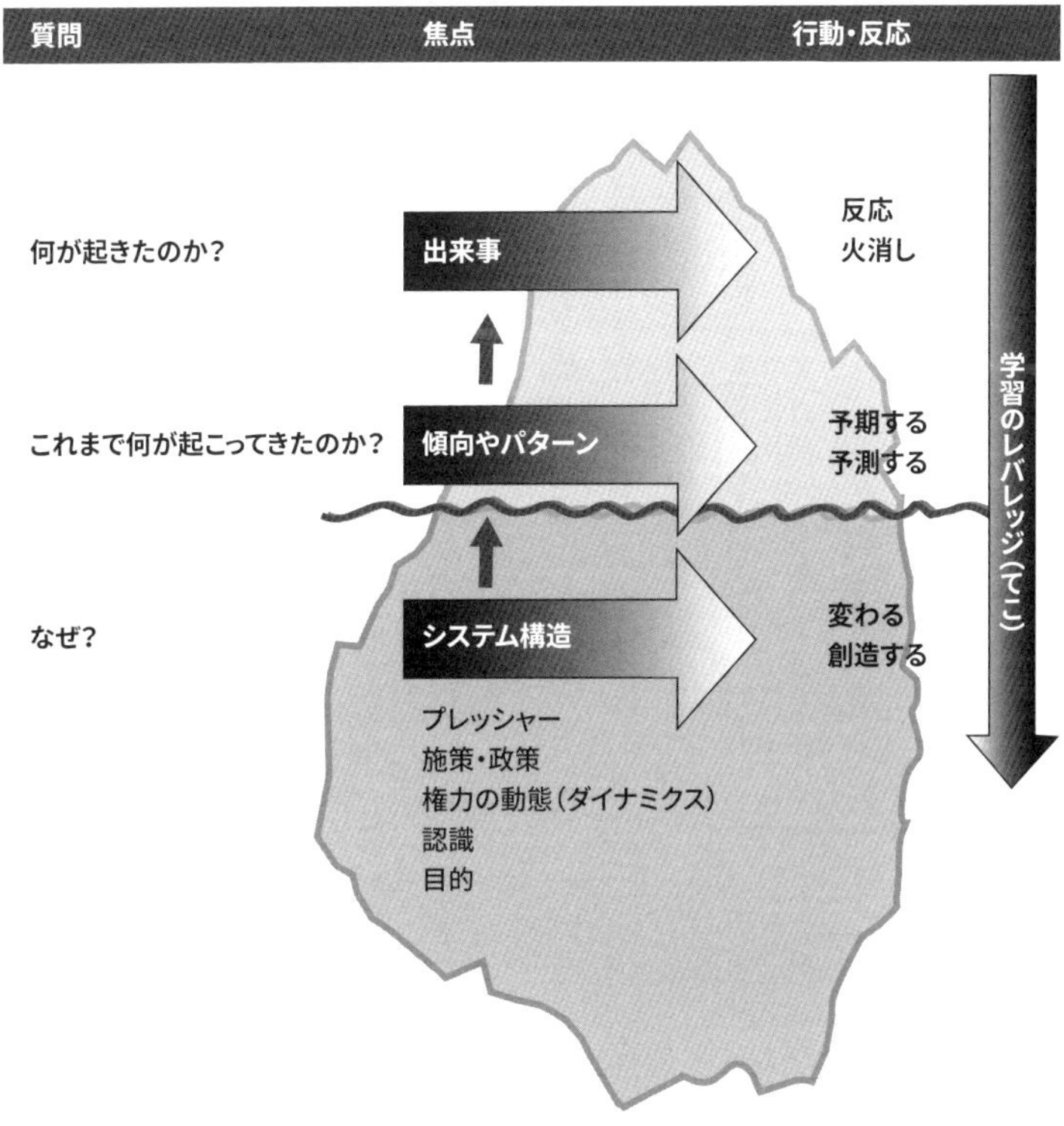

出典：Innovation Associates Organizational Learning

最終的に出所するが、その多くは、社会に貢献できる形で社会復帰をする準備ができていないかその能力がないため、厳しい実刑判決は往々にして再犯率を高め、さらにはコミュニティを不安定にし、その安全性を脅かす。そのうえ、その制度を維持するために費用が使われることで、コミュニティ開発に使えたであろう資金が流用されてしまう。そうした開発を最も必要とするのは、より多くの人が収監されている、不利な状況に置かれているコミュニティなのだ。

ときに私たちは、進行中の**傾向やパターン**が認識できるまで、個々の出来事から一歩下がって考える。また、時間の経過とともに何が起こってきたのかを問い、過去に基づいて未来を予期しようと試みる。そうして見えてくる傾向は、たいてい驚きと困惑を生じさせるものだ。たとえば、TAPIの参加者たちは、犯罪率が一九九一年にピークに達して以降、同期間の犯罪率は二五パーセント減っているにもかかわらず、収監率は推定で六〇パーセントの上昇を続けてきたことに気づいた（図3－3を参照）。このことから導かれた結論は、恐れと人種差別主義が、犯罪そのもののレベルを超えて現在の司法政策を動かしているというものだった。犯罪の専門家の中には、減少した犯罪のうち、投獄が寄与しているものは全体の二五パーセントにすぎないと考える人もいる。[5]しかし、同じデータを見て、投獄が犯罪減少に及ぼすプラスの影響を示していると主張する人もいる。このことから浮かび上がるのは、以下で論じるシステム構造の別の様相として、認知、つまり**メンタル・モデル**の重要性だ。[6]

慢性的かつ複雑な問題の根本原因は、その根底にある**システム構造**――その部分間に存在する、循環し、相互につながり合った、そして時間的遅れもありうる多くの関係――に見出せるだろう。

システム構造には、現在あるプレッシャーや政策、権力の動態《ダイナミクス》などの目に見えやすい要素と、認知や目的（目標または意図）などの目に見えにくい要素が含まれる。この目に見えにくい要素が、目に見えやすい要素の挙動の仕方に影響を与えている。

システム構造の構成要素

人々は言語によって互いに意思疎通を図るが、ストーリーはとくによく使われる手段だ。本書の技法を扱う先駆者の一人であり、私の長年の同僚でもあるマイケル・グッドマンは、システム思考は言語と考えればよい、と説明している。世界の理解を助け、日常使っている言語と異なる形で世界について語るのに役立つ視覚的な言語だ、というのだ。言語は私たちの認知を形作り、それによって私たちの挙動を形作るものなので、この言語という比喩は重要である。魔法の呪文アブラカダブラの語源は、アラム語の「私は話すから創造する」かヘブライ語の「口から発せられるとき事は起こる」であることからわかるように、発話の力と行動の力の関係をうまく表している。[7] いずれにしても、システム思考は、私たちが日常で使っている言語よりも正確に複雑性を説明し、それによって私たちがより効果的

図 3-3　米国の犯罪数と投獄率

投獄率の増加と犯罪数の減少の差が広がっていることは、この両者の関係について深刻な問題を提起する。

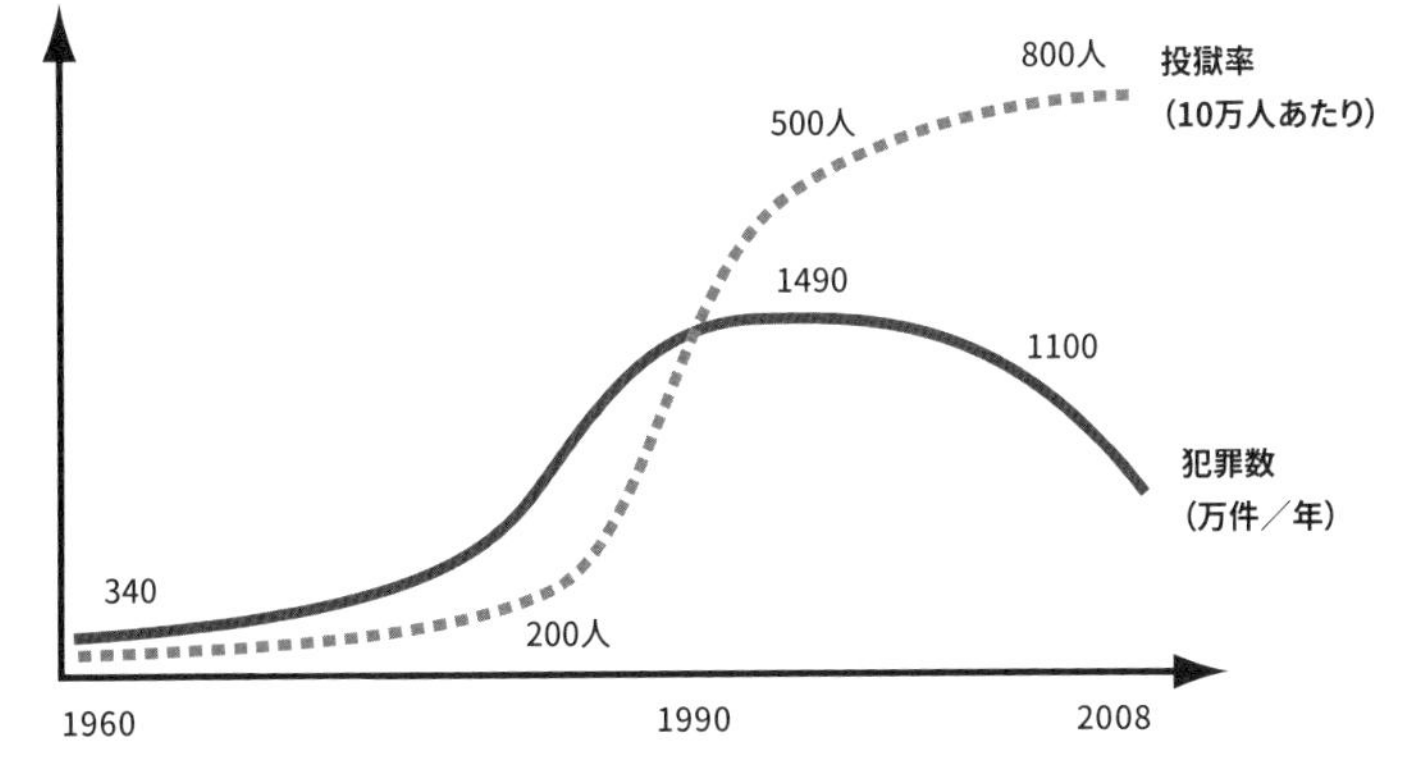

犯罪数の出典：DisasterCenter.com から改変　投獄率の出典：The Hamilton Project, Brookings Institution から改変

に社会システムに働きかけられる言語なのだ。

この言語の最も基本的な要素は、名詞、動詞、副詞（**時間的遅れ**）である。さらに、社会システムをより深く調べてみると、システムの複数のレベル（たとえば、家庭や組織、コミュニティ）で、さまざまな問題にまたがって（教育の問題であろうと、刑事司法制度またはホームレスの問題であろうと）見られる**筋**があることに気づく。

最も基本的な筋は、**増幅**（自己強化型フィードバック）と**矯正**（バランス型フィードバック）のストーリーである。これらが組み合わさって、より複雑だが――人間の経験にしっかり埋め込まれているので――きわめて認識しやすい原型的なストーリーを作っている。この基本的なストーリーと**システム原型**を知ることで、私たちは多くの慢性的かつ複雑な問題に対する最初の洞察を得られる。そして、原型を修正したり組み合わせたりすることで、より豊かでより包括的な深い理解を得られるようになる。それは、歴史的な物語や架空の物語において、筋の相違点や互いに作用し合っている複数の筋を浮き彫りにすることと似ている。

最後に、私たちは、複雑性理論で**アトラクター**と言われているもの――つまり、限られた数の考えうる状況の周辺にシステムの挙動を形成し安定させる引力――を明らかにするために、氷山モデルの根底を見ていく。それを構成しているのは、社会システムの中の人々が正当だと認める信念や前提、そしてその人たちが実現しようとする根底にある意図や目的である。システムの現在のパフォーマンスに対するあなたの評価によって、それらは肯定的にも否定的にも考えられる。アトラクターは、システムの均衡の原動力にも、変化に対するシステムの抵抗の原動力にもなる根底の要素なのだ。

システム思考の基本言語

名詞

システム思考における名詞は**変数**である。システムの中で影響を及ぼす力または圧力をもつものだ。変数は、時間の経過とともに変化する。つまり、増えたり、減ったり、振動したりする。変数は、定性的なものでも定量的なものでもよく、簡単に「○○の度合い」と表すこともできる。マイケル・グッドマンと私が見つけた一般的な変数としては、人々が重んじること（期待や目標の度合いなど）、そのシステムに対する要求（必要性やプレッシャーの度合いなど）、そういった要求を満たすリソース（投資やスキルの水準など）、実際の結果（パフォーマンスや効果の度合いなど）などがある。また、人々がどのように感じ、考えるかを表す認知的な要素（恐れや危険への抵抗感の度合いなど）もある。

変数はシステムのストーリーの基盤なので、変数の特定は重要な作業だ。[8] 何が変数で何が変数ではないかを明確にすると、重要な洞察が浮かび上がってくるかもしれない。たとえば、ＴＡＰＩの参加者が見出した画期的な洞察は、犯罪の被害者となる恐れのほうが、犯罪そのものの水準よりも、刑事司法制度における挙動の原動力となりうる、というものだった。それとはまったく違う状況だが、ブルンジ共和国で一九九〇～九四年の内戦後に市民社会を再構築しようとした取り組みでも似たような洞察が得られた。いくつかのＮＰＯが集まってこの紛争のシステム分析を行ったところ、紛争を引き起こした要因は、彼らが当初考えていた「ツチ人の資源とフツ人の資源の対立」という問題ではなく、「エリート層の権力と大衆の権力の対立」という問題であると判断されるに至った。この根拠は、フツ人がツチ人から権力を奪い取ると、フツ人の指導者たちが新たなエリートになったからである。つまり、フツ人の指導者たちは、かつてツチ人の指導者たちが懸命に自分たちの権力を保持しようとしていたのとまったく同じように、大部分の住民を犠牲にして財産を貯めこむ傾向を見せたのだ。この洞察によって彼らは、両方のグループのエリートが有権者を犠牲にして権力を獲得したり保持したりするために用いた民族性の操作という、もう一つの要素の重要性にも気づくことになった。[9]

ＴＡＰＩの事例におけるその他の重要な変数は、出所者の人数、社会復帰にまつわる問題、宣誓釈放の手続き上の違反、現在の制度から利益を得ているセクター、刑務所のコスト、社会復帰に使える財源（の不足）などだった。その他の定性的な要素は、個人の安全に対する恐れ、政治的リスク、革新的な取り組みに対する政治的な抵抗などだった。

動詞

システム思考で説明される基本的な動きは、ある変数が増えると、一つ以上の別の変数が増えたり減ったりするというものだ。この動きは次のような図で表される。

A ──→ B

Aが変化するとBも同じ方向に変化する（たとえば、Aが増えるとBも増える、またはAが減るとBも減る）場合、矢印の先に同じ方向を意味する「**同**」という字を書く。

A ──→ B（同）

または、Aが変化するとBが逆に変化する（たとえば、Aが増えるとBが減る、またはその逆）場合、矢印の先に「**逆**」という字を書く。

A ──→ B（逆）

この専門用語はストーリーの構築に役立つが、私たちは通常、最終的な図にはそれを入れずに、システム図上での因果関係の方向を口頭で説明する。これによって、システム思考になじみのない人たちもその図を理解しやすくなる。

時間的遅れ

Aの変化がBの変化を引き起こすのにどのくらいの時間がかかるかは、システム思考における重要な要素である。だからこそ、第1章で述べたように、同じ行動の短期的な影響と長期的な影響とが正反対になる場合がよくあるのだ。つまり、短期的に良くなることが、長期的には、当面の利益を無効にする、または損なうという結果をもたらしうる。逆に、長期にわたって持続可能な利点を得るためには、短期的に時間やお金や努力を投資する必要があることが多い。**時間的遅れ**は次のように表現される。

マイケル・グッドマンと私は、複雑な社会システムには、少なくとも以下のような四種類の遅れがあることを特定した。

- 状況の変化から、その状況が変化したことに私たちが**気づくまで**の時間。
- 状況が変化したという私たちの気づきから、私たちが行動する**決心をするまで**の時間。
- 行動する決心から、**実施まで**の時間。
- 実施してから、**その効果**が生じるまでの時間。

たとえば、現在ますます深刻になっている問題の例は気候変動だ。大気中の二酸化炭素濃度はこの二〇〇年間に四五パーセント以上増加したが、大部分の人たちは最近になって初めて、荒れ狂う天候パターンや海面上昇によって、その増加の危険性に気づいた。さらに、私たちがエネルギー集約型の生活様式と炭素燃料に依存しているため、新たなエネルギー政策を実施しようという政治的意志を動員するのが困難だった。私たちが今、厳しい決断をできると仮定しても、省エネの方法や、環境にやさしいエネルギー源の利用方法を変えるにはまだ何年もかかるだろう。私たちがひとたびこのような変化を実行したとして、必要なレベルまで二酸化炭素濃度を下げるにはさらにまた時間がかかるのだ（氷河の溶解による海面上昇など、すでに手遅れで変化を逆転させることができないものもあるかもしれないが）。

ＴＡＰＩの例に戻ると、刑法制度と刑事司法制度改革に関する重要な時間的遅れが、少なくとも四つある。

- 刑務所に入ってから出るまでの時間――つまり、刑の長さであり、刑務所で過ごす時間。多くの判決が厳罰化しているので、人々が社会に復帰するまでに長い年月がかかりうる。ようやく出所した受刑者の九五パーセントが、収監されていた期間の長さそのものも原因となって、社会復帰への深刻な障壁に直面する場合が多い。
- 一般の人々が犯罪に対して恐れを抱きはじめてから、実は犯罪は減っていると理解するまでの時間。
- 大量投獄の政策を開始してから、刑法制度のコストに関する懸念が起こるまでの遅れ。ＴＡＰＩの合宿研修が行われてからの数年間に、このコストは、公的予算にいっそう重くのしかかるようになっただけでなく、年間八五〇億ドルという史上最高額に達し、必要に迫られた当局は、真剣に改革を検討し始めた。

- 大量投獄のコスト的な限界を認識してから、実際に財源を、より安全でより繁栄するコミュニティを生み出す社会制度（教育、医療、雇用など）の強化という、より将来有望な投資へと振り向けるまでの遅れ。

即座に結果を出さなければというプレッシャーのせいで――それが自ら生み出したものであれ、世論や予算のサイクル、投資家の期待、選挙のサイクルといった要因によって生み出されたものであれ――、政策立案者が時間の遅れを考慮し、対処することは容易ではない。リーダーは、**応急処置**と**短期的な小さな成功**を区別する方法を学ぶと、より効果的にこのプレッシャーに対処できるようになる。応急処置は、短期的な利益を生み出す解決策だが、たいていの場合、その利益は、同じ行動が長期的にもたらす結果によって帳消しになったり、損なわれたりする。短期的な小さな成功は、初めから長期のことを念頭に置いて計画された改善であり、取り組みを持続させ、推進力を維持するために不可欠である。構造のツボ《レバレッジ・ポイント》と戦略計画についてより詳しく見ることで、この区別をより明らかにするが、まずこれらの基本原則を知っておくことが、これからさらに詳しくシステムの筋について探求するうえで役立つだろう。

まとめ

- 人々は、自分たちが解決しようと最善を尽くしているにもかかわらず複雑な問題が持続する状況に直面した場合、リソースが限られているせいにすると同時に、自分たち自身の成功を宣伝したり、あるいは失敗は控えめに語ったり、そのシステムの中にいる他者に対抗意識をもったりしがちである。
- システム思考は、より生産的で新しいストーリーを人々が語れるよう支援する。それは、自分たちの個々の努力を尊重し、そういった努力の限界を浮き彫りにし、全体像を見て全体のためにより進んで協働することを後押しするようなストーリーだ。
- 氷山モデルによって、目に見えやすい出来事や傾向と、それを形作っている、根底にあるシステム構造とを区別できるようになる。
- システム構造は、システムの重要な要素を描き、それらの要素が、長い間に、たいていは目に見えない形でどのように互いに影響し合うかを描く。

4 システムのストーリーを解読する

私は殺人ミステリーが大好きだ。古くはアガサ・クリスティーに代表される英国作家の作品から、現代では『ＣＳＩ：科学捜査班』のような長寿番組まで、幅広い人気を集めている。ミステリーにおける中心的な問いは「誰が真犯人か」であり、読者や視聴者は、その答えが明かされることを期待しながら、最後の最後までハラハラさせられつづける。

システムのストーリーで問われるのは、ミステリーとは異なる。「なぜ人々は――多くの場合、最善を尽くしているにもかかわらず――慢性的かつ複雑な問題を解決したり、意義ある目的を達成したりできないのだろうか」というものだ。この問いに答えるためには、しばしば社会システムにおける人々の挙動を生み出している、典型的な**筋**をいくつか理解しておくことが役に立つ。

こういった筋の多くには、似たような難しい性質がある。社会システムは、意外であるだけでなく、システム思考家のドネラ・メドウズの言葉を借りればひねくれてもいる。[1] 私は、「人々が、正しいことをしようとするからこそ誤った行動へと導かれがちである」という点で、そういった筋は魔力に満ちていると思っている。

これらの筋はとてもよく見られるので、**システム原型**と呼ばれる。人々はシステム原型を理解すればするほど、その犠牲になる可能性が低くなる。システム原型のストーリーにそそのかされて誤ったことをしそうになるのを予期し、未然に防ぐことを学べる。あるいは、人々が罠にかかった場合には、そこから脱するために、原型と同様に識別可能な（**構造のツボ**《レバレッジ・ポイント》と呼ばれる）出口への経路を見出すことができる。

基本的な筋

数年前、あるシステム思考ワークショップの参加者が、自分が長い間解決しようと努めてきた問題を分析した。彼は「自分が何年もの間、この問題について堂々巡りをしてきたんだと思うようになりました」と言った。その瞬間、私は、彼が「堂々巡りをしてきた」ことがそれほど問題だったのではなく、彼がそのことに気づいていなかったことが問題だったのだとわかった。彼が以前に試した解決策は当然のもので、短期的には効果があった。だが、長期的には、事態を悪化させる意図せざる結果をもたらした。そのうえ、問題が再発したとき、彼には、どのようにして自分自身の解決策がそれを引き起こす原因になっているのかが見えていなかった。自分がはまり込んでいるだけでなく、それを生み出す手助けもしている堂々巡りの環が見えたことで、彼は環から解放されて自由になり、より生産的に前に進む道を見つけることができた。このように私たちは、自分自身が作った環の中で、そうとは気づかないままに堂々巡りをするのだ。

システムの筋は環になって展開するので、私たちが目指すのは、すでにある環を発見し、より効果的な新しいストーリーを創り出せるようにすることだ。本章で重点を置くのは、その動態《ダイナミクス》を説明することであって、変えることではない（それについては第10章でより深く掘り下げる）。だが、自分がはまり込んでいる環を認識するという行為が、それを変えるための第一歩であると気づくことが重要である。**自己認識を深めることは、それ自体が問題解決に向けた介入であり、ほかのいかなる変化もそれが先駆けとなって起こる。**

自己強化型のフィードバックとバランス型のフィードバックは、時間の経過の中でシステムがどのように展開するかを説明する二つの基本的な循環構造である。この二つのフィードバック構造が組み合わさることで、より複雑な動態《ダイナミクス》が生まれる。

自己強化型のフィードバック——増幅のストーリー

自己強化型のフィードバックは、好循環や悪循環として知られているストーリーの基盤だ。成長つまり弾み車の原動力と、悪化のスパイラルの原動力の両方を生み出す構造を説明する。たとえば、ジム・コリンズは、著書の『ビジョナリーカンパニー2』の中で紹介した「弾み車」の概念を当てはめて、ソーシャルセクターの組織がどうすれば自らの成功のエンジンを生み出せるかを提案した。[2] コリンズは、ソーシャルセクターにおける成功を決めるのは、「支援を引きつけるブランドを築き、それが明らかな成果を挙げ、そのことでさらにそのブランドが強化される」といったブランド構築によって（プログラムだけではなく）組織を成長させる能力の有無だと考えている。またコリンズによれば、同じ自己強化型の動態《ダイナミクス》が逆の効果も生み出しうるという。成果を出せていない組織がその

『ビジョナリーカンパニー2——飛躍の法則』（ジム・コリンズ著、山岡洋一訳、日経BP社、2001年）

ブランドの評判を落とし、そのためにリソースを引きつけるのが難しくなり、さらに結果を悪化させる場合がそうだ。

自己強化型のフィードバックの不安定な性質は、加熱から急後退へと向かう循環において痛々しいほどに見てとれる。二〇〇八年の経済危機を引き起こした住宅バブルがその例だ。この事例では、サブプライム・ローンというリスクの大きい融資慣行が、住宅価格の高騰と融資額の増加に拍車をかけた。そしてついには、不良債権が限界までふくれ上がり、住宅市場が崩壊したのである。[3]

自己強化型の動態《ダイナミクス》は**自己達成予言**でも見られる。たとえば、ピグマリオン効果は、「ある当事者の期待（この場合は教師の期待）が、いかに別の当事者（生徒）を強化するような挙動に導くか」を説明する。この動態《ダイナミクス》はたとえば、行儀の良い女子の振る舞いを強化するが、活発な男子やマイノリティーの振る舞いは抑制するように働く。アクション・デザイン社によって作成された図4－1の「**相互作用マップ**」は、こういった相互作用をより詳細に描いている。

たいていの人は、成長が線形だと考える癖がついている。

図 4-1　相互作用マップ

当事者 A と B が互いのことをどう考え、それに対してどう振る舞うかは互いに強め合っている。

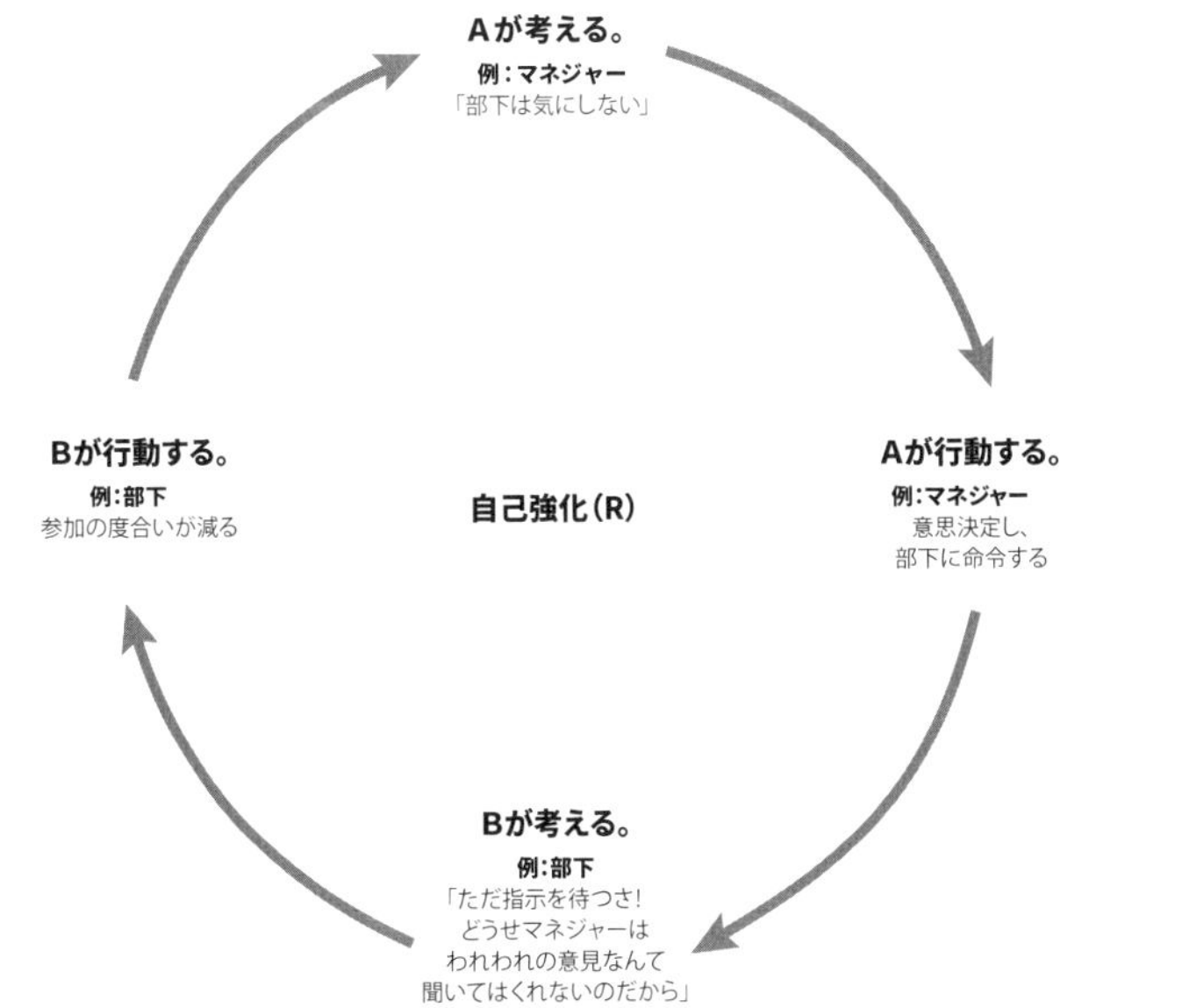

出典：Action Design 社から改変

だが、自己強化型のフィードバックは、社会や経済のシステムでより多く見られるプロセス——ある一定期間に一定の割合で量が増加する**指数関数的な成長**——を説明する。貯蓄や人口の増加に見られるそのような現象が、指数関数的なプロセスのよく知られた実例だ。社会的投資を行い長期的なリターンを得ようとする財団や起業家は、社会システムにおいて持続可能な推進力を確立する**クリティカル・マス**、つまり**ティッピング・ポイント**を開拓することで恩恵を得る。[4]

次のフランスのなぞなぞには、指数関数的な成長についての重要な示唆がいくつか含まれている。[5]「ある蓮池のスイレンは一日で大きさが二倍に成長する。その池がスイレンですっかり覆われてしまうのに三〇日かかるのだが、では、池の半分がスイレンで覆われるのは何日目だろうか？」答えは、多くの人にとって驚くべきことに、二九日目である。池の半分が覆われるのは、スイレンで完全に覆い尽くされてしまうわずか一日前のことなのだ。一五日間では池のどのくらいが覆われるのだろうか？　答えは、〇・〇〇二五パーセントである。つまり、一カ月の中間地点では、スイレンはほとんど気づかれない存在なのだ。

有機的な成長がもつ指数関数的な性質は、社会的な意思決定をする人たちにいくつかの影響を及ぼす。第一に、大部分の人々は、自分たちが実際にできるよりも急速な改善を期待する傾向にある。システムが急速に変わることを期待するあまり、非現実的な要求をすることになり、それが最終的に改善を減速させたり、もしくは完全に止めたりすることになる。あるいは、小さな改善を見逃したり、誤解したりして、明らかな改善を見せるまでに時間がかかる変化を後押しするのを早々にやめてしまう可能性もある。図4－2は、自己強化型の有機的な成長の指数関数的な成長を描き、それを「物事はどのように成長するはずか」について人々が抱く、より典型的な線形の成長予想と対比させたものだ。

第二に、成功のエンジンあるいは弾み車の推進力は、成長に寄与する個々の要素だけでなく、それらの要素が時間の経過の中でどのように相互に作用し互いを強め合うのかにも左右される。たとえば、成功する小規模金融《マイクロファイナンス》プログラムは、コミュニティの関与、相互支援、金融投資、経済効果、雇用創出、コミュニティへの再投資を統合して、拡大の一途をたどる循環を生み出す。このプログラムが社会投資家にとって示唆となるのは、個々の要素そのものよりも、構造設計の明確さと健全さ――各部分がいかに組み合わさっているか――に基づいて投資先の計画を評価することが大切だ、ということだろう。システム思考がこのような設計や変化の理論《セオリー・オブ・チェンジ》を明確に表現することにどう役立つかについては、第11章で再び説明する。今の段階では、**変化の理論**《セオリー・オブ・チェンジ》の効果を高める一つの手法は、時間の経過の中で、システムの部分がいかに直接的にも間接的にも相互に作用し合うことを目的としているかを説明することだ、と認識してもらえれば十分だ。

第三に、指数関数的な成長は、取るに足らないように思える問題が時間の経過とともに悪化するという場合にも当てはまるので、早い

図 4-2　蓮池のなぞなぞからの学び

人々は、成長が実際よりもすぐに（そして直線的に）起こると想定する傾向にある。その結果生じる、予想と現実の差を小さくすることが重要だ。

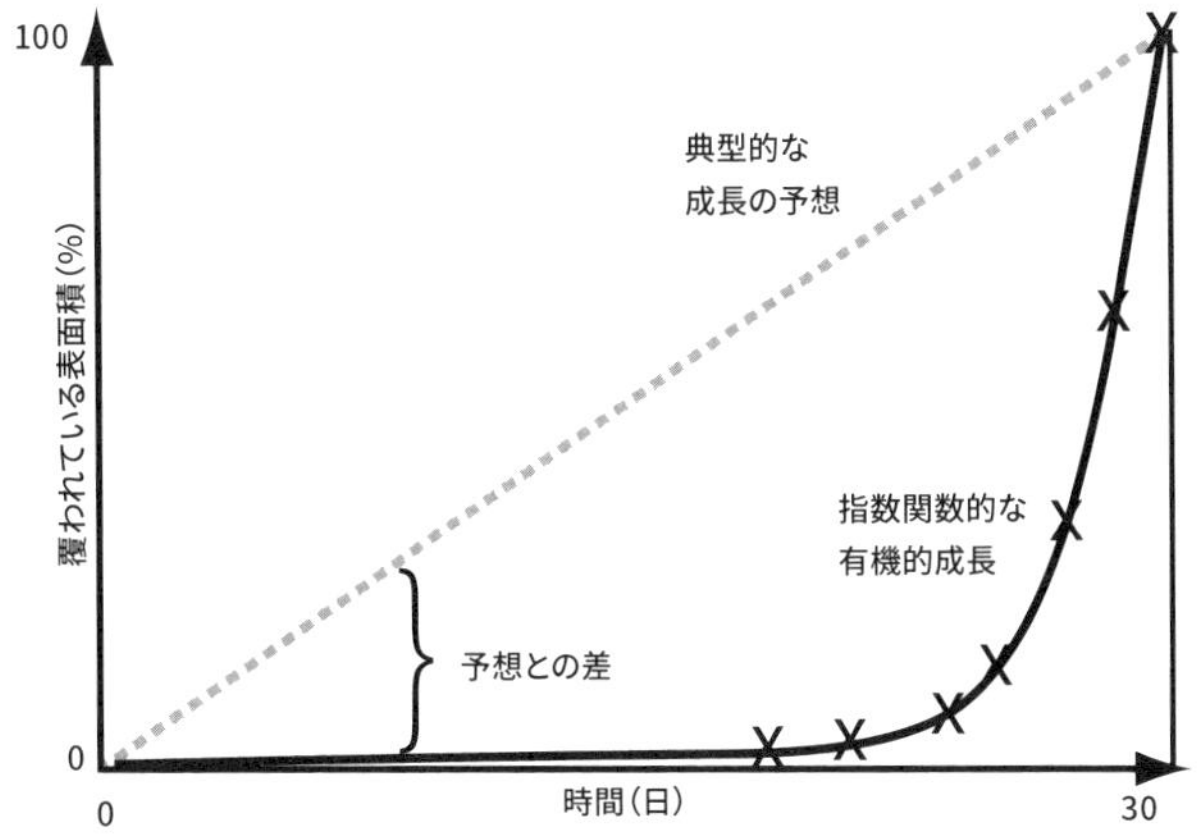

出典：Innovation Associates Organizational Learning および Bridgeway Partners

うちからそのような問題を監視し、それらがなくなるのを期待するのではなく、迅速な対処を検討することが重要だ。数十年前、小さな問題がより大きな問題に拍車をかけるという認識から、「**割れ窓理論**」が生まれ、知られるようになった。それは、何らかの秩序が乱された状態によってコミュニティの不安定さが強まることを指摘したものである。[6] この理論によって、全国の警察が、重大犯罪の発生を防ぐために、軽い不正行為――ゴミ捨てから公共物破損まで――を取り締まり、清潔な環境を保つようになった。[7] この理論を批判する人々は、「軽微な犯罪は、そういった犯罪そのものが集中する都市の貧困に応じて増えるものであり、犯罪を持続的に大きく減らすには、貧しい地域の生活水準を改善するしかない」と主張する。だがどちらにしても、筋は同じだ。上流の問題に対処することで、それらの問題が指数関数的に悪化するのを防ぐことができる。

一方、私たちが気候変動に対して迅速に対処できていないことは、傾向データだけに頼ることで問題の深刻さを過小評価した重大な例である。政府や民間セクターの主要な意思決定者たちは、二酸化炭素排出量を大幅に削減すべきだという勧告に抵抗しつづけてきた。それは、私たちが化石燃料に依存しているためでもあり、この問題の拡大するスピードが警鐘になるような速さでなかったためでもある。実際、現実において私たちがその影響を受けるようになるつい最近まで、（世界の気温の傾向で判断した場合に）変化はひじょうにゆっくりであった。この傾向を生み出した悪循環の本質を理解し認識していれば（付録Aを参照）、もっと早くから政治的意志が高まったかもしれない。確かに、近年の気象のパターンや海面上昇は、多くの科学者たちが警告したように、この曲線がすでにティッピング・ポイントに達した可能性があることを示している。そして、今の私たちにできる最善策は、さらなる環境破壊を防ぐために積極的に行動し、ますます乏しくなる資源を公平に配分する平和的な方法を見つけ出すことだ。

自己強化型のフィードバックを理解することで、次のことが可能になる。

- 成長の原動力をゆっくりと構築する忍耐強さを養う。
- 傾向ではなく、根底にあるシステム構造に基づいて意思決定を行う。
- 悪循環に陥る可能性をすばやく摘み取る。

バランス型のフィードバック――矯正のストーリー

成長と減衰のプロセスは、多くの人たちにとって目に見えやすいかもしれないが、多くの場合は安定と均衡の動態《ダイナミクス》が優勢であり、これは認識するのがいっそう難しい。現在のシステムは、すでに達成しつつある目標の近くで均衡状態にあるので、**バランス型ループ**は、現状と理想の乖離を埋めて社会システムを改善するための原動力であり、変化に対する**システムの抵抗**を理解するためのカギである。

私たちは、日常的な経験の中でバランス型のフィードバックに気づく。室温を二〇℃に調節するサーモスタットや、身体が汗をかいたり震えたりすることで体温を三七℃に保とうとする調節機能がよい例だ。自己強化型のフィードバック・ループが現在の状況を**増幅**するのに対して、バランス型のフィードバックは、現実のパフォーマンスと望ましいパフォーマンスとの間のギャップを埋めることによって、現在の状況の**矯正**または反転を目指す。たとえば、ある財団は、卒業率を高めることを目的とした上級生が下級生のメンターとなって支援するようなプログラムや、一〇代の妊娠を減らすためのカウンセリング・プログラムに資金を提供するかもしれない。バランス型のフィードバックが望ましい目標を実現すると、その矯正プロセスは目に見えなくなる場合が多い。私たちは十分に食べ物や睡眠をとって空腹や眠気が解消されると、食事や睡眠の果たした役割には気にも留めなくなる。

それに対して、システムが私たちの掲げる目標を達成しそうにないとき、バランス型のプロセスに気づきやすくなる。つまり、バランス型のフィードバックは、「人々が改善のために最善を尽くしているにもかかわらず、なぜシステムは変化しないのか」を説明するのにも役立つ。単純な矯正プロセスが意図したように機能しないのは、次の三つのうちの少なくとも一つに当てはまるような場合のときだ。

第一に、ひとたび問題が解決したように思えると、私たちはその解決策に投資するのをやめてしまうことが多い。この「プレッシャーを取り除く」という行為は——問題解決者が大いに失望することに——往々にしてその問題の再発につながる。たとえば、一九九〇年代前半、ボストンの若者による都市犯罪は深刻な問題だった。それに対して、政治指導者とコミュニティのリーダーたちが団結し、多くの協調的な解決策——地域警備や自警団から、リスクの高い若者への専門家やコミュニティによる奉仕活動（ギャング・アウトリーチ*）や放課後プログラムまで——を策定した。その結

＊　ギャング・アウトリーチ：一般に「アウトリーチ」とは、社会サービスへのアクセスが限られた人々のいる場所に、サービス提供者が出向いてそのサービスを実施したり、サービスの存在を知らせたりする活動のことを言う。政府などの主要機関が行うサービスの隙間を埋めるために、NGOや他の非営利組織がアウトリーチを行うことが多い。ギャング・アウトリーチは、ギャングのメンバーとなるリスクのある青少年やメンバーたちが滞在する場所へ出向き、ギャングによる犯罪行動を抑制し、ギャングメンバーへの流入を抑え、あるいは脱退を促進するアウトリーチである。

果、若者による犯罪が減ると、政治指導者たちは、差し迫っていることがもっと明らかな問題に資金を移さなければならないと感じた。結果として、ひじょうにうまく機能していた犯罪防止プログラムに対する予算を削り始め、問題が再発してしまった。[8]

二つめは、変化に影響を及ぼすために必要な時間を、十分に理解できないというパターンだ。たとえば、マサチューセッツ州にある人口四万六〇〇〇人のあるコミュニティは、成人のアルコール中毒や薬物中毒の割合が平均を超える地域だが、一〇代の若者による飲酒や薬物乱用の抑制に成功した。このストーリーは、一一年という年月をかけ、どのようにして協調的な改善が次第に根づいていったかを物語っている。[9] そのような根気強さと持続性は珍しい。時間的な遅れに直面した場合の通常の反応は、しびれを切らして時期尚早の結果を強く求めるか、早々にあきらめてしまうかのどちらかだ。

バランス型ループが現在の状況を矯正できない三つめの場合は、そのシステムの目標について、または現在のパフォーマンスのレベルや原因について、またはその両方について、意見が一致していない場合だ。たとえば、ボール財団が後援した教育改革に関する報告書によると、調査対象となった米国の学校や学区では教育改革が十分に行われていたという。[10] だが、こういった改革を広範囲に広めようとしている教育関係者たちは、幼稚園～高校の教育目標と現在のパフォーマンスの水準について深刻な意見の不一致に直面していた。テストの点数という観点から自分たちの目標を定めた学区もあれば、卒業やその後の就職、継続的な学習への意欲や能力を望ましい結果と考えた学区もあった。同様に、これらの学区はそれぞれ異なる観点で、たとえばテストの点数、子どもたちが卒業後にどのような実績を挙げたか、創造性や自律的な学習の指標などについて、実際のパフォーマンス測定を行っていた。望ましい未来やシステムの目標、および現在の状況についての認識が曖昧であったり対立していたりすると、特定の戦略を定めて広めることはひじょうに難しい。

まとめると、現状の改善に貢献していないバランス型ループを理解することによって、財団やＮＰＯのリーダー、政策立案者は次のことが可能になる。

- 効果的な解決策を、プレッシャーが少なくなったときに縮小するのではなく、確実に長期にわたって強化し持続させる。
- 忍耐強く社会的投資を持続させることによって、時間的な遅れに対応する。
- 戦略を策定する前に、明確で人を惹きつける共有ビジョンや共同目標、今の現実についての共通理解を確立する。これが第５章で紹介する変化のモデルの基盤である。

図４－３はシステムのストーリーの要素をまとめたものだ。

図 4-3　システムのストーリーの中心的要素

システムのストーリーは、時間の経過とともに変化する変数間の環状の因果関係から成る。

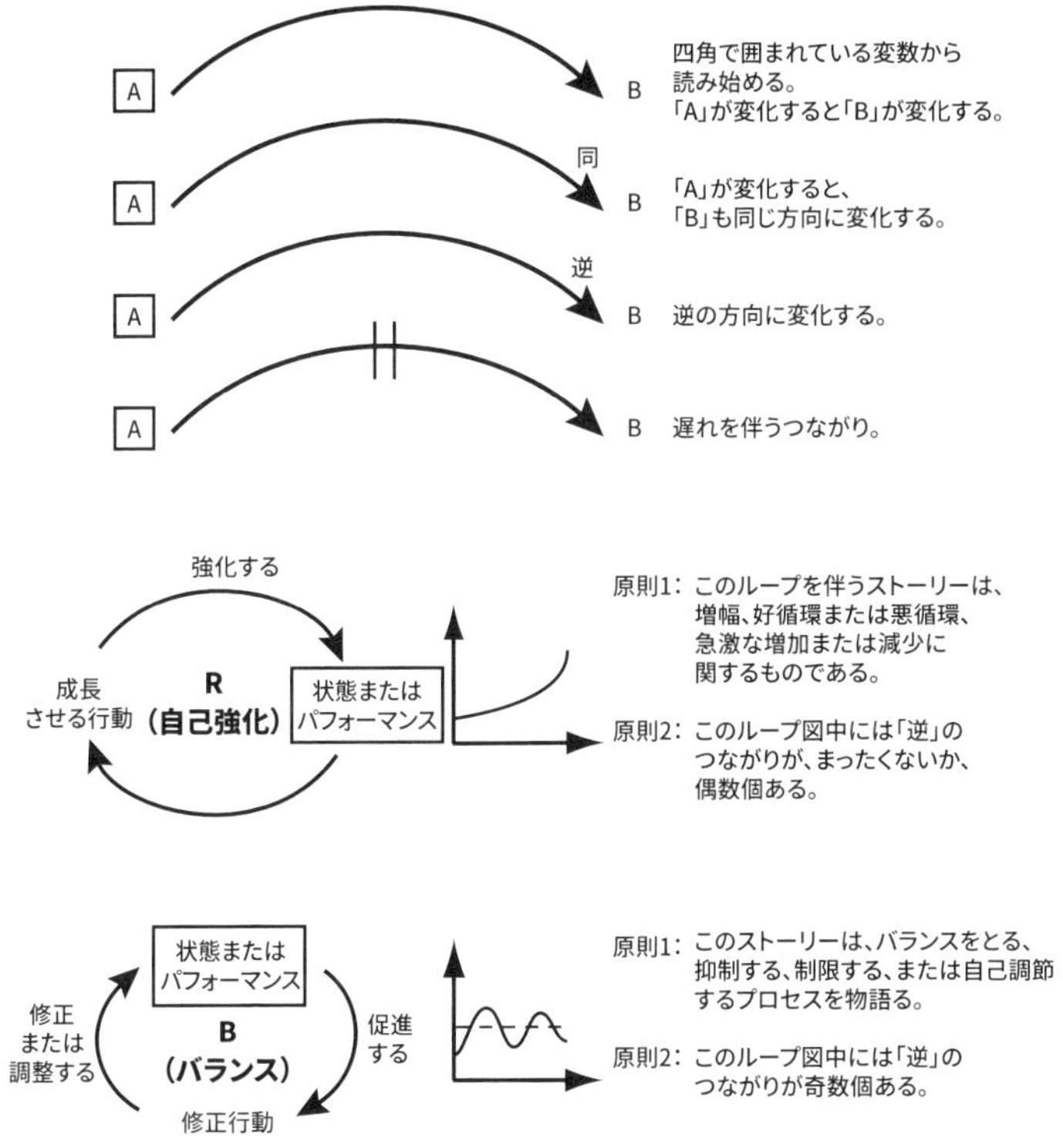

出典：Innovation Associates Organizational Learning

筋が厚みを生む

たいていの複雑な問題は、自己強化型またはバランス型のフィードバック・プロセスが二つ以上組み合わさって起こっている。とはいえ、一〇種類の「**システム原型**」と呼ばれるこういった典型的なストーリーをよく理解することによって、さまざまな動態《ダイナミクス》についての洞察を事前に得ることができる。システム原型は汎用的で、さまざまなシステムの文脈に容易に当てはめられ、いっそう複雑な動態《ダイナミクス》を識別するための触媒の役割を果たす。[11] このセクションでは、社会システムにおける多くの問題に当てはまる五つの原型を詳しく説明する。それから、問題の認識に役立つ残りの五つについて概説する。

うまくいかない解決策

うまくいかない解決策は、意図せざる結果のストーリーだ。図4－4は、うまくいかない解決策の中心的な動態《ダイナミクス》と、そこから起こる挙動のパターンを示したものである。人々は、問題の症状を減らすために、短期的には機能する**応急処置**を実行する（図4－4のB1）。だが、そういった対症療法は、時間の経過とともに問題の症状を悪化させるような、長期的な**意図せざる結果**も生み出す（図4－4のR2）。それに加えて、人々は、時間的な遅れがあるために、こういったマイナスの結果がその対症療法によって生じたものだとは気づかない。そのため、その症状が再発すると人々は、解決策はその対症療法をさらに実行することだ、という誤った想定をする。「最初はうまくいったのだから、やり足りなかっただけ」と考えるのだ。その対症療法を再び実行すると、同じ周期が繰り返される。短期的な改善の効果は、長期的なマイナスの結果によって台無しとなる。

うまくいかない解決策とは、実際にはどのようなものなのだろうか？ＴＡＰＩの事例に戻ってみよう。厳しい実刑判決という解決策は、短期的には犯罪や犯罪への恐れを緩和した。だが、長い服役を経たあと、受刑者たちは多くの場合、その経験から心を閉ざしたまま、あるいは社会復帰する準備ができていない状態のまま出所し、社会の一員として貢献できる能力が法的に制限されていた。全国平均で見ると、過去に投獄された経験のある人の半数近くが、出所後三年以内にプレッシャーに負けて再び罪を犯し、宣誓釈放違反で再び刑務所に送られる。

関連する例では、薬物犯罪の摘発を行うことで、路上から犯罪者がいなくなり、それによって短期的には薬物関連の犯罪が減少する。だが、摘発によって薬物が流通しなくなるので、長期的には、薬物の価格が上昇し、常習者たちは、供給が限られた薬物への支払いのために、いっそう多くの窃盗をする必要が出てくる。[12]

医療においては、医療費が増加すると、入院期間を短くしようという

図 4-4　うまくいかない解決策

うまくいかない解決策は、時間の経過とともに問題の症状を次第に悪化させる、意図せざる結果を生み出す応急処置のストーリーである。

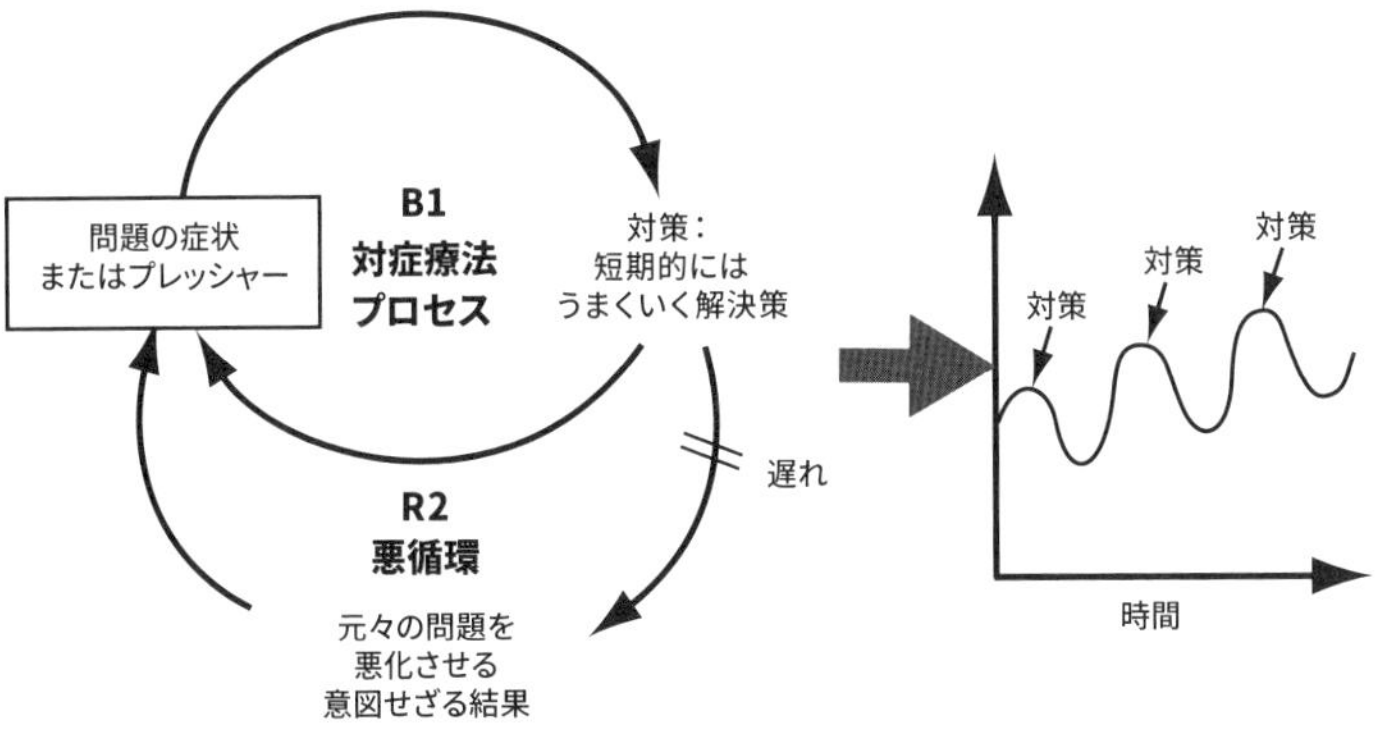

出典：Innovation Associates Organizational Learning

プレッシャーが生じる。しかし、早すぎる退院を強いられた人々は、しばしば再入院することとなって、その結果、医療費がさらに増加する。

ジャーナリストのリンダ・ポルマンは著書の『クライシス・キャラバン』の中で、貧しい国々の内戦で荒廃した国土を救うために非営利団体や富める国々が提供した、善意の資金が生み出した多くの問題を列挙している。救済援助は、それがどんなに善意のものであったとしても、長期的に見ればこういった人災を悪化させることになる、意図せざる結果をいくつも生み出すのだ──たとえば、武装勢力の健康が改善されて戦いつづけることができるようになる、権力を維持しようとする独裁者やエリートたちに援助物資が強奪される、ひねくれたリーダーたちがより多くの援助を得るためにさらなる災害を創り出す、などである。おまけに、救援のために提供される資金が、より多くの資金を求めて互いに競うようになる支援組織のための市場を生み出す。[13]

別の援助の例では、人的災害であれ自然災害であれ、飢餓に苦しむ人々への食糧援助は、別の形で失敗に終わる。食糧援助の恩恵を最も受けるのは子どもたちだ。一〇～一五年後には、生き残った子どもたちが出産適齢期に到達するようになり、援助を受けた国は人口の急増に直面することになる。

このような事例は、善行をしたいと思う人々が直面する、心の痛む難しい問題を効果的に提起している。短期的には他者の苦しみを和らげられたとしても、長期的には事態を悪化させるのだ。自分たちの行動が起こしうる意図せざる結果について十分に考え、それを緩和することは、援助をしたいと思う人々の責務である。

『クライシス・キャラバン──紛争地における人道援助の真実』（リンダ・ポルマン著、大平剛訳、東洋経済新報社、2012年）

うまくいかない解決策に向かう傾向に打ち勝つための典型的なカギは、応急処置を疑問視する、代替策を見つける、代替策が見つからないなら現在の解決策がもたらすマイナスの結果を緩和する、などだ。さらなる可能性については第10章で説明する。

問題のすり替わり

多くの場合、**うまくいかない解決策**になる可能性を減らすための最善の方法は、その症状を生み出す根本的な問題を解決することだ。人は多くの場合、より**根本的な解決策**が好ましいことはわかっているが、なぜそれをなかなか実行できないのかがわからない。その主な理由の一つは、問題の根本原因に対処するにはより長い時間とより多くの費用がかかるし、より多くのリスクと不確実性を伴う可能性があるからだ。

応急処置を実行することと、より根本的な解決策を目指すことの引っ張り合いこそが、いわゆる「慈善の難題」の中核にあるものだ。問題を今解決するのか、それとも長期間にわたって人々を支援するのか。システム用語では、応急処置に頼ることは**問題のすり替わり**と呼ばれており、時おり思い出したように問題の症状を和らげているために、問題が次第に悪化していくのが見えにくくなるという、うまくいかない解決策と似たようなパターンを生み出す。だが重要な違いがいくつかある。

- 問題のすり替わりでは、人々は通常、より根本的な解決策をわかっているにもかかわらず、それを実行するのに必要な意欲や投資を生み出すことができない。それに対して、うまくいかない解決策では、問題の症状に対する明確で根本的な解決策がなく、そのために、応急処置が唯一できる施策のように思える。
- 短期的には、二つの選択肢のうち、わかりやすくてより簡単な応急処置のほうがうまくいくことで、症状が一時的に改善する。そしてそれによって、より根本的な解決策を実施しようとする人々の意欲がそがれる。
- 長期的には、応急処置は、人々が根本的な解決策を実行したくても実際には実行できなくなってしまう**意図せざる結果**を生み出す。このように能力が弱められるパターンとしてよく見られるのは、応急処置がなければより永続的に問題解決に利用できたであろうリソース（人、時間、お金）を、応急処置自身が消費してしまうというものだ。
- 時間が経つうちに人々がますます応急処置に依存するようになり、中核的な解決策への投資がますます少なくなる。このような応急処置への依存の高まりは、**中毒**とも呼ばれる。よりよい選択肢がわかっているにもかかわらず、人々は応急処置の中毒になるのだ。

このシステム構造と、その結果起こる挙動のパターンは図4－5に示した通りである。上のループ（B1）が応急処置で、下のループ（B2）が根本的な解決策だ。B2は、本来たどるべきループだが実際にはここに入っていないという意味で、仮想のループである。こちらのループをたどらずに、応急処置を用いることによって、時間も費用もより多くかかりがちな解決策を実施しようとする意欲を人々が十分に感じない程度まで、症状が緩和されている。Ｂ１とＢ２を組み合わせると、長期間にわたって応急処置の利用を増やす一方で、根本的な解決策を用いようとする動機を低める悪循環が形成されることがわかる。横のＲ３のループは、応急処置の利用を増やすことによって、実際にはやがてそのシステムが根本的な解決策を実施する能力を失い、それによって問題の症状がさらに悪化するという**副作用**を生み出すことを示している。

食糧援助やＴＡＰＩの事例は、**問題のすり替わり**と**うまくいかない解決策**の両方が当てはまっていた。食糧援助に関しては、開発業界では、飢餓の根本的な解決策は地元の農業強化であると広く理解されている。だが、食糧援助を受けることで、地元のインフラ開発への意欲が失われる。それに加えて、無料の食糧によって、地元産食糧の価格が下がり、農家の成長や利益の出る価格での食糧販売が難しくなり、それによって地元の農業がいっそう弱体化する。

刑事司法制度改革については、厳しい実刑判決によって、当局者や一般市民は、犯罪の問題に対処がなされたと考え、別の解決手段に投資しようという意欲が減退する。こういった判決によって路上から犯罪者

図 4-5　問題のすり替わり

問題のすり替わりは、より根本的な解決策を実行する人々の意欲と能力を弱める、応急処置への意図せざる依存のストーリーである。

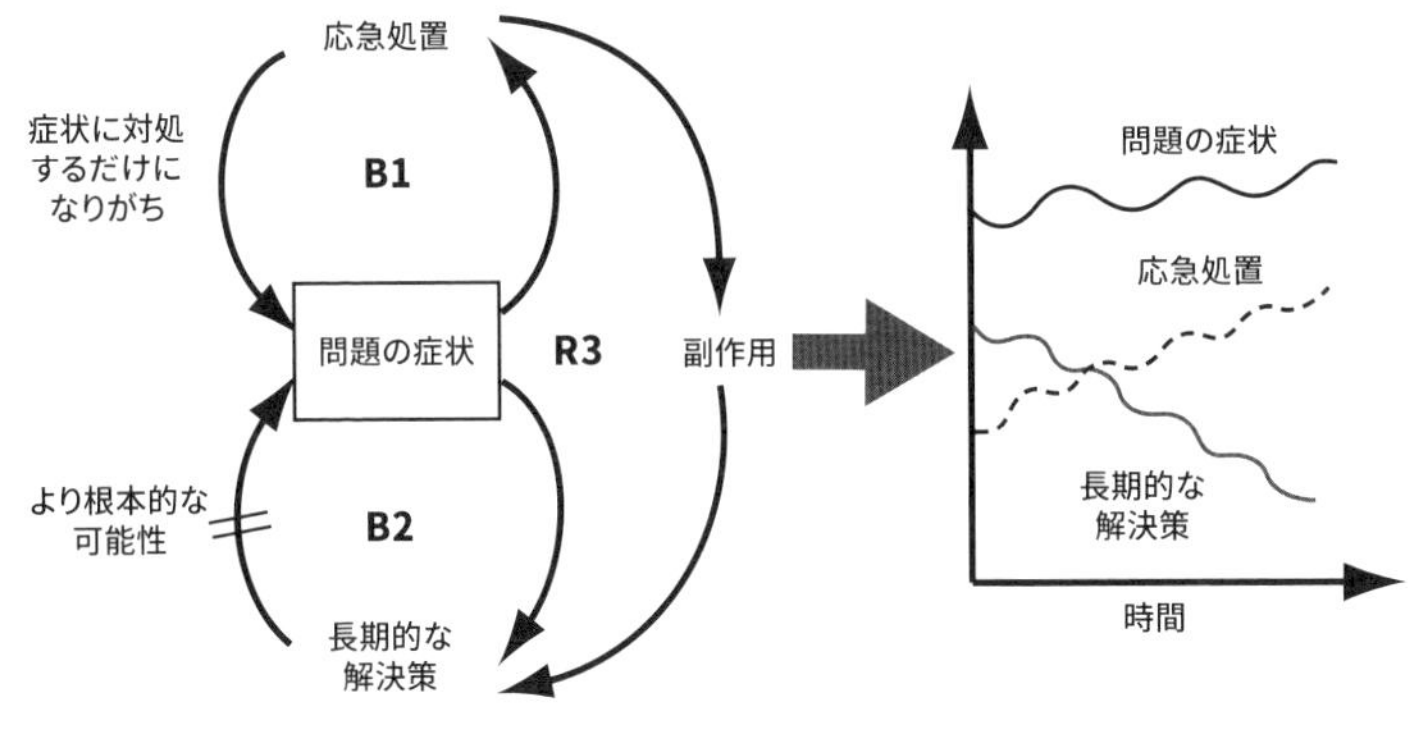

出典：Innovation Associates Organizational Learning

はいなくなるが、過去に投獄された人々が出所後の社会復帰という大変な活動をする能力が低くなっていると、別のところに問題が起こる。それに加えて、現在の刑法制度を維持するための高いコストが、より持続可能な方法で犯罪や犯罪への恐れを減らすことになるコミュニティ開発や社会復帰プログラムへの資金拠出を減らす。コミュニティ開発や社会復帰の取り組みに十分に投資できていないことで、犯罪の可能性やそれに伴う恐れが高まることになる。

医療の場合、病気の予防や健康全般の改善よりも、病気の処置により多くの投資を行うのが一般的だ。この投資の長期的な結果として、そもそも良好な健康状態を形作る根本要因を改善する活動に使われる資金が少なくなる。

また、国際開発にも、根本的な解決策を弱める応急処置の例が見られる。受賞歴をもつニューヨーク大学の経済学教授で、開発研究所共同所長でもあるウィリアム・イースタリーは、開発途上国の貧困撲滅に尽力する人々に対して、独裁者によって実施される技術志向の解決策を支援することのないよう警告した。[14] イースタリー教授は、小規模の当事者たちによるボトムアップ型の開発のほうが、多くの場合ではるかに効果的であることを実証した。トップダウン型の技術志向の解決策は、貧しい人々の一時的な救済になる――少なくともそう見える――かもしれないが、同時に、より根本的な解決策から資金を奪うことにもなる。[15]

問題のすり替わりのモデルは、企業の持続可能性の領域においても起こる。国際産業エコロジー学会（ＩＳＩＥ）のジョン・エーレンフェルト事務局長は、こう説明する。「環境効率、つまり環境への負荷がより少ないことにより大きな価値を置くことは、持続可能性を高める一般的な手段としてもてはやされてきた。社会的責任投資（ＳＲＩ）も同じである。問題は、こういった博愛の心を標榜することが、どれをとっても真の持続可能性を生み出していないことだ。せいぜい、社会が持続不可能性に向かって押し流されつづけるスピードを一時的に緩めるだけだ。最悪の場合、そういった博愛標榜が耳ざわりの良いマーケティング手段として販売を促進することになるのは、実は私たちの環境を劣化させ汚染する製品やサービスであり、それらは、消費者のニーズを有意義に満足させることはできない」。[16] エーレンフェルトは、応急処置だと自分が理解しているものと、根本的な解決策とを区別している。前者の応急処置は、より効率のよい消費を後押しすることだ。一方、後者の根本的な解決策は、広く行きわたっている消費主導の経済モデルを、新しいモデルへと変えることだ。それは、生活の質を高める非物質的な要素を重視し、欲求を満たすために資源浪費的な製品に依存しないようなモデルのことだ。

ウォーレン・バフェットの息子の一人でノボ財団の会長であるピーター・バフェットも、自らが「慈善の植民地主義」と呼ぶものに異議を唱え、生活の質を再定義することを求めている。[17] バフェットは、非営利セクターの拡大は、収入の不平等という問題に対する解決策としてはその場しのぎのものだ、と指摘している。なぜなら、「資本主義に対してより人道主義的なアプローチを開発する」という、より深い目的から寄付者の関心をそらすからだという。バフェットが批判しているのは、すべての人の繁栄という、より意義深い取り組みを犠牲にして、人々の消費能力を高めようとする考え方だ。社会問題の解決を非営利セクターに依存することの意図せざる結果とは、博愛の心をもった官民のリーダーたちが、富の一部を貧しい人たちに還元すれば、富を自分たちの手中に集中させる構造を通じて稼ぐことを、正当化できることだ。それによって、不平等なシステムそのものの変革に、わざわざ取り組まずに済むのだ。

問題のすり替わりに向かうこの傾向を打開するためのカギは、応急処置の知恵に疑問を呈すること、根本的な解決策への投資を阻む状況全体に異議を唱えること、この解決策を実施する意欲を起こさせる長期的なビジョンを確立することなどだ。この点については、第10章でさらなる可能性に触れる。

成長の限界

成長の限界は、予期せぬ**制約要因**のストーリーである（図4－6を参照）。その根底にあるメッセージは、「永遠に成長するものはない」ということだ。いかなる**成長のエンジン**や成功（図の左側のR1ループ）も、一時期はどんなに効果的であろうと、外的・内的要因（これが図の右側のB2ループを生む）によってその成長は必ず制約を受ける。外的要因とは、資金の入手可能性、対象顧客の商品・サービスへのアクセスのしやすさ、天然資源の質などだ。内的要因は、マネジメント能力、操業能力、外部者との協働への意欲またはその能力などだろう。

たいていの社会変革が直面する例としてよく見られるのが、拡大《スケールアップ》の問題だ。

図4-6　成長の限界

成長の限界は、成功を維持するためには克服しなければならない制約によって、不可避に抑制される成長のストーリーである。

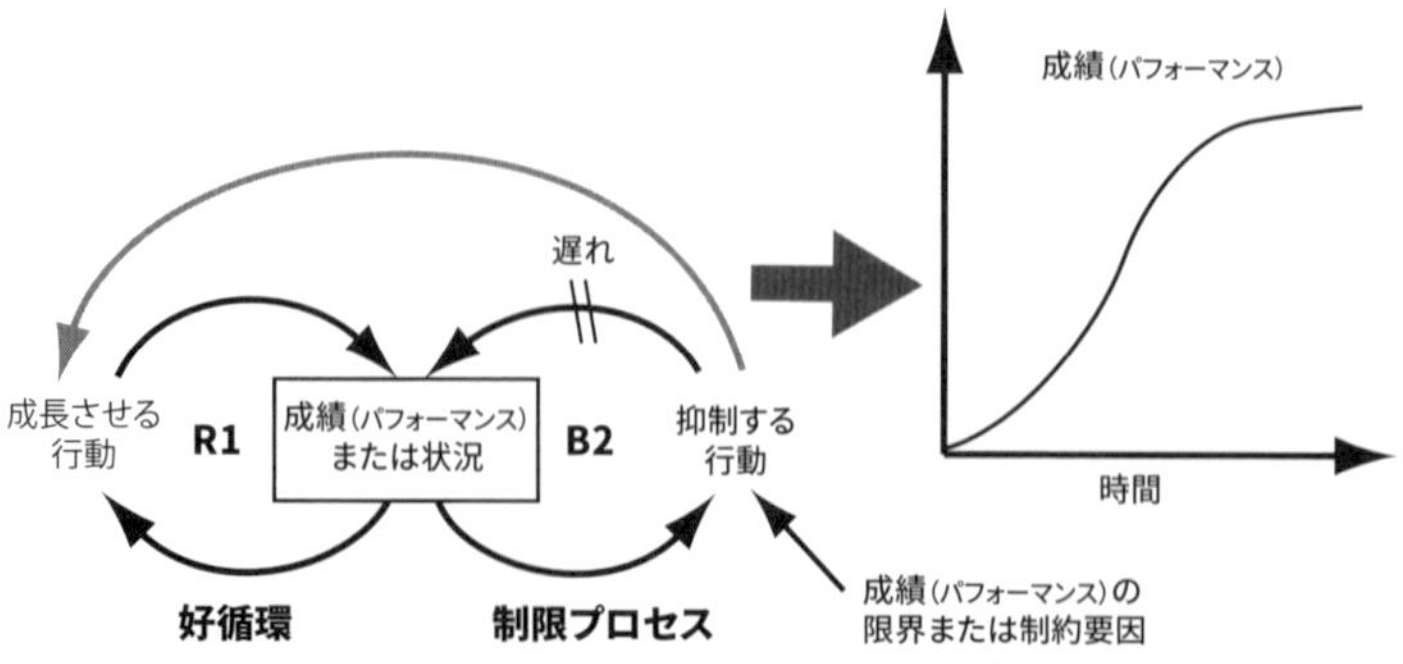

出典：Innovation Associates Organizational Learning

変革が確認された時点でも、依然として、より広い顧客への進出拡大には課題を抱える。制約になりうるのは、組織の能力、資金、効果的な協力関係の創出能力などだ。[18]外的な制約要因の例は、私たちが知っているように、生命維持に不可欠な環境資源の枯渇だ。一九七二年に書かれた、この原型と同名のタイトルを冠する先駆的な書籍『成長の限界』で取り上げられた問題である。[19]

成長の限界に直面したとき、その制約要因の影響を緩和するためにリーダーたちが打てる手は、現在の成長エンジンにさらに依存したくなる誘惑に抗い、その限界を見つけるか、理想的にはその限界を予期し、現在のエンジンまたは外部から提供されるリソースを用いてそれを克服するための投資をすることだ。第10章で、成長の限界の筋を念頭に置いて、非営利組織の能力を高め、成功する社会変革を拡大する戦略について説明する。

強者はますます強く

富や成功がごく少数の人の手に集中する傾向そのものは、社会システムによく見られる動態《ダイナミクス》である（図4－7を参照）。リソースの量が固定されているシステムの中では、当事者Aが当事者Bよりも優位に立っている場合、Aはその優位性を利用してさらなるリソースを手に入れられる（R1のAにとっての好循環）。

図 4-7　強者はますます強く

強者はますます強くは、ある当事者の成功と別の当事者の失敗がどのように密接に関連している可能性があるかを説明するストーリーだ。

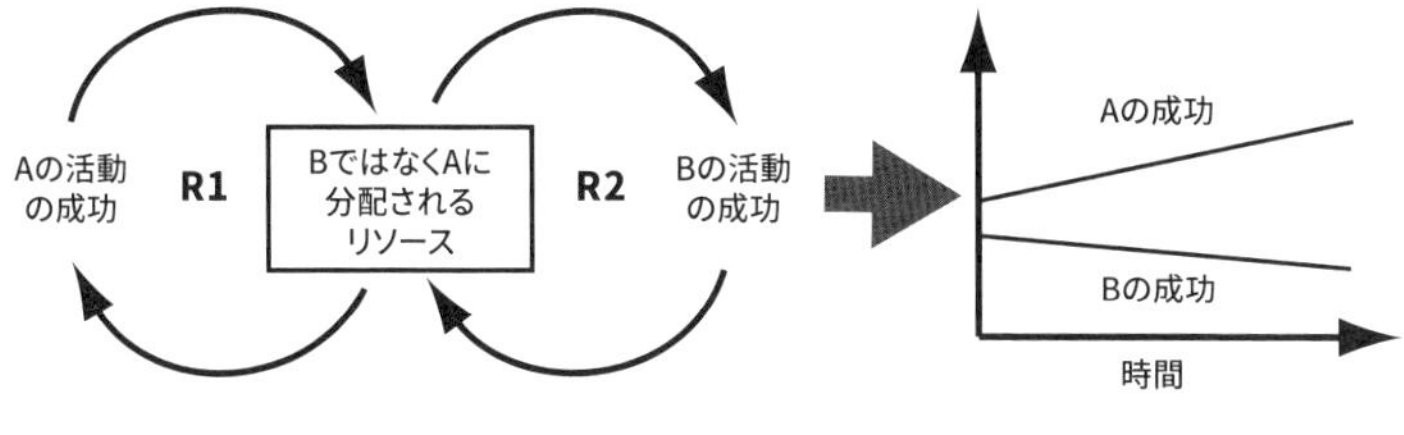

出典：Innovation Associates Organizational Learning

一方、当事者Bは不利な立場から出発し、新たなリソースをますます生み出せなくなり、時間の経過とともにますます不利な状況になる（R2のBにとっての悪循環）。つまり、機会が成功を生み出し、成功が機会を生み出すのだ——そして、逆もまた真なり、である。

とりわけ、フランスの経済学者トマ・ピケティは近年、収入の不平等について著した『21世紀の資本』の中で、すでに裕福な人に生じる利益は、単にさらなる財という形だけでなく、その人たちが生産性をいっそう高められる資本という形でももたらされ、それによってますます多くの富を彼らの手に集中させることになると指摘している。[20] 資本というのは、貯蓄や相続した富などで、それらが、株や土地、より質の高い教育、よりよい保健医療、有力者たちと親交を結ぶ機会といった、所得創出効果の高い投資につながる。それに対して、人々がモノを手に入れるために消費するお金は、より多くの快適さを提供するかもしれないが、より多くの富を創出するために必要な生産に用いられるリソースへのアクセスを必ずしも高めるとは限らない。[21]

一方の動態《ダイナミクス》は、富める者がますます富むことを助長し、別の動態《ダイナミクス》は直接的または間接的に、貧しい者やとくにマイノリティーに不利に作用する。これが、コミュニティ活動家のリーダーシップ育成を行う〈アスペン・インスティテュート・ラウンドテーブル・オン・コミュニティ・チェンジ〉の共同理事長キース・ローレンスのような専門家が「構造的な人種差別」と呼ぶものだ。ローレンスはそれを「有色人種に対しては累積的かつ慢性的に不利な結果を生み出す一方で、白人には日常的に利益をもたらす一連の動態《ダイナミクス》の正常化と正当化」と定義する。[22]

構造的な人種差別の例は、勝手な選挙区改定や、主にマイノリティーの有権者に課せられるその

アスペン・インスティテュート・ラウンドテーブル・オン・コミュニティ・チェンジ：Aspen Institute Roundtable on Community Change

『成長の限界——ローマ・クラブ「人類の危機」レポート』（ドネラ・H・メドウズほか著、大来佐武郎監訳、ダイヤモンド社、1972年）

『21世紀の資本』（トマ・ピケティ著、山形浩生ほか訳、みすず書房、2014年）

他の制限などだ。過去に服役したことのある人たちは――これも大部分は黒人男性である――出所後に社会復帰する際、前科を理由に採用を拒まれるなど、より高い障害に直面する。貧しい世帯に生まれる乳幼児は、人生のスタート時点で不利だ。なぜなら、両親はひじょうに大きな経済的・精神的ストレスにさらされている場合が多く、質の高い医療サービスや就学前サービスを受けられないからだ。最近の研究によって、不平等と闘う最善の方法は、こういった世帯に早い段階で――子どもが生まれる前から――支援することだと明らかになっている。[23]

強者はますます強くの動態《ダイナミクス》は資本主義と結びつけたくなるが、その傾向は、資本主義社会、共産主義社会、伝統的な社会を含めたほとんどの社会に存在する。持続可能な社会は、すべての構成員が相対的にバランスを保って生活できるような、さまざまな種類の再配分のメカニズムがある。それを通じて、強者はますます強くの動態《ダイナミクス》を緩和する。

予期せぬ敵対者

アイオワ州の教育機関の事例で説明したように、**予期せぬ敵対者**は、二つの将来のパートナーが次第に――そして気づかぬうちに――敵対するようになるストーリーである。図4-8に示されているように、当事者AとBは、理想的には、相手の利益になる行動をとることで、互いの成功に寄与する（外側のループR1）。Aが、望んでいるほどうまくいっていない原因が自分にある場合、自身のパフォーマンスを高める解決策を独自に採用する（B2）。だが、その解決策は意図せずに

Bの成功を妨げる。Bが望んでいるほどうまくいっていないと、自身のパフォーマンスを高めるための、自分に都合のよい解決策を採用する（B3）。だが、その解決策は意図せずにAの成功を妨げる。それぞれが個別に選んだ、気づかぬうちに互いのパフォーマンスを妨げる解決策が組み合わさって悪循環となる（R4）。突き詰めると、当事者Aと当事者Bは、潜在的には自分の助けになる可能性がある相手を困らせることによって、自分にとって逆効果となる**うまくいかない解決策**を生み出すのだ。

アイオワの事例は、中央の組織と地域の代表たちの間に偶発的に起こった対立の例である。関係者たちは、州教育局と地域教育局全体の間の対立を明らかにした。同様に、地域教育局全体と個々の地域教育局の間の対立、個々の地域教育局と地域の学区の間の対立、地域の学区と州教育局の間の対立も見つけた。同じ動態《ダイナミクス》が、あるコミュニティ・カレッジの学区とその学区を構成する五つの個々のカレッジとの間にも緊張を生み出した。この場合、新しいカレッジの学長が、この学区全体で効率を高めるために、従来それぞれのカレッジがマネジメントしてきた機能の中央集権化を望んだ。だが、他のカレッジは、こういった機能を制御できなくなると、自分たちの学区の学生に合わせた

図 4-8　予期せぬ敵対者

予期せぬ敵対者は、前途有望な関係性がどのようにして無意識のうちに敵対する関係性に陥りうるかを説明するストーリーである。

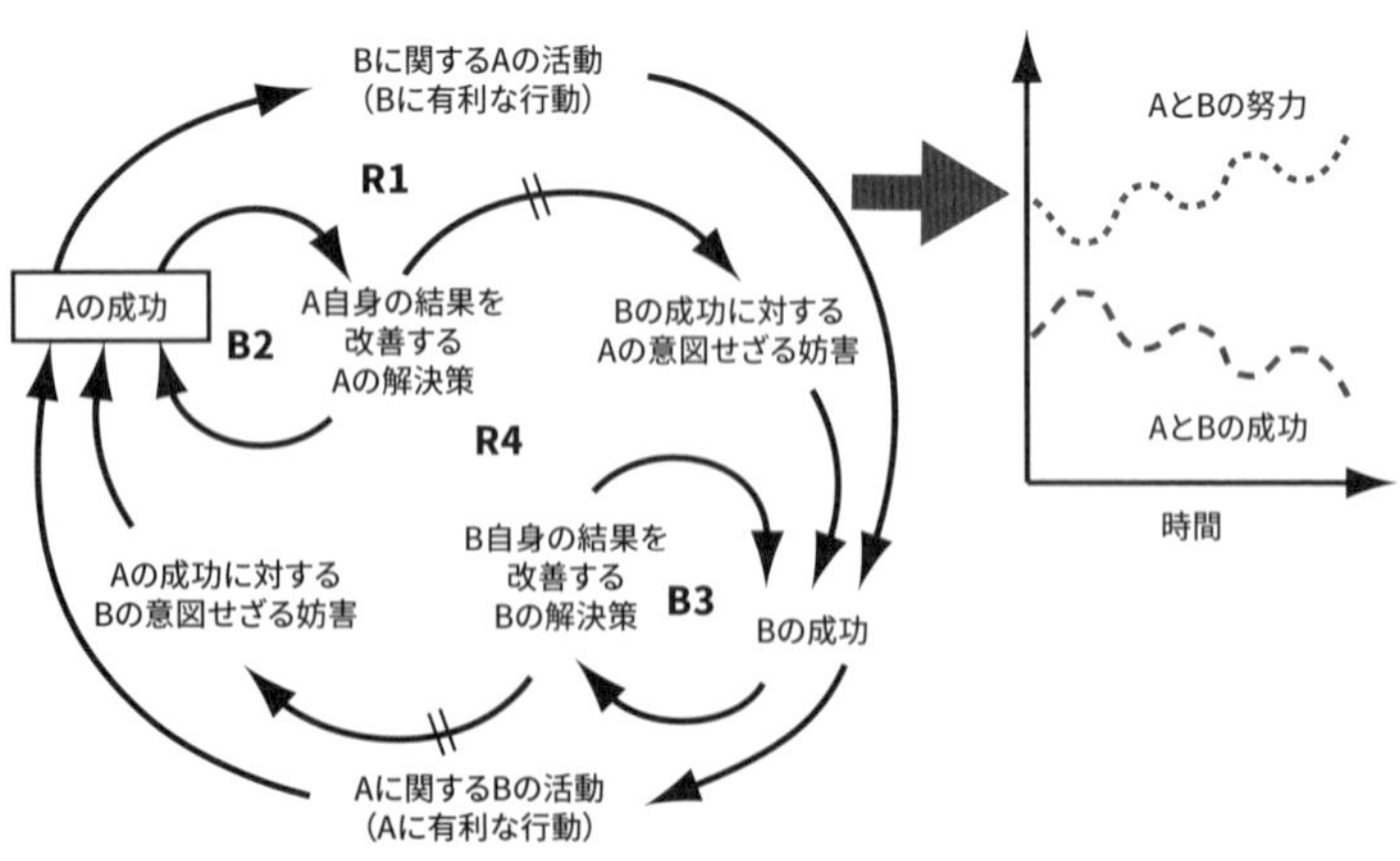

出典：Innovation Associates Organizational Learning

サービスを行うことができにくくなることを懸念したため、中央集権化に抵抗したのだ。

それとは大きく異なる例が、議員と公務員の間に存在する緊張である。[24] 議員にとって、自分たちの政策を実施するために働く公務員は必要な存在であり、公務員は議員の発揮する政治的影響力から恩恵を得ている。だが、政権交代が起こると議員は改革を実行するが、公務員がそれまで行ってきた、選挙周期とは関係ない任務に支障をきたす。そうなると公務員は、その任務に必要な仕事を維持しようとする。

たとえば、ウィリアム・ライリーはジョージ・H・W・ブッシュ政権下で米国環境保護庁（EPA）長官に就任したとき、単なる規制を超えて同庁の使命を拡大し、環境汚染の防止と保全にもっと重点を置くことを目指した。これを実現するため、ライリー長官はEPAの制度を、場所またはシステム全体を基準に環境保護に取り組む仕組みにしようとした。そのためには、長い年月にわたる立法政策によって生み出された縦割り構造とプログラムごとのアプローチの成功指標から決別する必要があった。

そして四年後、クリントン政権とEPAのキャロル・ブラウナー新長官（大気汚染防止法の環境基準を厳しくしたのは称賛に値する）の下で、同庁は、政府業績成果法案の通過を受けて、以前の縦割り構造とプログラムごとの成功の測定指標に逆戻りした。それ以外の選択肢をとる機会は数多くあったにもかかわらずのことであった。だがその間、ボストンの地域局の高官たちは、同局の生態系保護部門と汚染規制部門を創設するという改革を受けても、ライリーが築いた統合的な汚染防止の手法を維持した。また彼らは、（部門ではなく）地域全体を基準にした、結果に取り組む統合的な手法を反映させた成果管理システムを新たに考案することによって、個別の政策的な達成指標の再設計も行った。この意思決定の背景には、「公共の利益を追求する最善の方法は、単に認可や施行の手段だけでなく、その組織の環境面の成果という目的に焦点を当てることである。ワシントンやボストンに徹底的に抵抗する上司や同僚がいようともそうするべきだ」という強い信念からだった。理想の世界では、両方のグループは協力して、細分化された時代遅れの法律や政策を統合したり、改善したり、または廃止したりもできたはずだった。共通の戦略計画や目標を、短期と長期両方の観点から策定し、その使命や戦略目標に利するようにあらゆる既存のリソースを利用することもできた。

より一般的に言えば、予期せぬ敵対者同士の協力関係を強化するためのカギは、その協力関係が両者にとってどのような潜在的利益をもつかを明確にし、両者が原因となってその問題が意図せずに生み出されてきたことを強調し、両方のグループが、他方のグループの利益を損なわない方法でそれぞれの問題に対する解決策を策定するのを支援することだ。

その他のシステムのストーリー

そのほかに、多くの社会問題によく見られる筋は、**目標のなし崩し**、**バラバラの目標**、**エスカレート**、**共有地の悲劇**、**成長と投資不足**の五つである。

目標のなし崩しは、パフォーマンスが意図せぬうちに下降していくストーリーである。これは、

問題のすり替わりの特別なケースで、長期的・根本的な解決策ではなく、最も容易に行える方策がそのシステム全体の目標を下げる（それによって、それほど大きな投資を行う必要性がなくなる）というものだ。たとえば、近年私たちは、米国の政策における二極化の進行――これが連邦政府の機能そのものを一度ならず脅かしてきた――を受け入れるようになった。私たちはこれを許すことで、選挙のプロセスや、お金が政治的影響力に及ぼす影響に対して的確に異議を唱えることを犠牲にする。個人的な例を挙げると、私たちは、子どもたち（私の息子は一〇歳である）の目や耳に入る音楽やビデオに使われている無配慮な言葉や卑猥な表現に対して、それらを生み出す価値観に疑問を投げかけるのをやめて、容認するようになった。

バラバラの目標には、対立する目標と複数の目標という二つの形がある。[25] 前者は、同じ行動によって二つの異なる目標を達成することはできない、というケースだ。根深い対立がある場合、「平和な共存」という目標と「敵を倒す」という目標を同時に達成することは不可能だ。たとえば、二国間の平和的な解決を望むイスラエル人とパレスチナ人の意見は、隣人を排除するか支配下に置くか達成したい両サイドの過激主義者たちによって、次第にかき消されてしまう。[26] それに対して、複数の目標という問題は過剰な負担の一種で、あまりに多くの目標を達成しようとして、どの目標に対しても効果を上げられない、というものだ。

エスカレートは、あなたが強く押せば押すほど、対抗者もさらに強く押し返してくる、という意図せざる増殖のストーリーである。最も一般的には、エスカレートは、もう一方の当事者を支配しようとする、またはその当事者に復讐しようとする努力を説明するものだ。軍拡競争や戦争がこの動態《ダイナミクス》の例で、それぞれの当事者が武力によって相手に対して優位に立とうとする。皮肉なことに、エスカレートは、「被害者意識争い」にも当てはまる。それぞれの側が、自分たちのほうが相手の攻撃によってより大きな被害を受けていることを示そうとする、アイデンティティに基づく対立である。[27] 心理学者のテレンス・リアルは、この攻撃の傾向と被害者意識に向かう傾向は表裏一体だと説明する。リアルの観察によれば、人々には自分たちの攻撃を正当化する手段として、「被害者の立場をとることで圧力を加える」傾向があるからだ。[28]

共有地の悲劇は、どの当事者も個人的な管理責任を負っていない共同の資源が枯渇するというストーリーである。[29] それを最も容易に見つけられるのが、資源破壊であり、漁場の乱獲や森林の過剰伐採であろうと、大気や水の汚染、貴重な表土の疲弊であろうと存在しているのはこのストーリーだ。組織内で見られる、よりわかいにくい形態は、個々の部門が中央で集中管理された特別なリソース（ITなど）に過剰な要求をつきつけ、それによって長い間にそのリソースの効果が弱まるという傾向である。

成長と投資不足は、自ら生み出す限界のストーリーである。新たな事業への投資が不十分なことによって、組織が、高まる需要を満たすために必要となるであろう生産能力への十分な資金供給ができなくなる。高まる需要に生産能力が追いつかないために、需要の伸びは鈍り、あるいは減少することすらありうる。そうなるとその組織は、需要の乏しさを、自分たちがそもそも投資に慎重だったことが正当化される証左だと解釈してしまい、生産能力増強への投資が長期的な成長のカギであることを示す兆候だとは考えない。この原型の例は、新たな社会事業に関する投資がそもそも不十分なために需要が成長しないケースや、必要となる組織能力がないことを理由に、組織の事業拡大への投資をためらい、そのためにいつまでも組織能力が伴わないケースがある。

このセクションを終える前に、参考までに**バスタブ・モデル**というもう一つの筋について書いておく。この類比《アナロジー》は、ここまでに紹介した**ストック**の概念（レベルまたは変数）や**フィードバック**の関係性に、**フロー**の概念を付け加える。このモデルが表すのは、バスタブの水位（たとえば大気中の二酸化炭素濃度、街中の路上生活者数、ある地域内にある手頃な価格の住宅の数など）は、バスタブへの流入に対する流出の相対的な水量によって決まる、ということである。図4-9が説明するように、バスタブの水位を変えたければ、流出に対する流入の相対的な量を変えなければならない。

このモデルは、『ナショナル ジオグラフィック』誌の二〇〇九年ビッグ・アイデア・オブ・ザ・イヤーとして全国的に注目を集めた。[30]これは、マサチューセッツ工科大学（MIT）のジョン・スターマン教授によって考え出されたもので、「きわめてシンプルな考え方だ。私たちが二酸化炭素を、自然が大気中からそれを排出するより速いペースで大気中に注入する限り、地球温暖化は進行する。そしてこの余分な二酸化炭素をバスタブから排出させるには長い時間がかかる」。大気中の二酸化炭素濃度を減らすためには、二酸化炭素の流入量を減らすと同時に、流出量を増やす必要があるが、実際には経済成長と熱帯雨林の破壊によってその逆の効果を生み出している。

図 4-9 バスタブ・モデル

バスタブ・モデルは、システムの挙動を分析する際にはストックとフローを理解することが重要であることを浮き彫りにする。（訳注：両端にある雲は、モデルで表すシステムの境界を意味し、このモデルにおいては流入する水がどこから来るか、流出した水がどこへ向かうかは当該モデルの範囲外であることを示す）

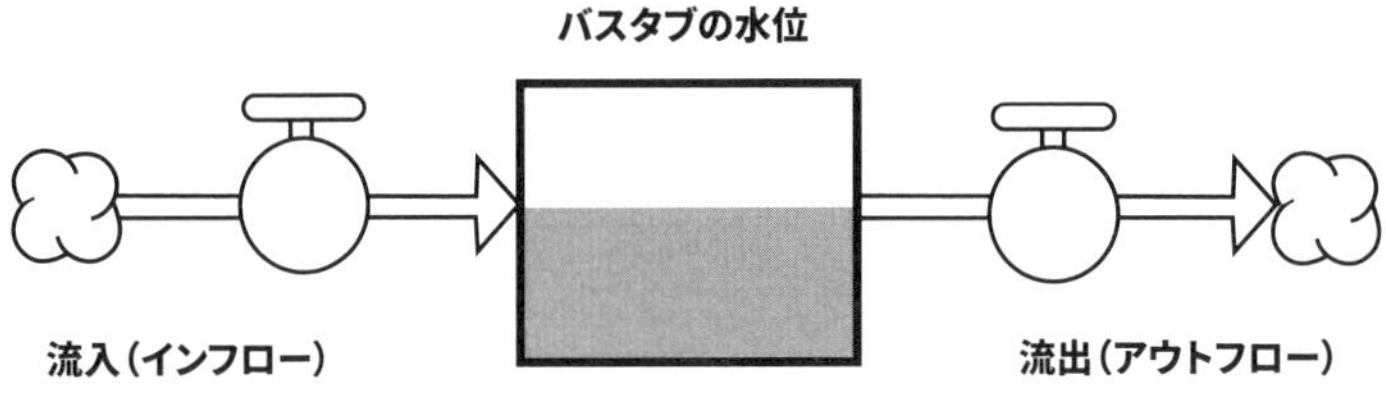

出典：Innovation Associates Organizational Learning

この例えはわかりきったことのように思えるが、スターマンは、ストック（つまりレベル）とフローを混同する傾向は、「人の推論に蔓延している重要な問題だ」と述べている。

これまで紹介し、表４－１にまとめた一二のシステム原型（自己強化型とバランス型のフィードバックの基本形を含む）とバスタブ・モデルは、より複雑なストーリーの土台となるもので、終点ではない。だが、これらの一般的でわかりやすい筋は、より複雑な問題に対するひじょうに大きな価値のある洞察を与えてくれる。そしてそれらの洞察によって自己認識が生まれるが、その認識は、もはやうまく機能しなくなった動態《ダイナミクス》を変えるために必要不可欠なものだ。

ストーリーの裏にあるストーリー

前述したストーリーで説明される動態《ダイナミクス》はやがて、他の二つの要因によって惰性的な慣習となる。その要因とは、物事がどのように機能するべきかについての人々の**信念と前提**およびそれらの根底にある**意図**（または目的）である。言い換えると、システムが現在のように振る舞っている理由の一部は、人々が自分たちの前提が真実であることを証明しようとしていたり、自分たちが気づきも認めもしていないある目標を達成しようとしていたりすることでもあるのだ。

アイオワ州での教育の事例（第２章）では、それぞれの組織が根本的に、自分たちは幼稚園から高校までの子どもたちの教育を改善するために、自分たちのレベル（州全体、地域または学区）で最善を尽くしているし、不十分な教育成果しか挙がっていないのは、そのシステム内にある自分たち

システム原型のまとめ

好循環／悪循環	**増幅と強化**：成功や大失敗を生み出す自己強化プロセス。
バランス型プロセス	**矯正**：私たちは現状と理想の乖離を解消しようとする。
うまくいかない解決策	**意図せざる結果**：応急処置が長期的にもたらすマイナスの結果。
問題のすり替わり	**意図せざる依存**：私たちが中毒になる応急処置。
成長の限界	**予期せぬ制約要因**：急激な成長に制約をかけるメカニズム。
強者はますます強く	**勝者がすべてを手にする**：あなたの成功が私の失敗を生み出す。
予期せぬ敵対者	**敵となるパートナー**：二つの当事者が協力したいのに、相手が自分の成功を害しているとそれぞれが思っている。
目標のなし崩し	**偶発的な不振**：実際のパフォーマンス水準も、望んでいるパフォーマンス水準も、次第に下がっていく。
バラバラの目標	**対立する取り組みまたは複数の取り組み**：対立する目標を満たそうとする、またはあまりに多くの目標を達成することを目指すと、一つも達成できないことになる。
エスカレート	**意図せざる増殖**：あなたが強く押せば押すほど、競争相手もさらに強く押し返してくる。
共有地の悲劇	**それぞれの当時者の最適化が全体の破壊につながる**：誰にも属さない資源を皆が好きなように利用する。
成長／投資不足	**自らが生み出す限界**：私たちは成長しているところばかりに力を入れ、拡大させるべき能力への投資を十分にしない。

出典：Innovation Associates Organizational Learning および Bridgeway Partners

以外の組織のせいだと信じていた。各組織は、自分たちの管轄地域全体の成果を最適化することを目的としており、そうすることが州全体のすべての子どもたちにとっての成果を最適化することになるだろうという誤った前提をもっていたのだ。

ＴＡＰＩの事例（第3章）では、改革の提唱者たちは、犯罪件数が減少しているにもかかわらず投獄率が上昇しつづけるのは構造的な人種差別のためだと信じている。一方で、投獄率の高さが実際に犯罪件数の減少につながったと主張する人もいる（ただし、服役者の数をさらに増やすことで犯罪件数をこれ以上減少させることは正当化できないだろうとも付け加える）。[31] 改革派が、厳しい実刑判決の根本的な目的は、有色人種やその他のマイノリティーを違うという理由で社会から排除することなのだと考えている一方で、大半の議員は、公共の安全という目的が断固とした判決によって達成されていると主張する。

システムのストーリーの中にあるこれらの筋をすべて理解できると、第2部「四段階の変革プロセス」を読み進めるときに大いに役に立つだろう。

まとめ

- システムの構造は、さまざまな社会問題で繰り返し起こる典型的な筋という観点から読み取ることができる。
- システムのストーリーを動かす主な要因は、人々が真実だと思い込んでいる前提や、人々の根底にある意図である。

● こういった動態《ダイナミクス》を変える方法がいくつかある。どんな場合も第一歩は、その動態《ダイナミクス》と、それを慣習化させていることにおいて自分が果たしている役割に気づくことだ。

Part 2

四段階の変革プロセス

5 四段階の変革プロセス

二〇〇六年の夏、マイケル・グッドマンと私は、ミシガン州カルフーン郡(人口は一〇万人ほど)のコミュニティの指導者グループが取り組んでいた、〈ホームレスをなくすための一〇年計画〉の策定を支援した。[1] 何年にもわたってリーダーシップを発揮する人もおらず、この問題の解決策をめぐって対立が続いていたが、このときついに、自治体、州政府、連邦政府の役人および企業経営者、サービス事業者、ホームレスの当事者たちによって合意が形成された。さらに、この計画は、一時的な保護施設と他の緊急支援サービスの役割についての考え方を改める、パラダイム・シフトの引き金となった。つまり人々は、一時的な保護や緊急支援を、ホームレス問題に対する解決策の一つではなく、むしろ撲滅を阻む主な障害の一つと見るようになったのだ。

この計画は州の予算を獲得した。そして実施の舵取りをするために、事務局長が率いる新たな組織と、さまざまなセクターの人たちが関わる委員会が形成された。以前はそれぞれ個別に活動し、助成金や公的資金をめぐって競いあっていたサービス事業者は、新たな方法で活動するために団結した。その象徴的な例が、住宅都市開発省(HUD)の資金を、あるサービス事業者の仮設住宅プログラムから、別の事業者の運営する恒久住居プログラムへ再分配することを全員一致で決定したことだった。この計画プロセスにおいて議長を務めたジェニファー・ベントレーは、「私は、特定

ホームレスをなくすための10年計画:
A Ten-Year Plan To End Homelessness

の何かを変えることと、システム全体の変容を主導することとの違いを学びました」と語った。この計画が稼動した二〇〇七年から一二年までの最初の六年間で、カルフーン郡は、とくに二〇〇八～〇九年の不況にもかかわらず、路上生活者たちのための恒久住居を確保するというすばらしい成果を挙げた。失業者が三四パーセント、立ち退きが七パーセント増えたにもかかわらず、ホームレス数は一四パーセント（一六五八人から一四一九人に）減少したのである。[2]

人々の生活の質を高めようとする他の多くの協働の試みがうまくいかないのに対して、この介入策がこれほど成功したのはなぜなのだろうか？　それは、関与していた地元の財団や協力団体が、二つの重要な介入策を組み合わせたからだ。一つはコミュニティ開発だ。ホームレスの当事者たちに加えて、官・民・非営利セクターのリーダーたちを巻き込んだ積極的な取り組みがなされた。もう一つはシステム分析だ。これによって、すべての利害関係者《ステークホルダー》が、なぜホームレスがなくならないのか、それを終わらせるためのレバレッジはどこにあるのかについて共通認識を形成して合意することができた。つまりこの手法は、システム全体から広く関係者たちを招集する従来型のプロセスに、すべての利害関係者がシステム的に*考えることによって目先の自己利益を超越するのに役立つツールを統合したのである。

システム全体から招集することとシステム的に考えること

本書の第2部の狙いは、読者自身が、このような**システム全体から招集する**、そして**システム的**

＊　システム的に：従来、systemicallyという単語は「体系的に」「包括的に」「全体的に」と訳されてきた。文脈によって、これらの訳語で読み取ることもできる。しかし、この本が紹介するシステム思考は、単に「体系立っている」「包括している」あるいは「全体的である」というそれぞれの側面でなく、「非線形」「循環」「統合」など、より多くの側面を包含している。システムをどのように捉えるかを解説する本書においては、多面的な意味合いを包含して、あえて「システム的に」と訳している。

に考えるというプロセスを、四段階の変革プロセスと統合できるようにすることである。この手法は、マイケルと私が、システム規模の変容を主導する責任を負いながらもシステム思考の活用法がわからなかった、数百人にのぼる経営幹部や変化の担い手たちといっしょに仕事をしてきた産物である。この知見は、現場での実践やパフォーマンスの改善にシステム思考を活用したい人にも役立つだろう。

　社会変革のリーダーたちは、すべての当事者に影響を及ぼす問題に関して画期的な変化《ブレイクスルー》を起こすために、多様な利害関係者を招集することの力を認識している。過去二五年間に、セクターを超えた大集団のコミュニケーションを高めるために設計された、革新的な手法が数多く生まれた。「フューチャー・サーチ」[*1]「オープン・スペース・テクノロジー（OST）」[*2]「ワールド・カフェ」などがその例だ。[3] これらの手法は、一回だけのイベントでも、複数回のイベントでも用いられる。それに加えて、（第2章で述べた）「コレクティブ・インパクト」「U理論」[*3]「ソーシャル・ラボ」[*4]などの新しいプロセスや、環境の持続可能性のための協調的パートナーシップも生まれている。[4]

　マイケルと私は、システム思考がこういった手法の多くを補強できることを見出した。U理論の考案者であるオットー・シャーマーが名づけた、「コレクティブ・センシング・メカニズム（集合的に感知するメカニズム）」を提供することで、すべての利害関係者が、自分たちの構成している、より大きな全体像を捉えられるようになるのである。また、この手法は、どのようにして自分たちはシステムのパフォーマンスを高めるのか

*1　フューチャー・サーチ：テーマに関わる多様な利害関係者あるいは代表者が一堂に集まり、大人数による対話を行うホールシステム・アプローチの一つ。対話を通じて課題に関する過去と現在の状況について認識を共有、合意できる未来のビジョンを策定し、新しい協力関係や施策を生み出す構造化された会議手法。マーヴィン・ワイスボードとサンドラ・ジャノフが提唱した。

*2　オープン・スペース・テクノロジー：大まかなテーマについて関心や情熱を持つ利害関係者が一堂に会し、自らが解決したい問題や議論したい課題を提案したうえで、自主的にスケジュールを調整して話し合いを進める会議手法。ハリソン・オーウェンによって発案され、参加者の当事者意識と自己選択を原則としており、自己組織化を引き出すことを狙いとしている。

*3　U理論：複雑性の高い課題に対して、Uプロセスと呼ばれる、一連の厳格なプロセスに従って学習ディシプリンを活用する手法。集まる人たちが課題の全体像を把握しながら、視座を高め、一人ひとりが課題の解決に対する自らの志を明らかにし、周囲の人たちと共有ビジョンを築いていくことを狙いとしている。

*4　ソーシャル・ラボ：社会システムを代表する関係者を集め、それぞれが認識する問題群の根本原因を探り、カギとなる構造のツボ（レバレッジ・ポイント）に対しての解決策を考え、実験するために協働する、集中・実験的なシステムへの働きかけを指す。この変革プロセスは、現実世界の「実験室」にまで期間と文脈を広げて適用される。

だけでなく、なぜ無意識のうちにそれを弱めてしまうことがあるのかを理解し、より効果的に考えたり行動したりするのにも役立つ。

四段階の変革プロセス

私たちは、ピーター・センゲが『学習する組織』の中で紹介した**創造的緊張**《クリエイティブ・テンション》のモデルに基づいて四段階の変革プロセスを創り上げた。[5]このモデルは、人々が**望んでいること**と**今の現実**の間にある乖離を認識することによって、変化のためのエネルギーが生まれることを示している（図5－1参照）。人々がビジョンをしっかりと保持し、それと同時に今の現実をありのままに見つめていれば、この緊張は、人々が望むことにとって利益となる方向に傾き、解消していくだろう。この原則は、個人レベルと集団レベルの両方に当てはまる。

集団レベルに置き換えると、人々は、共通の志――**共有ビジョン**や**ミッション**や**価値観**などと表現される――を抱き、今の自分がどこにいるかだけでなく、なぜそこにいるのかについても共通理解をもっているとき、創造的緊張を確立し、その緊張を解消すべく、自分たちの志にとって利益となる方向に引き寄せられる。今の現実についての共通理解

図 5-1　創造的緊張を確立する

変化のためのエネルギーは、望ましい状況と現実の間にある緊張によって生み出される。

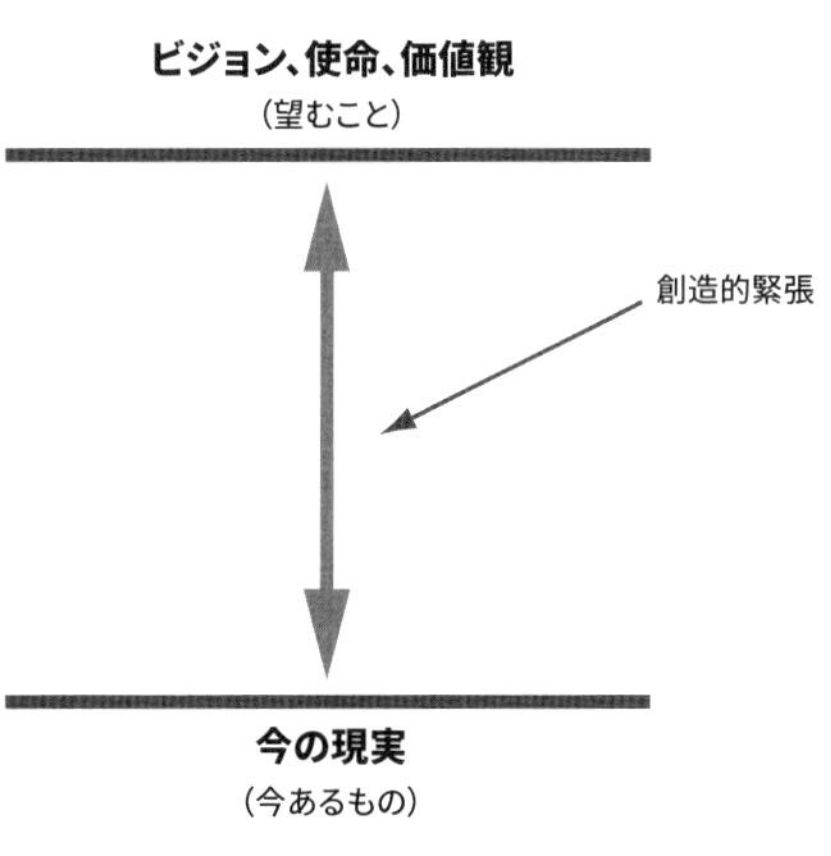

出典：Innovation Associates Organizational Learning

を確立することは、次のような課題への対処に不可欠である。それは、「利害関係者たちが、氷山の水面上での自分たちの位置（たとえば、もっと保護施設を建設しないといけないというプレッシャーを感じているなど）については意見が一致しているものの、その下層にある、全員に影響を及ぼし、そして全員によって影響を受けるシステム構造（ホームレス問題の解決策として一時的な保護施設に依存している）が見えていない」というものだ。

利害関係者たちは、人々が望むことと現実について深いレベルで共通認識を確立することで、単に自分たちの役割だけでなく、システム全体に対する責任感を自覚できるようになる。それによって、「私は自分の役割を果たしながら、私たち全員が全体の仕事を確実に成し遂げられるように寄与します」とはばかることなく誓う、**合致**《アラインメント》（方向性を合わせること、協力体制）の状態を生み出す。たとえば、新たな保護施設に投資する決定に疑問を投げかけ、それに代わって、安全で手頃な価格の恒久住居への追加投資を促すかもしれない。

そして私たちは、この創造的緊張のモデルをさらに広げて、四段階の変革プロセスに落とし込んだ。それはそれぞれの利害関係者が、以下のような段階を経ていくものである。

❶ **変革の基盤**を築き、変化の準備が整っていることを確認する。
❷ **氷山モデル**のすべてのレベルで**今の現実**を明確にし、それぞれの人がその現実を生み出す原因になっていることを受け入れる。
❸ 標榜する志に寄与するように、**意識的な選択**を行う。

❹**レバレッジ**の高い介入策に重点を置き、さらに多くの利害関係者を巻き込み、経験から学習することによって、乖離を解消し始める。

このプロセスは図5－2にまとめられている。

第一段階――変革の基盤を築く

第一段階の目的は、変革の基盤を築くことだ。その結果として、全体的に変化の準備を整えることを意図している。第一段階には次の三つのステップが組み込まれている。

● 主要な利害関係者を巻き込む。これには、利害関係者に成りうる人の範囲を

図 5-2 システム規模の変革を導く 4 つの段階

この 4 段階のモデルは、システム規模の変革を導く明確な道筋を示してくれる。

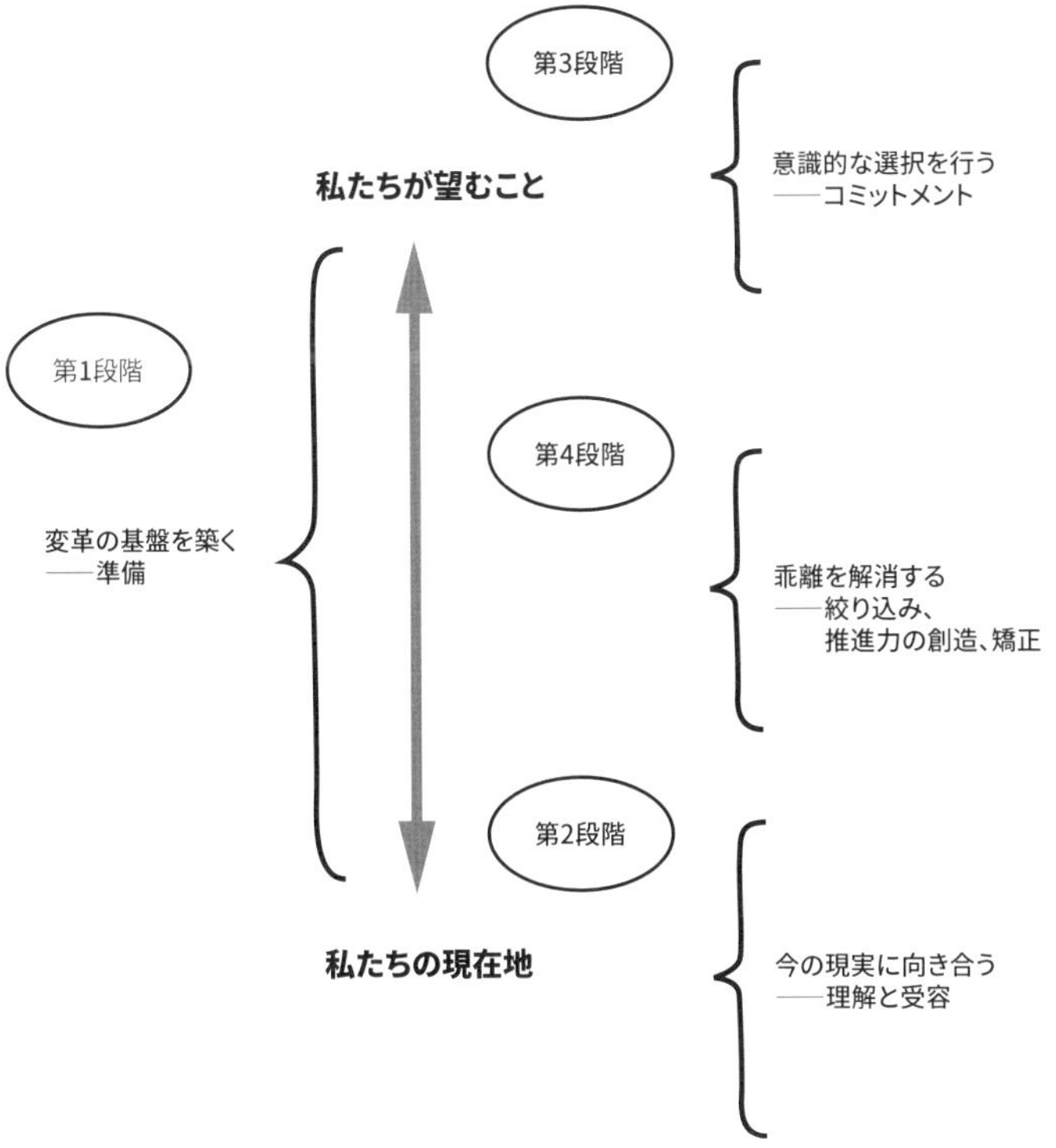

出典：Bridgeway Partners および Innovation Associates Organizational Learning

特定し、その人たちを個別に、そして全体としても巻き込む戦略を設計することも含まれる。

●人々が実現を望むことと現在地について、最初のイメージを描くことによって、共通の基盤を確立する。この時点では、理想的な結果についての**共有ビジョン**を描き、現時点で何がうまくいっていて、何がうまくいっていないのかについての概要をつかむことが有用である。

●人々の協働する能力を構築する。具体的には、人々がシステム的に考え、難しい問題をめぐって生産的な対話をする能力や、今の現実に対する責任を引き受ける内面的な能力などを開発する。

たとえば、カルフーン郡のプロジェクトは、〈ホームレスをなくすための一〇年計画〉を策定するために、官・民・非営利セクターのリーダーとホームレスの当事者たちを団結させた。参加者はこのプロセスの早い段階で、共有ビジョンを描くことに取り組み、生産的な対話とシステム思考のツールを学んだ。

第二段階――今の現実に向き合う

第二段階の目的は、人々が今の現実に向き合うのを支援することである。その結果として、「何が起こっているのか」と「なぜそれが起こっているのか」についての共通理解を構築するだけでなく、人々が――どんなに無意識であったとしても――自分がこの現実を生み出す原因にもなっている事実を受け入れることを意図している。論理的には、この時点で、理想的な未来についてより明確でより豊かなイメージを描くほうがよいように思えるかもしれない。しかし、マイケルと私が発見したのは、この時点では現実をより深く掘り下げることが、多くの人々の「やみくもに遠くまで進みすぎる前に、自分たちの現在地を理解したいし、理解されたい」という欲求に、より正確に応えられる、ということだった。オットー・シャーマーが、MITの経営大学院名誉教授であるエドガー・シャインとの共同研究で述べているように、リーダーの主な仕事は、「個人と組織の観る能力を高めること、つまり人々が直面し、自ら役割を演じて作り出している現実に、深く注意を向ける能力を高める」ことである。[6]

第二段階の作業は次の通りだ。

- 現状に至るまでの過程を聞くためにインタビューすべき人を特定し、何を問うべきかを明確にする。
- 情報の質を高める準備をし、それに着手する。
- さまざまな要素が、時間の経過の中でどのように相互に作用し、ビジョンの実現を後押しするか、または損なうかについて、大まかなシステム分析を行う。
- できるだけ自分たち自身のシステム分析を行うように、関係者を巻き込む。
- 人々の行動に影響を及ぼす**メンタル・モデル**を浮き彫りにする。
- 気づき、受容、新たな選択を促す触媒的な対話を生み出す。

たとえば、マイケルと私は、官・民・非営利セクターにまたがる五〇人のリーダーたちとホームレスの当事者たちにインタビューを行い、最初に少人数の設計委員会とともに入念に吟味した初期の段階の**システム図**を作成し、分析を練り上げた。それから、そのシステム分析をより幅広い人々が参加する運営委員会と共有した。

第三段階——意識的な選択を行う

第三段階の目的は、人々が、自分が本当に望んでいることに寄与するように、意識的な選択を支援することだ。その結果として、自分の最高の志を実現することの恩恵だけでなくコストも十分に認識しつつ、その志に対して全力で取り組むことを意図している。この結果を得るために、利害関係者の以下の活動を支援する。

- 第二段階で明らかになった現状維持《ステータス・クオ》を是認する議論《ケース》、つまり現在のシステムの短期的な便益（たとえば、機能する応急処置や、それらを実行することで得られる当面の満足感など）と、変化する場合のコスト（労力、時間、費用への長期的な投資をする必要性など）を明らかにする。
- これを第一段階で描かれた、望む変化への議論《ケース》（変化した場合の便益と、変化しない場合のコスト）と対比する。

●両方の便益を実現する解決策を生み出す。あるいは、その両者間での難しいトレードオフを進んで受け入れる。

●意識的な選択を行い、人々が呼び寄せられていると感じるものや、生み出したいと心から願っているものを浮き彫りにするビジョンを通じて、その選択を活性化させる。

カルフーン郡の一〇年計画の取り組みに重要な転換点が訪れたのは、利害関係者が、「自分たちの現在のシステムは、人々がホームレス問題に対処することを支援するために完璧に設計されてはいるが、自分たちの運営方法は、自ら公言する〝ホームレスを撲滅する〟という目的を実際には損なっている」と認識したときだった。

第四段階――乖離を解消する

第四段階の目的は、第三段階で確認した「心から望んでいること」と、第二段階で明確にした「現在地」との乖離の解消を支援することである。また、**構造のツボ**《レバレッジ・ポイント》を見つけ、継続的な学習と幅広く人々を巻き込むためのプロセスを確立することでもある。具体的な作業は次の通りだ。

❶コミュニティからの意見を参考にしながら、レバレッジの効いた介入策を提案し、練り上げる。具体的には以下の通りである。

ａ そのシステムが今どのように機能しているかについて、人々の意識を高める。
ｂ 因果関係のフィードバックを配線し直す。
ｃ メンタル・モデルを変容する。
ｄ 目標、計画、評価基準、インセンティブ、権限構造、資金調達手段を刷新することによって、選んだ目的を強化する。

❷ 継続的な学習と波及のプロセスを確立する。具体的には以下の通りである。
ａ 継続的に利害関係者を巻き込む。
ｂ 長期的なロードマップの一部として、検証プロジェクトを組み込んだ実行計画を策定する。
ｃ 新たな目標と評価基準に基づいて、集めるべきデータを精査する。
ｄ 利害関係者からの意見を得て、定期的に計画を評価し、修正する。
ｅ 追加リソースを開発し、機能する施策を拡大することによって、利害関係者の関与を拡大する。

カルフーン郡の場合、特定された構造のツボ《レバレッジ・ポイント》への働きかけが、彼らの一〇年計画の目標になり、その実施に他の人々も関わるようになった。ホームレス撲滅に向けて、経済開発、手頃な価格の住宅の提供、養護施設の整備、刑事司法制度に責任を負う利害関係者たちを巻き込むことなど、幅広い施策が実行に移された。

この四段階の変革プロセスとそれに付随する作業は番号をつけて並べているが、それぞれのステップを詳細に描く以降の章で見ていくように、必ずしも直線的には進まない。たとえば、第四段階で学んだことは、継続する循環プロセスの中で新たに始まる第一段階にフィードバックされる。この循環プロセスに十分な時間をかけることがきわめて重要だ。循環の形をとることでこそ、第四段階から次の第一段階に移るまでの距離が最短になるのだ。

まとめ

- システム全体から多くの多様な利害関係者を招集する方法と、システム的に考えるのに役立つツールとを統合することによって、システム規模の変容を導く能力を高められる。
- この二つを結びつける手法として実績のあるものの一つは、システム思考を直接的に活かす四段階の変革プロセスである。
- その四段階とは、変革の基盤を築く、今の現実に向き合う、意識的な選択を行う、乖離を解消する、である。
- これらの各段階については、第六～一〇章で詳細に述べる。

6 変革の基盤を築く

ホームレスの撲滅、教育の強化、地域公衆衛生の改善などの重要な社会問題に対処するために、コミュニティ内の利害関係者《ステークホルダー》を巻き込む場面を想定してほしい。あなたは、誰に声をかけるべきか、どのようにして参加者の間で共通の基盤を確立し、協力し合えるよう支援するべきかを考えるだろう。

そしてあなたは、最初のミーティングで、参加者たちは実は二つの異なる課題をもっているという事実に向き合うことになるだろう。社会問題に対処するという公の立場からの課題と、そのシステムの中で自分たちの部分を最適化するというそれぞれの立場からの課題である。ホームレス問題に取り組むプロジェクト〈ギブ・アス・ユア・プア〉のジョン・マガーと私は、二つの課題の典型的な要素を明確にするために、表6－1を作成した。

あなたは、変化のための強い基盤を築くにあたって、利害や視点が異なるという難題にどのように対処するだろうか？　どのようにして、そもそもそこに参加すべき人たちが集うことを担保し、共通基盤を確立し、参加者たちの協働する能力を開発できるだろうか？

ギブ・アス・ユア・プア：Give US Your Poor
＊直訳すると「あなたの貧しさを私たちにください」だが、USはアメリカ合衆国のことも指している。

表 6-1　ホームレス関連の利害関係者による合同会議

役割	標榜する目的	隠された優先事項
選出議員	支援サービスを伴う恒久住居と雇用が重要である。	これには時間と費用がかかるし、このコミュニティにはもっと差し迫った問題がある。私は次の選挙で再選される必要がある。
企業経営者	すべての人が住まいをもつことが重要だ。	私たちがいちばん懸念しているのは、ビジネスに悪影響を及ぼす商業地区の路上生活者である。
ホームレス保護施設の運営者	人々に住む場所を提供することは人道的である。	ベッドの利用率が高ければ高いほど、受け取れる補助金が増える。
ホームレスのための保健医療の責任者	路上生活者は緊急診療以外の基本的な保健医療を必要としている。	私たちは限られた資金をめぐって他のサービス事業者と競わなければならない。
手頃な価格の住宅の政策提唱者	すべての人に恒久住居が必要だ。	私たちが来てほしい入居者は、住居費用を支払う金銭的余裕があり、それほどニーズが複雑でない人だ。
資金提供者	私たちは路上生活者を支援することに全力を尽くす。	われわれの理事会はいますぐに結果を出したがっている。
懸念する市民	誰もホームレスであるべきではなく、保護施設が人道的な解決策を提供すべきだ。	私の近所に路上生活者が住んでほしくない。税金はもっと差し迫った問題に使われるべきだ。
路上生活者	恒久住居があれば、いつも安心だ。	私が属するのは、路上生活者たちで構成されているコミュニティである。一般社会でうまくやっていけるかわからない。

出典：Bridgeway Partners および Give US Your Poor

主要な利害関係者を巻き込む

主要な利害関係者とは、その問題に影響を及ぼすか、その問題から影響を受ける人や組織である。その取り組みに寄与する可能性のある人や、協力してもらえないと取り組みが失敗に終わりかねない人なら誰もが含まれる。大まかに言えば、コミュニティの利害や特定の住民たちを代表する非営利組織、社会政策を策定または実行する責任を負っている行政機関、司法当局、保健医療関係者、学校、その社会問題が経済発展に及ぼす影響を懸念する企業、マスメディア、対象地域の住民などだ。多様性がカギである。なぜなら、システムにイノベーションを起こすためには多様性が必要だからだ。

主要な利害関係者を巻き込むには、招集者である組織やグループは、誰が積極的に関与すべきか、そして協力を得るための戦略を誰が策定すべきかを明確にする必要がある。次のような人たちを中心メンバーに加えるのがよいだろう。

- この問題と機会に深い利害をもつ、主要な支援団体の代表者やスポンサー。
- この問題を我がことと捉え、情熱をかけて取り組む活動家。
- 患者、学生、路上生活者など、現在のシステムでは発言権をほとんど、あるいはまったくもたない最終受益者。
- プロのコンサルタントまたはファシリテーター。

利害関係者一覧表は、関与プロセスの指針となり、参加者の幅を広げるシンプルなツールである（表6－2を参照）。たとえば、ホームレスの撲滅にこのツールを適用する際には、一列目（**名称**）に、この問題に影響を及ぼす、またはこの問題によって影響を受けるゆえに関与が必要となる集団や個人を書き出す。二列目（**現在の支持度合い**）では、それぞれの利害関係者が、新たな現実を生み出すことについて、現時点でどれだけ支持してくれているかをマイナス3からプラス3で評価する。マイナス3は、（理由が何であろうと）ホームレス撲滅の取り組みを阻止したいという強い意欲があることを示し、ゼロは中立、プラス3は、先頭に立ってホームレス撲滅を推進したいという強い意欲があることを示す。

三列目（**望ましい支持度合い**）には、あなたがそれぞれの利害関係者にどれくらいホームレスの撲滅に関わってもらいたいかを書く。たとえば、現在マイナス3（その取り組みを阻止しようとしている）やマイナス2（強く反対している）、またはマイナス1（やや反対している）であるグループを、より中立的な位置であるゼロまで上げたいと望むかもしれない。または、現在中立的なグループを、プラス1（やや協力的）やプラス2（とても協力的）の貢献者になるよう意欲を高めようとしてもよいだろう。正式なリーダーの役割は、一つの組織か複数セクターのリーダーから成る委員会のような、ひとまとまりのグループが単独で担うほうがよいので、

表 6-2　主要な利害関係者を分析する

名称	現在の支持度合い（－3から＋3）	望ましい支持度合い（－3から＋3）	参加者の動機づけ	あなたができること

出典：Innovation Associates Organizational Learning および Bridgeway Partners

プラス3の役割をしてほしいと思う利害関係者を一つ特定しよう。

四列目（**参加者の動機づけ**）では、それぞれの利害関係者の参画意欲を、あなたが三列目に書いた望ましい支持度合いまで引き上げるための要因を明確にする。動機づけ要因の中には、多くの利害関係者にとって共通するものもあれば、それぞれのグループ特有のものもあるだろう。参加者たちが変化に抵抗している場合、その抵抗の性質が技術的か、政治的か、文化的かを明確にする。

五列目（**あなたができること**）には、利害関係者ごとの動機に従い、どのように巻き込むことができるかを書き留めよう。まずは個別の働きかけを通じて関わるのが適切なグループもあれば、コミュニティ全体の連合を通じて関わるのがよいグループもある。人々が変化に抵抗している場合にも、いくつかの選択肢があることを理解しよう。彼らの懸念を受け入れ、直接それに対処することもできるし、他者を通じて彼らに影響を及ぼすこともできる。またはプロセスのきわめて重要な段階で彼らを巻き込むこともできるし、彼らに合わせた取り組みをすることもできる。

利害関係者全体の集まり方は、問題の性質によって異なる。たとえば、〈コラボレイティング・フォー・アイオワズ・キッズ〉のプロジェクト（第2章）の場合、州教育局と各地域教育局のリーダーたちから成る中心グループはまず、両組織の担当者が集まるより大きなグループを招集した。その後、各地方教育局を新たな共同プロセス開発に参加させる必要があることが明らかになると、地方教育局の代表者たちから成るより大きなグループも招き入れた。

ホームレス撲滅の取り組み（第5章）においては、住宅都市開発省が行政区域ごとに設置したホームレス支援の調整機関である〈コンティニュアム・オブ・ケア（ケアの連続性）〉を構成する個

コンティニュアム・オブ・ケア：Continuum of Care

人や組織などが利害関係者となるだろう。ホームレスの保護施設や住宅を提供する事業者だけでなく、この問題に影響を与え、あるいは影響を受ける事業者（児童福祉、刑事司法、保健医療、交通、教育など）も検討に加えることが重要だ。忘れがちだが同じくらい重要なのが、実業家である。なぜなら、彼らは地域経済の健全性に影響を及ぼし、かつ影響を受けるわけで、その経済の健全性がひいてはホームレス問題に影響を及ぼすからだ。そして、市町村、郡、州、国の各レベルの当局関係者も、ホームレス関係の資金調達の流れや政策に影響を与えるので重要だし、ホームレス当事者も忘れてはならない。そして、マスメディアを巻き込んで、この問題についての世論を形成する方法を考えることも重要だ。

招集者が、より多くの利害関係者の集団を巻き込むにあたり、対処が必要な課題がいくつかある。

- 〈アフター・プリズン・イニシアティブ（TAPI）〉（第3章）で用いられた合宿研修のような一回限りのイベントは、長期的なプロセスに比べると効果が限定されるだろう。対面によるプロセスは、メンバーが国内外に広く散らばっている場合はとくに運営費用がかかるが、インターネット上のやりとりで補完することがますます容易になっている。そのような技術を使えば全体のコストも削減できるし、オフラインとオンラインのやり取りを組み合わせることで、参加者全体に関心を持ちつづけてもらえるという利点もある。
- 既存システムの改革案を求めてしまうと、参加者は「自分はそのシステムの一部ではない。だからその問題の一部でもない」と考えてしまうかもしれない。システム思考は、参加者たちが、自分自身がどのようにその問題の一部になっているかを理解することを支援する。意外に思えるかもしれないが、それによって参加者たちは、もっと効果的な解決策を生み出せるようになるのだ。

- 改革推進者は、自分自身が変化をうまく起こせていないのは、「強力な利害関係者が既存の状況の象徴者でありながら改革プロセスに参加していないせいだ」と思うことがよくある。一部の利害関係者は変化に抵抗するものだが、この抵抗に対処する方法がいくつかあると理解することが重要だ。たとえば、彼らの懸念を受け入れて直接それに対処する、他者を通じて彼らに影響を及ぼす、そのプロセスのきわめて重要な段階で彼らを巻き込む、または、彼らに合わせた取り組みを行う、などである。またそれでもだめならば、――本書では焦点を当てないが――政策を変えるためのアドボカシー活動、反対運動、法律制定といった、活動家の戦略を用いる必要もあるかもしれない。

共通の基盤を確立する

共通の基盤を確立するには、まずはなぜ参加者たちが集まっているのかを的確に認識すること、共通の方向感覚を抱くこと、今の現実の主な側面について合意を形成することが必要である。

コラボレイティング・フォー・アイオワズ・キッズのプロジェクトにおいて関係者たちが集まる理由として決め手となったのは、過去一〇年間にわたって実施されてきた改革の取り組みにもかかわらず、生徒の成績が、同州自らが立てた高い基準や、他の自治体の進歩に対して、相対的に見れば十分に向上していないという共通の懸念だった。〈オープン・ソサエティ・インスティテュート（OSI）〉は、参加者たちが刑事司法制度を改革するために多大な努力をしているにもかかわらず、なぜ受刑率と再収監率が高止まりしているかの理由を明確にするため、TAPIの合宿研修を招集した。カルフーン郡のリーダーたちは、郡内のコミュニティで〈ホームレスをなくすための一〇年計画〉を策定するために州から資金提供された機会を活用するために集まった。

集まる理由を確立するうえで有用なツールの一つは、参加者たちに、答えを探し出したくなるような**焦点を絞る問い**を考えてもらうことだ。この焦点を絞る問いは、人々がどこまでシステム分析を広げるかの境界を定めることに役立つ。すべての要素が結局はほかのすべての要素とつながっているわけだが、この問いによって参加者たちは、慢性的かつ複雑な問題の根本原因に対して、濃密ながらも対処可能なレベルでの洞察を深めることができる。具体的には、「私たちは最善を尽くしているにもかかわらず、なぜ、ある目標を達成したり、ある問題を解決したりできないままなのだろうか？」という問いだ。この「なぜ」という問いが不可欠なのは、これが参加者たちを根本原因の発見へと導くからである。それに対し、「どうすれば」という問いは、参加者たちが問題の本質を十分に理解していない場合が多いにもかかわらず、その問題に対する解決策を実施することに参加者の注意を向けてしまう。

焦点を絞る問いの活用は、**システム図**のパラドックスを表している。**システム図を描く目的は、焦点を絞る問いに答えることであり、システム全体を図に描くことではないのだ。**焦点を絞る問いに答えることには、実施に役立つ洞察を生み出す限定された目的があるのに対し、漫然とシステムの全体図を描こうとすることは、包括性という名の下に混乱と麻痺を生む際限のない仕事になりうる。

共通の方向感覚を抱くとは、招集したグループの**ミッション**、**ビジョン**、**価値観**を明確にすることも意味する。たとえば、私の同僚であるキャスリーン・ザーカーは、コラボレイティング・フォー・アイオワズ・キッズに集まっているグループが「われわれのパートナーシップの証書」と「われわれが共に創り出す未来」を定めることを支援した。[1]証書が示すのは、参加者たちが集まるうえでのミッションと基本的価値観だった。共に創り出す未来は、ビジョン・ステートメントと最終的に得られる結果の詳細な姿という形で表現された。彼らの豊かな未来像は、「このビジョンが実現したとき、アイオワで私たちはどんな日々を生きるのか？　どんな変化をもたらしているだろうか？」という二つの問いに答えるものだった。

カルフーン郡のホームレス撲滅一〇年計画委員会のメンバーたちは、自分たちのビジョンを次のようにまとめた。

- カルフーン郡の一時的なホームレス状態および慢性的ホームレスを減らすための、包括的かつ統合的な実施計画。
- ホームレス撲滅に向けたコミュニティ全体の取り組みを伴う、サービス事業者、路上生活者たち、資金提供者、コミュニティのリーダーによる強力な連合。

- ホームレス撲滅のための共同の取り組みとチーム・アプローチを醸成するシステム。

第一段階の時点でビジョン策定にどれくらいの時間をかけるべきかは、いくつかの要因によって決まる。キャスリーンは、次のような場合には、第二段階の現実と向き合う作業へと進む前に、共有ビジョンを育むことにもっと時間をかけることが役立つだろうと指摘する。利害関係者間の関係性がひじょうに脆弱であったり、参加者たちが現状に圧倒されていてとても創造的にはなれなかったりする場合だ。一方、参加者たちが、自分は今起きていることには無関係と感じていたり、「明らかな」解決策を実施できないことに悩んでいる場合には、次の章で紹介する第二段階に早く進むほうが理に適うという。

共通の基盤を確立する第一段階の最終ステップは、そのビジョンに対する現状を浮き彫りにすることだ。たとえば、カルフーン郡のコミュニティのリーダーたちは、自分たちのビジョンに対する現状について、以下のように所見をまとめた。

- 多くの機関がそれぞれ重要な側面に取り組んでいるが、私たちには、より強力なチーム・アプローチが必要である。
- ホームレスに関する公的教育がほとんどなされていない。
- 私たちの現在の連携体制は、主にサービス事業者によって構成されており、必要とされるコミュニティや住民、財政支援が組み込まれていない。

● すべての人が他の機関のサービスを把握しているわけではない。

ここで**氷山モデル**を用いて、複数レベルで今の現実を浮き彫りにすることができる。

レベル1　参加者たちの集まりたいという欲求を引き出した重要な出来事――ホームレス撲滅の取り組みに対してカルフーン郡が州から助成を受ける機会が一度限りであること。

レベル2　長期間にわたる主要な指標の相対的な経時変化――犯罪率の減少にもかかわらず受刑率が増加していることなど。

レベル3　その問題や機会に影響を及ぼす重大なプレッシャー、政策、権力の動態《ダイナミクス》――構造的な人種差別が刑事司法制度を改革する取り組みに与える影響など。

レベル4　根底にある前提、つまりメンタル・モデル――「人々はホームレスになりたがっている」とか「問題なのは個人であってシステムではない」という前提など。

このようにして、協力関係に向けた共通の文脈を創り出し、まずは共通の方向性を表明し、今の現実と対比させて創造的緊張《クリエイティブ・テンション》を生み出すことによって、変化のための強固な基盤を作ることができる。

協働する能力を構築する

強固な基盤の最後の礎は、参加者たちの協働する能力を開発することだ。この段階ではきわめて重要なことだ。なぜなら、システムを最適化するには個々の部分を最適化する必要があると思い込んで、そこに力を注ごうとする人がよくいるが、実はそうではなく、部分同士の関係性を改善する必要があるからだ。また、全体を改善するには、参加者が安心して、できるだけ時宜に適っていて正確かつ完全な情報を共有できるようになることも必要だ。

培うべき能力の一つは、**システム的に考える力**だ。参加者たちがシステム思考の用語を使えるよう支援することによって、より大きな全体像を見て、それを考慮しながら話をする能力が高まる。以下に挙げた原則やツールをいくつか紹介すると、とくにこの段階では役に立つかもしれない。

- 善意だけでは不十分
- 失敗した解決策の特徴
- 従来の考え方対システム的な考え方
- 氷山モデル
- 自己強化型とバランス型のフィードバック
- 時間的な遅れ
- よく見られるシステム原型

自分たちが認識しない形でつながっていて、そのつながり方がしばしば逆効果であることを理解するようになると、参加者たちはシステムの自分たちの部分だけではなく、より大きな全体像の価値を理解し始める。

培うべき二つめの能力は、難しい問題に関して**生産的な対話を生み出す力**だ。盲人と象の例えが浮き彫りにするように、協力しようと努めている人たちが、現実についてまったく異なる見方をしていることがよくある。さらに、本章の冒頭で取り上げたホームレス支援の連合の例は、共通の志をもった人たちでさえ、それぞれがもつ二次的な課題は大きく異なっていることを示している。社会変革を実現したい人たちは、その相違をかみ合わせ、橋渡しをする必要がある。

生産的な対話のための中核的なスキルは、世界は自分たちが思っているよりもはるかに複雑なのだと認識することだ。私たちの前提、つまり**メンタル・モデル**は、便利であると同時に制約的なものだが、もっと正確にもなりうる。たとえば、「路上生活者はホームレスでいたいのだ」と想定することは、「彼らは、恒久住居での生活に適応するのは難しいと感じるかもしれない」と認識しているという点では有用かもしれない。この同じ前提も、「支援サービスつきの恒久住居に住む機会を与えられた慢性的な路上生活者の大半は、それに甘えている」という意味だとすると、制約的にもなる。ある調査では、一年後も九六パーセントの人がまだ同じ住居に住んでいた。[2] したがって、よりエビデンスに基づいた正確な前提は、「大部分の路上生活者は、安全で、価格も手頃で、コミュニティへの参加を促してくれ、カウンセリングのサービスと一体になっている恒久住居があれば、そこに住みたいと思っている」というものだ。

推論のはしご（図６－１を参照）は、人々が、自分たちの考え方と、周囲のより大きな現実とを区別するのに役立つすぐれたツールである。これが示しているのは、無限に蓄積されているとも言える入手可能なデータの中から、人々が特定のデータを選び、選んだデータに基づいて結論を導き、その結論に基づいて提言をしたり行動を起こしたりし、そして自分たちの元々の思い込みを強化する新たなデータを探すというプロセスだ。

もう一つの有用なツールは、ピーター・センゲが「**主張と探求のバランスをとる**」と表現するものだ。[3] たいていの人は、探求するよりも主張することに慣れているので、探求、つまり他者に世界をどう見ているかを問い、他者の話に深く耳を傾ける方法から始めると役に立つ場合が多い。同僚のブライアン・スミスが何年も前に私に語ったように、「参加者たちがあなたの知っていることに

図 6-1　推論のはしご

推論のはしごは、人々がいかに無意識のうちにデータから結論へと飛躍するかを示す。

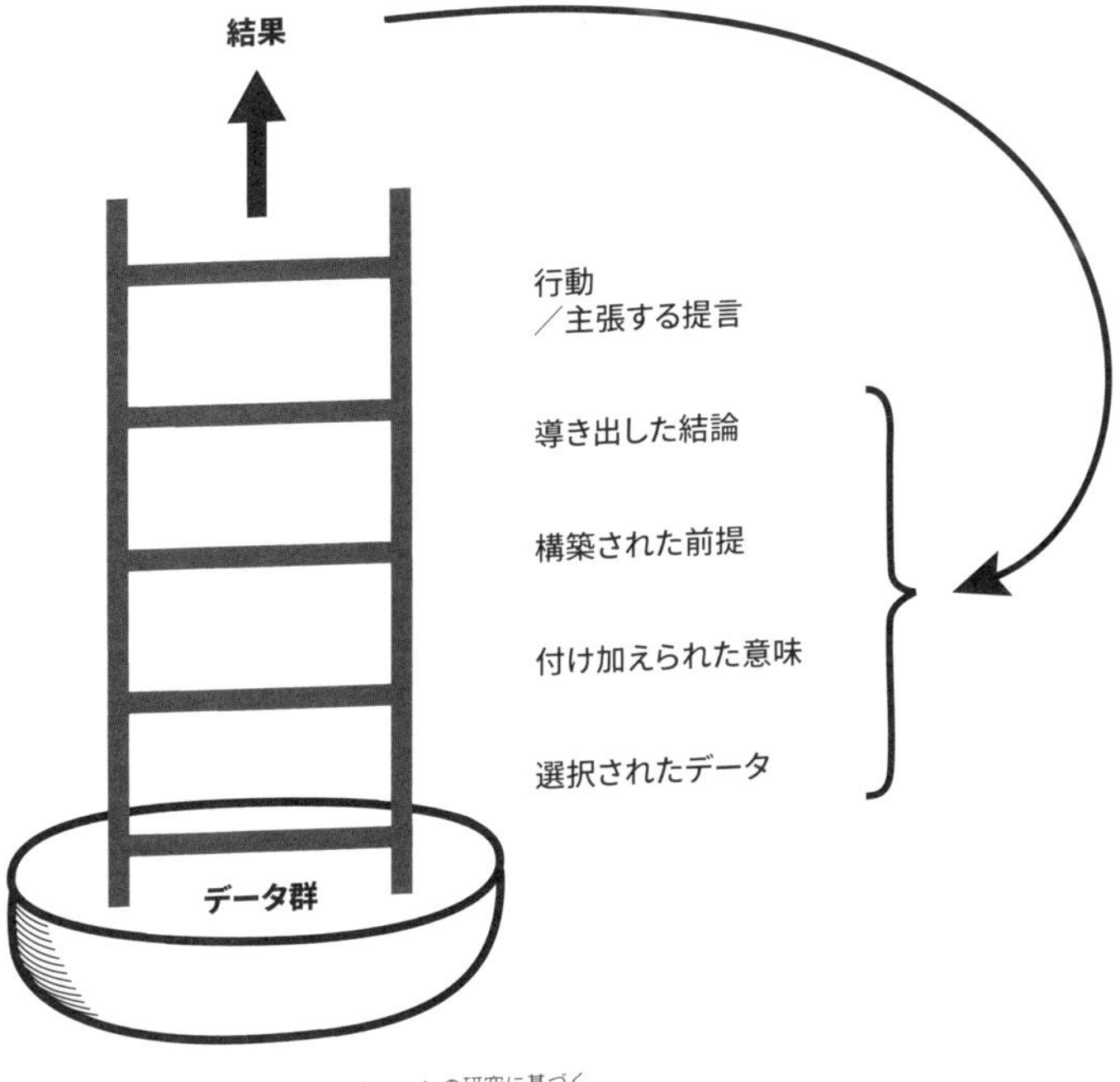

出典：クリス・アージリスとドナルド・シェーンの研究に基づく。

関心を持ってもらうには、まずあなたが参加者たちの知っていることに関心があることを示し、理解してもらう必要がある」。相手に次のような問いを投げかけてみよう。[4]

● あなたには何が見えるか（目に見えるデータか）？
● それらのデータを見た結果、あなたはどう感じるか？
● そのデータの結果、あなたはどう考えるのか、または自分について何を語っているのか？
● あなたは何を望むのか？

そして、真に耳を傾けよう。オットー・シャーマーは、「自分がすでに知っていることを聞く」「意外なことに耳を傾ける」「他者の経験に共感して聞く」「自分の真実や他者の真実を受け入れるような、より深い源《ソース》から聞く」という四段階の聞き方を区別している。[5]
他者の見方を気にかけるようになれれば、自ずとより効果的な主張者になれる。私たち一人ひとりが、より複雑な世界の一部を見ているので、あなたが自分の見方を表明することによって、人々の理解に寄与できることもまた重要だ。あなたの主張が最も効果的に聞かれ、採用されるためには、あなたの知っていることを共有し、さらにほかの人にコメントを求め、自分の知識を強化してくれるように依頼すると役立つだろう。効果的な主張というのは、あなたが導き出したデータや推論や結論に他者が付け加え、それを改良できるように、あなた自身の推論のはしごを理解し、その透明性を高めることでもある。

主張と探求のバランスをとることによって、現状についてより正確な全体像をつかんでそれにどう対処するかを見極められるし、より効果的な行動をとるために他者からより多くの支援を生み出すこともできる。

培うべき三つめの能力は、**責任**という視点だ。システム的に考えることと、生産的な対話をすることはどちらも、現状に対して自分がどう責任を負っているかだけでなく、どのように自分がその現状を生み出す原因となっているかを理解する、より深い能力を構築する。今ある問題に対して責任を負うということは、自分を責めるということではない。自分自身に権限を持たせるということだ。どのようにして、あなたの意志や前提や行動が、意図せざるままに、解決したい問題の原因となったのかがわかる。結局のところ、システム内の他者を変えようとするよりも、自分の考え方や振る舞い方を変えるほうが容易なのだ。

たとえあなたがその問題の原因になっていないとしても、同じ視点で掘り下げることで、その問題を解決しようとするあなたの努力が、意図せざるままに自身の問題解決能力を損なっている可能性を問うことができる。たとえば、もし、「間違っているのはあなただ。あなたこそが変わるべきだ」ということを他者に納得させようとすると、対立を強めたり生んだりするかもしれず、解決がいっそう難しくなる。すぐれた療法士であるテレンス・リアルの言葉を借りると、「被害者という立場から抑圧する」[6]と、不必要な敵対を生む。社会変革の扉を開けるための最善のカギは、まず敬意を示し、探求し、共感することだと心得よう。

まとめ

- 重要な利害関係者を特定し、その人たちを巻き込むことによって、変革の基盤構築に着手する。
- 変化を後押しする人たちだけでなく、変化に抵抗する参加者たちも巻き込む方法がいくつもあることを認識する。
- 共通の集まる理由を見つけ、共通の方向感覚を養い、今の現実について最初の全体像を描くことによって、共通の基盤を確立する。
- システム的に考え、相違の橋渡しとなる対話のためのスキルやツールを活用することによって、参加者たちの協働する能力を構築する。
- 問題に加担している責任（それが自分にあると納得できる場合）と、問題解決のためにどのような選択をしているかに関する責任という視点を養う。

7 今の現実に向き合う――システム図を通じて理解を広げる

社会心理学の先駆的な専門家であるカート・ルウィンは「何かを本当に理解したいのなら、それを変えようとしてみることだ」と言った。洞察とうまくいく社会変革との間にはひじょうに重要な関係がある。人々は、現在のシステムがどのように作用しているのかはもとより、なぜそのように作用しているのかも深く理解しないままに、解決策を論じることがあまりにも多い。そして、長期的に見ると成果を生まないどころか事態を悪化させることになる解決策に、限られたリソースを振り向けてばかりいるのだ。

本章の目的は、第4章で紹介したストーリーテリングのツールを六つの事例に当てはめることによって、あなたのシステムに関する理解を深めることだ。すでに紹介した事例――幼稚園～高校の教育に対する州レベルでの責任の再編、刑事司法制度改革、ホームレス撲滅――に加え、農村部の住宅供給の改善、幼児教育システムの改善など、新たな事例にも焦点を当てていく。

本章では、今の現実に向き合うためにすべき、最初の三つの作業を中心に紹介しよう。

❶現状に至るまでの過程を把握するためにインタビューすべき人を特定し、何を問うべきかを明確にする。

❷情報の質を高めるために、整理と精査を行う。
❸さまざまな要因が時間の経過の中でどのように相互に作用し、ビジョンの実現を後押しするか、または損なうかについて、システム分析の見立てを行う。

システムを理解するインタビューを組み立てる

この最初の作業は、問題についてさまざまな見方をもった利害関係者《ステークホルダー》が誰なのかを特定できれば、より効果的なものとなる。そうすれば、そのシステムがどう振る舞っているのか、なぜそう振る舞っているのかについて、より豊かなイメージを描けるだろう。最も重要なことは、このような機会がなければ耳を傾けることがなかったかもしれない意見をもつ利害関係者から学習することだ。たとえば、**システム図**を描こうとする人たちは、関係者の中で組織の最上級職にある人を除外することがよくある。そのような人にはそうそう話を聞く時間をとれないし、「トップの」人間の考えていることは聞かなくてもわかる、と思っているのだ。そのほかによく外されがちなのは、（手に負えないプロセスと手順によって影響を受ける可能性のある）管理業務の担当者、当該問題に間接的に関わる仕事をしている人たち、最終受益者たちである。これから紹介する事例において、この最終受益者とは、路上生活者、患者、学生などを指す。多様な利害関係者集団から学ぶことで、理解を広げることができるだけでなく、そのシステムの作用を変えるために必要な関係性を築くこともできる。

たとえば、〈ホームレスをなくすための一〇年計画〉を策定するカルフーン郡のプロジェクト（第5章）では、マイケル・グッドマンと私は、一〇万人の住民を代表する五〇人にインタビューを行った。それは次のような人たちだ。

- 同郡全体の社会的・経済的な健全性に対して責任を負うリーダーたち――公式・非公式のオピニオン・リーダー、州政府や地方自治体の代表、産業界と市民セクターのリーダー
- ホームレスの解決策だけでなく、その原因と思われるものに関わる政策に影響力をもつ人たち
- 路上生活者と交流し、支援してきたサービス事業者たち
- ホームレスの当事者たち

一対一であれ少人数のフォーカス・グループであれ、インタビュー調査が望ましいのは、関係者の意見だけでなく、その意見をもつに至った根拠も明らかにできるからだ。また、より直接的な関係を築くこともできる。必要であれば、インタビューから得た知見に基づいて追加の調査を設計し、さらに幅広い利害関係者から情報を集めることもできる。

長年にわたる経験から、私たちは、システム的な洞察を得るための質問事項リストを作り上げた。これを活用してインタビューにすぐに取りかかってもよいし、問題に合わせて調整してもよい。

- まず、この問題をめぐって何が起こってきたか、考えてみてください。それらの出来事には

時間が経過するにつれて起こる変化のパターンを認識できるでしょうか？

- もし認識できるなら、そのパターンについて説明してください。それは、次のようなパターンのいずれかですか？

□周期をもつ上下動？
□成長してその後減速するS字型の成長？
□急激に増えて手に負えなくなるほどの成長？
□平坦なゼロ成長？
□バブルのような急成長と崩壊？

- 次の問いに答えることで、あなたがその問題をどう捉えているかを教えてください。「現状を変えようと最善を尽くしているにもかかわらず、なぜ○○は起こっているのでしょうか？」(「どうすれば」ではなく、「なぜ」という質問のほうが、ある解決策を前提としない答えを確実に導き出せる。たとえば、「どうすれば私たちは、犯罪をさらに減らすために、判決をより厳しいものにできるでしょうか？」とたずねるよりも、「都市の若者による犯罪は、時間の経過の中で、なぜ減りつづけるのではなく上下動するのでしょうか？」とたずねよう)

- この問題の初期にどんなことが起こりましたか？　また、この問題を解決するためのこれまでの試みについて説明してください。誰が、何を試み、どんな結果になりましたか？

- 今までにうまくいっていることは何ですか？　人々は今のシステムの営みの中で、どのように成功し、あるいは生き延びているのでしょうか？

● 上位の意思決定者の視点からは、この問題はどのように見えるでしょうか？　その階層からはどんな要因または要素が見えるでしょうか？　彼らはその問題をどのように考えているでしょうか？

● 最終受益者を含む他の利害関係者たちは、この問題をどのように見るでしょうか？　それぞれの利害関係者にとって重要なことは何でしょうか？　それについて彼らはどう考えているでしょうか？

● ほかのどのような原因がこのシステムに影響を及ぼしているでしょうか？　このシステムはほかにどのような効果（とくに、遠い場所での効果または意図せざる効果）を生み出しているでしょうか？

● 問題のどの部分があなたの組織に内在するものでしょうか？　自身の立場に関係して対処可能なことは何でしょうか？

● あなた自身またはあなたの組織が、口にすること（または口にしないと決めたこと）、実行すること（または実行しないと決めたこと）、あるいは考えていることを通じて、どのような形でこの問題を生み出し、あるいは、それに寄与しているでしょうか？

● このシステムに現れている目的は何でしょうか？　言い換えれば、人々の取り組みの結果として現れていることは何でしょうか？　これは、人々が本当に望むものとどのように異なるでしょうか？

あなたが取りかかる具体的な問題に合わせて、質問を調整することは有用だろう。たとえば、付録Bには、〈アフター・プリズン・イニシアティブ（TAPI）〉（第3章）、カルフーン郡の〈ホームレスをなくすための一〇年計画〉（第5章）、農村部の住宅供給改善の取り組み（第7章）、〈コラボレイティング・フォー・アイオワズ・キッズ〉のプロジェクト（第2章）で用いられた質問事項リストを収録した。アイオワのプロジェクトでは、**予期せぬ敵対者**の関係性を描き出すような質問になっているが、それは表出した問題が協調の困難さであったからだ。

問題に対する最初の洞察を得るためのインタビューを十分に行えなかったり、実施できなかったりすることもある。その場合でも、報告書や議事録などの情報源から第三者の意見を抽出してシステム図を描くことは可能だ。たとえば、TAPIの合宿研修で示された最初のシステム図は、刑事司法制度改革に関する既存の分析を主なベースとして、その後に二〜三の補足的なインタビューを行うことで作成された。ブルンジ共和国の内戦（第3章）の根本原因に対する仮の洞察は、ほぼ文献から得た情報に基づくものだった。

情報を整理する

集めた情報を整理する際は、以下の四つの観点でふるい分けを行おう。

- 気になること、混乱していること、インタビュー相手によって食い違っていることに対して耳を傾ける。

- 測定可能なデータと、人々がそれらのデータをどう解釈しているかを区別する。
- 重要な成功要因または主要指標と位置づけられるような、カギとなる変数を見出す。
- 典型的な筋、つまり**システム原型**を探す。

一つめのふるい分けでは、人々が何に対して懸念や驚きを感じているのかに注意しよう。このときに「最善を尽くしているにもかかわらず、なぜ私たちは○○できずにいるのでしょうか？」という**焦点を絞る問い**を探求することで、懸念や好奇心を浮かび上がらせるだろう。カルフーン郡の事例では、ホームレス撲滅の取り組みにおいて、どのようにして路上生活者と空き家が並び合って存在しているのかを理解したかった。農村部の住宅供給改善の事例では、なぜ一部の小さな町はほかよりも住宅ストックが良好に見えるのかを知りたかった。コラボレイティング・フォー・アイオワズ・キッズの事例では、アイオワ州の幼稚園～高校の教育の改善に対してどちらも全力で取り組んでいる二つのグループが、なぜ自分たちはなかなか協力し合えないのかと不思議に思っていた。

二つめのふるい分けでは、人々が何を考えているのかだけでなく、なぜそう考えているのかも知ろうとしよう。つまり、人々が実際に行動したり観察したりすることからどんな前提や結論を導き出しているかを浮き彫りにする、ということだ。人々が自分たちの行動の結果として起こっている**はずだ**と考えていることと、実際に起こっていることとの間には共通の食い違いがある。たとえば、政策立案者は、麻薬取り締まりによって犯罪が減ると想定するが、実際には、取り締まりによって麻薬の供給量が減り、それによって、価格が高騰した麻薬を入手するために、常習者が罪を犯す可能性が高まるのだ。また、同じデータでも人によって解釈は異なる（盲人と象の例え）。それぞれの解釈は、異なる条件下では妥当なものであると指摘することによって、システムのより豊かな全体像を描く助けになるだろう。ホームレスの事例の場合、地元の保護施設の運営者は、路上生活者が得る目の前の利益を重視していた。一方で、ホームレスをなくすためのベスト・プラクティスに精通していた別のコミュニティの人たちは、保護施設というシステムに依存することが長期的にもたらすコストと、この問題をより根本的に解決するためには手頃な価格の恒久住居にリソースを振り向け直す必要があることを理解していた。

三つめのふるい分けは、重要な成功要因、または主要指標を特定するのに役立つもので、システム思考では、これを次のように応用する。まず、優先順位をつけるのが難しい長々としたリストを書き出すのではなく、こういった要素間の相互依存関係を探す。また、測定可能で定量的な要素を書き出し、人々がどう考えたり感じたりするかなどの定性的な要素と統合する。さらに、時間を追ってたどるのが難しい漠然とした要素を、別の表現に言い換える手法も有用だ。たとえば食糧援助の事例では、「戦略」という漠然とした要素を、時間を追ってたどることができる要素――「地元農業への投資レベル」など、飢餓撲滅における測定可能な形の戦略――に言い換えられる。

四つめのふるい分けは、あなたがシステム原型や**バスタブ・モデル**に基づいて、集めた情報の中に見覚えのあるストーリーを見つけるのに役立つ。こういったストーリーを見極めることで、包括的なシステム分析の基盤が得られる。そのストーリーによって、起こっていることすべてを説明できるわけではないかもしれないが、ストーリーを発展させたり、アレンジしたりして、豊かで複雑なうえに、矛盾することもある情報の理解につなげられる場合も多い。

だが、集めた情報の中に、あなたが必要としているもの、または望んでいるものがすべて見つかると期待してはいけない。不完全な情報からも多くを学べると心得るのが肝要である。あなたが欲しいデータはすべて、めったに手に入らないものであり、それでも人々はどんな場合も意思決定をし、行動をとらなければならないのだ。そう理解することによって、情報欠如の存在を認めたうえで、次の二つの方法でそれに対処できる。まずどんなときでも、学習者としての姿勢をもとう。人々は、仮説を立て、行動し、自分たちの行動からより多くを学ぶことで、次回はもっと賢い選択ができるようにする。もう一つは、知識の格差が価値ある探求のきっかけとなりうると認識しよう。何がわからないのか、どのようにそれを知ることができるのかという問いは強力な問いだ。その答えを新たな行動を試す前に出すか、あるいは行動しながら出そうとするかは、あなたがどれだけのリスクと時間的遅れを進んで受け入れるか次第である。

システム分析の見立てを行う

このセクションでは、さまざまな問題に取り組んでいる人たちが、最善を尽くしているのにうまくいっていない理由について、どのようにシステム原型やバスタブ・モデルといったツールを用いて理解を深めていったかを見てみよう。そして、そこで得られた洞察が、彼らの抱える難題の性質と、その試練を乗り越えるためにできること——これらは、第8～10章のテーマである——についての触媒的な対話を生み出したことも紹介する。

これらのツールによって、ストーリーがより包括的で正確なものになっていく様子がわかるだろう。あらすじとなる構想を深める方法は、いくつかある。活用できる筋にはさまざまな種類があり、詳しいストーリーを説明するものもあるが、それらはどれも、問題に対処していくなかで目の当たりにする現実を内包するものである。人々が求める洞察とは、多様な視点を十分取り入れるだけの**複雑さ**と、人々が理解し行動に移せるだけの**単純さ**、この両方を兼ね備えたものだ。これから、そのバランスをとる手法を探求していこう。

このセクションでは、第4章で紹介した五つの主な原型やバスタブ・モデルのうち、少なくとも一つに当てはまっている事例を紹介する。関係者たちを結束させた背景（基本的な洞察）と、彼らが見出したより深い理解をもたらす洞察（豊かな洞察）の双方について学べるだろう。

うまくいかない解決策

うまくいかない解決策は、意図せざる結果のストーリーだ。これは、第3章で紹介した、TAPIにおける主要テーマの一つだった。前述の通りこのイニシアティブは、服役後の人々がうまくコミュニティに復帰できるよう支援し、米国を先進国中で最大の投獄国にする根本原因である経済的・社会的・政治的な状況と政策を是正するためにほかに何ができるかを明確にしようと、一〇〇人の進歩的なリーダーたち——活動家、学者、研究者、政策アナリスト、弁護士——を集めて三日間の合宿研修を行った。この合宿研修の主催者は、〈オープン・ソサエティ・インスティテュート（OSI）〉であり、企画を担当したのは、〈シード・システムズ〉のジョー・ラウルとセイラ・スライだった。ラウルとスライの役割は、OSIがこの分野への資金提供の効果に対してより多くの洞察を得られるよう支援することだった。この合宿研修の参加者の大部分がOSIからの助成候補者だった。彼らは、OSIからの資金提供をめぐる競合であると同時に、刑事司法制度改革に対する献身的な姿勢を共有する同志でもあった。

参加者たちが認識するに至ったのは、大量投獄を引き起こす主因は、凶悪犯罪の水準そのものではなく、構造的な人種差別として現れる他者（とくに有色人種）への恐れと、そういった人々の権利の否定であるということだった。図7−1の**バランス型ループ**（B1）に見られるように、大量投獄は一時的にはその恐れを和らげる一方、時間の経過とともに、収監歴がもたらす著しく不利な立場を背負った出所者がますます増える（収監される人の九五パーセント）という結果を引き起こす。出所者が抱える問題は、自分の中の悪魔、健康状態の悪さ、家庭や仕事の混乱、基本的人権（教育、雇用、住居、投票など）の制限、自分の試練に対する理解を得られないことなどだ。こういった不利な立場によって、次には、教育や住居、雇用、社会的支援などのリソースへのアクセスが限られることになる。そのために、多くの人が三年以内に再び犯罪に手を染め、刑務所に送り返される可能性が高まるのだ。これは、図7−1の**自己強化型ループ**（R2）に見ることができる。米国司法統計局の報告によると、「再収監された受刑者のデータが入手できる二三州では、二〇〇五年に出所した受刑者のうち、三年以内に四九・七パーセントが、五年以内では、五五・一パーセントが宣誓釈放違反または執行猶予違反か、新たな犯罪で懲役刑を受けた」という。[1]

さらに、刑法改善推進団体である〈センテンシング・プロジェクト〉によるもっと最近の報告書の中である程度証明されているように、構造的な人種差別はより多くの恐怖を生み出す（R3）。その報告書によれば、「白人の米国人は有色人種による犯罪の比率を過大に見積もり、有色人種を犯罪行為と結びつける」、また犯罪の種類によっては「二〇〜三〇パーセントも多く見積もる」ものもあるという。[2] 実際のところ、犯罪数そのものは二〇年以上にわたって減りつづけているにもかかわらず、恐怖のスパイラルは続いているのだ。

図 7-1　人種差別と大量投獄が恐怖を生む

大量投獄は、有色人種の人々に向けられる恐怖心に対する応急処置だが、時間が経つうちにこの恐怖をさらに高める、意図せざる結果を生み出す。

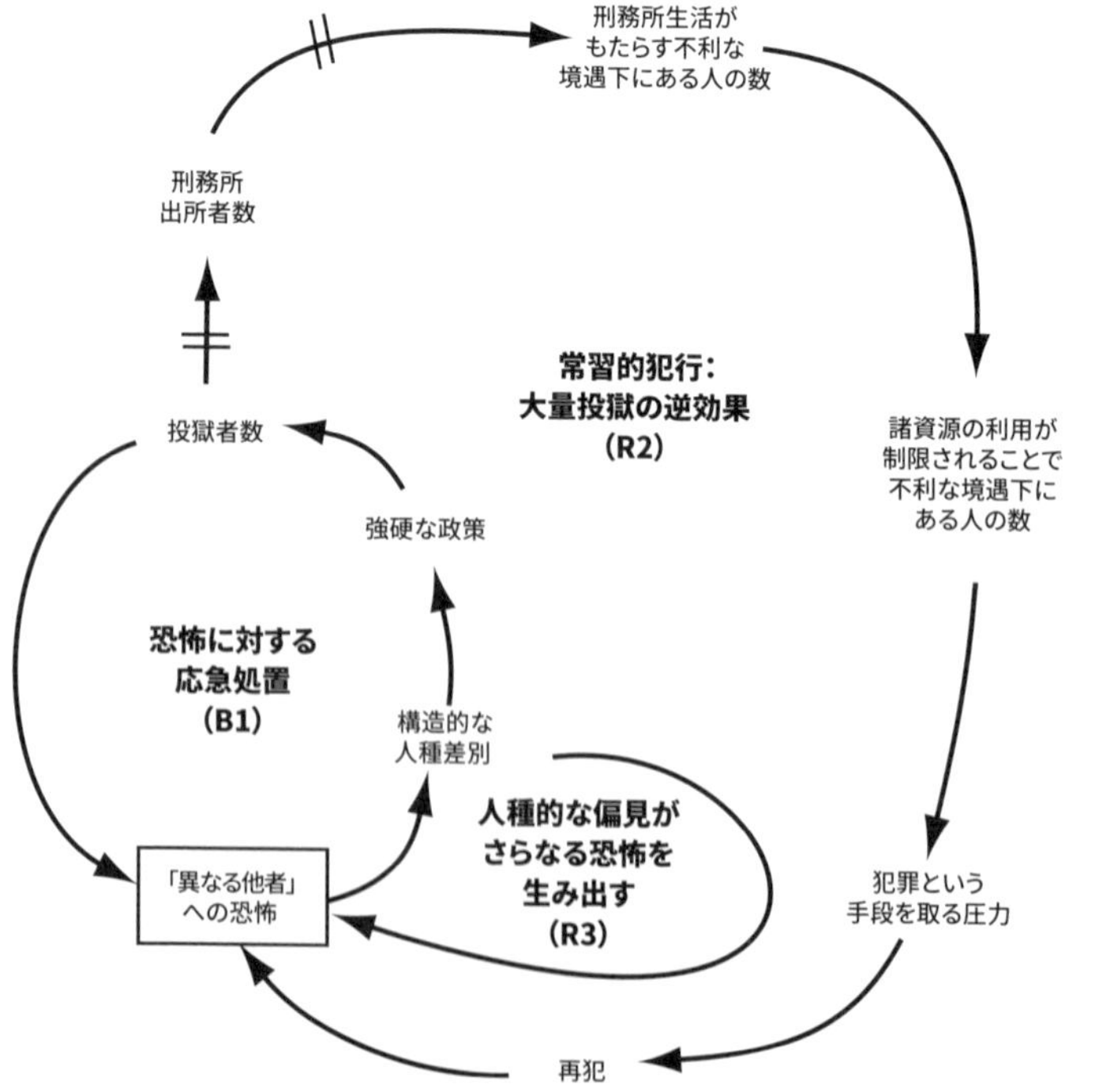

出典：Seed Systems for Open Society Institute によって作成された図を修正。

合宿研修の参加者たちは、刑事司法制度を改革するためのさまざまな取り組みに関わっていた人たちだ。図7－1では最近出所した受刑者への支援の必要性が強調されているが、参加者の取り組みは、この図で取り上げられている問題に関するものだけではなかった。革新的なサービス・プログラムの開発、量刑手続き改革、手続き上の宣誓釈放違反に対する再収監の禁止、自らの経済的利益のために大量投獄を支持する刑務所ロビイストの増加との闘いなど、さまざまな活動をしている人々が参加した。

そこで、この動態《ダイナミクス》を変えるために遮断すべき悪循環を示し、システム変容に必要となる複雑性の高い政策提言を説明するために、より複雑な**ループ図**が新たに作られた（図7－2を参照）。大量投獄は、刑務所ロビイストに経済的利益をもたらし、ロビ

図 7-2　大量投獄によって生み出されるさらなる悪循環

図 7-1 のループ図に、さらなる変数を加えて膨らませると、他の 3 つの悪循環（R4、R5、R6）がこの**うまくいかない解決策**の動態（ダイナミクス）を悪化させているのがわかる。

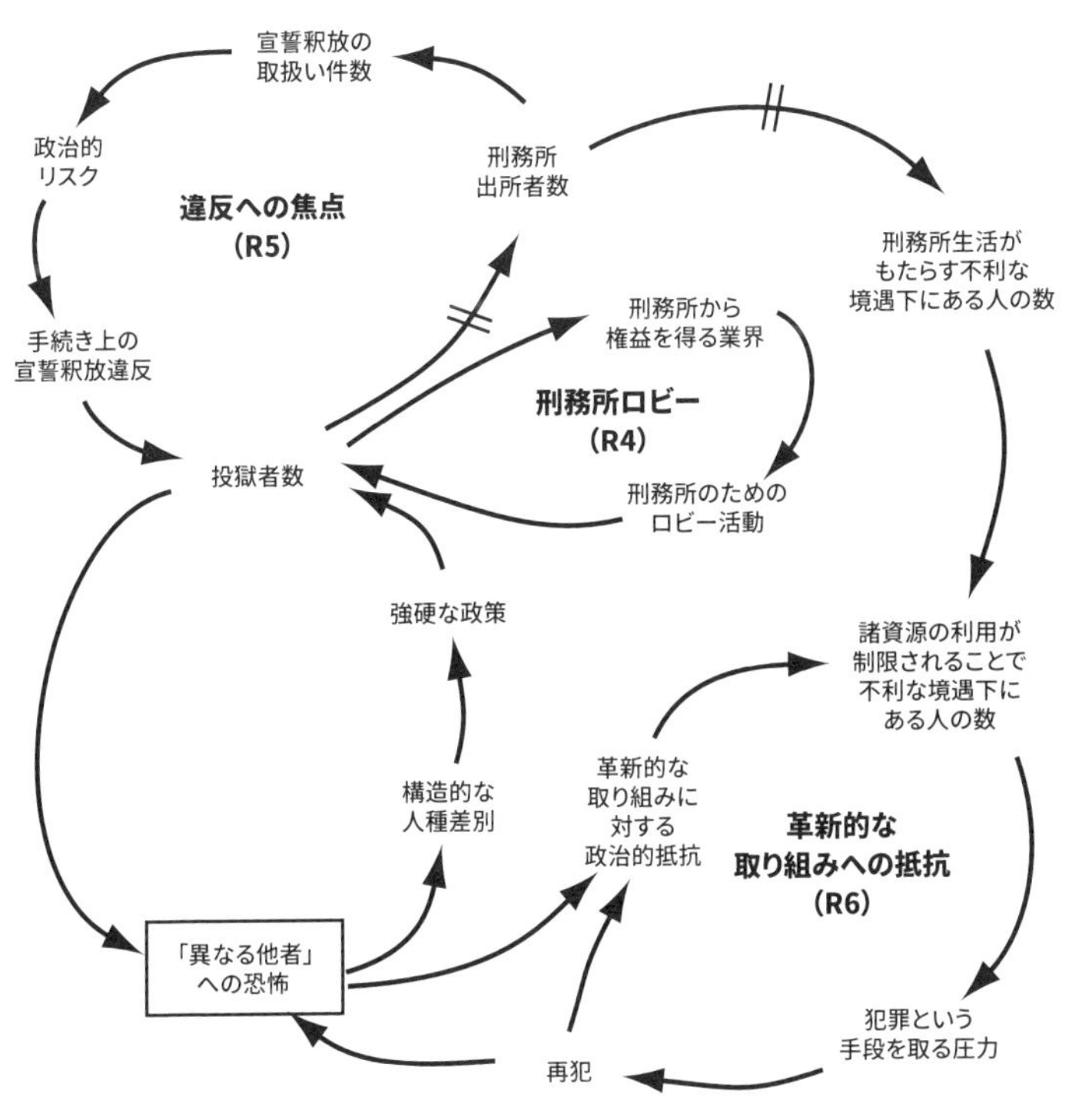

出典：Seed Systems for Open Society Institute によって作成された図を修正。

イストたちはこの解決策をますます支持するようになる（図7－2のR4）。宣誓釈放の取扱い件数が多いことがもたらす政治的リスクを減らすために宣誓釈放を厳しく制限すると、その結果として、人々を刑務所に送り返す「手続き上の宣誓釈放違反」が増えることになる（R5）。恐怖と再犯が組み合わさって、収監歴のある人々の社会復帰を支援する革新的な取り組みへの政治的抵抗が大きくなる（R6）。

これら二つのループ図（および付録Cにある、最終的に練り上げた図C－1「刑務所施策への中毒」）のおかげで、合宿研修の参加者たちは、共通の難題に対処するそれぞれの取り組みについて包括的な共通理解を得ることができた。その結果、中には、過剰投獄を引き起こす恐怖——実際の犯罪数だけではなく、構造的な人種差別に基づく恐怖——をより協調的な方法で和らげる方法を発案し、開発しようとする人もいた。また、その根底にある状況とそれに拍車をかけている思考回路に対して、より幅広い人たちの関与を得られることを期待して、大量投獄の社会的コストを政策立案者に伝える方法を発案する人もいた。

問題のすり替わり

問題のすり替わりは、意図せざる依存のストーリーだ。これは、ある問題に対して即効性があって疑う余地がないと思われる解決策が、長期的には問題を悪化させる傾向があるという点で、**うまくいかない解決策**と似ている。主な違いは、問題のすり替わりの動態《ダイナミクス》に陥る人々の多くは、あるべき根本的な解決策については意見が一致するものの、なかなかそれを実行できていないことだ。

長年の努力にもかかわらずホームレス撲滅はそれほど進まなかった、カルフーン郡の事例がこの原型に相当する。路上生活者に緊急サービスと保護施設を提供する事業者たちは、何年もの間、定期的に集まってはいたが、別々に仕事をし、協力し合うというよりも財団の助成や公的資金をめぐって競い合う傾向にあった。

州の資金拠出と地方計画予算が動機となって、コミュニティのリーダーたちは、団結して〈ホームレスをなくすための一〇年計画〉を策定することに合意し、それまでと異なる取り組み方をするようになった。彼らは、なぜ自分たちの郡のホームレスはなくならないのか、そして郡の各地で他の事業者たちが用いるベスト・プラクティスを、なぜ自分たちは実行できていないのかを理解するために、システム思考を適用したのである。ベスト・プラクティスでは、「住居第一《ハウジング・ファースト》」を重視する。つまり、コミュニティが、安全で手頃な価格の恒久住居を開発することに投資し、路上生活者に、「薬物のない生活」などの条件を設けずに入居を促すものだ。この住居では、精神障害を抱えていたり薬物乱用に苦しんでいたりする人たちを対象とする支援サービスが容易に受けられる。経済的理由で路上生活を余儀なくされていた人たちについては、この解決策の別の部分で、教育、雇用、所得の向上に重点が置かれた。

図7-3に示した最初のシステム図は、参加者たちが得たきわめて重要な気づきを描いたものだ。サービス事業者と路上生活者の両方が依存していた保護施設や危機対応システムは、応急処置であり、実はそれが問題の一部を構成していた（B1）。こういったサービスは路上生活者がホームレス

状態に対処するのを支援する一方で、一時的なものであることも明らかだった。人々が保護施設に滞在できるのは限られた日数だけで、その後は路上に戻らざるを得ない。中には、カルフール郡バトル・クリーク市の中心部から離れた森の中に移り住み、そこでどうにか生き延びた人もいた。とくに冬には、多くの人が病気になり、病院に運び込まれる憂き目にあう。軽微な罪を犯して拘置所で一夜を過ごすことになった人もいた。知り合いの家のソファーでいく晩か寝かせてもらった人もいたが、それも短い間しか使えない手だった。

関連の事業者の多くは、他の地域で用いられるベスト・プラクティスの要素――生活の重要な要素を支えるサービス、恒久住居、雇用――（B２）を少なくとも部分的には認識していた。だが、彼らはこうした手法を地元で実施できておらず、その理由もわからなかった。コミュニティの参加者たちは、事業者たちが活用する、ホームレス状態に対処するための危機対応システムこそが、実は、ホームレス撲滅のベスト・プラクティスの実施能力を損なう、意図

図 7-3　一時的な保護施設の皮肉

保護施設や緊急支援はホームレス状態を緩和するので、恒久住居、生活の重要な要素を支えるサービス、雇用を組み合わせたより根本的な解決策を実施しようとする人々の意欲を減らすことにもなる。さらに、応急処置によって生み出される悪循環が、コミュニティが根本的な解決策を実施する能力を意に反して損なうことになる。

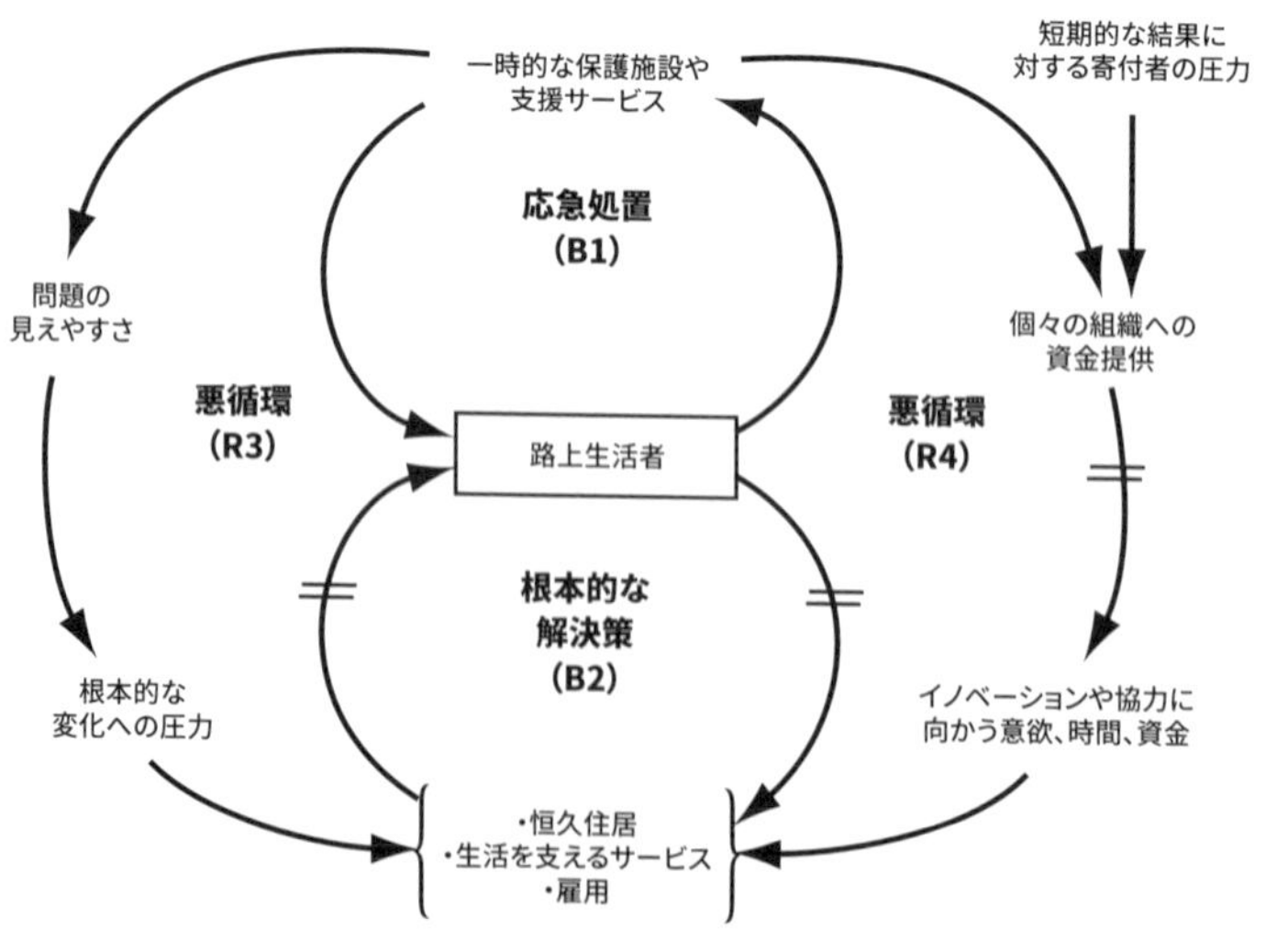

せざるマイナスの結果を生み出していることに気づいたのである。

この対処メカニズムが本当の問題を見えにくくし、ベスト・プラクティスに対するコミュニティの投資意欲が低下した（R３）。さらに、保護施設と緊急サービスの事業者たちは、それぞれの仕事に対して助成を受けており、個別であれ、他者との協力であれ、新たな仕事のやり方を試す動機はほとんどなかった（R４）。たとえば、保護施設の運営者は多くの場合、毎晩のベッド稼働率に応じて助成を受けていた。保護施設が満員であることは、根本的には「ホームレスをなくす」という標榜する目標と対極を成すものであるのだが。資金提供者たちは、応急処置の実施に成功した人たちへの助成を継続することによって、無意識のうちに問題に加担していた。問題が見えなくなっていることと既存の資金の流れが強化されることによって、ベスト・プラクティスへの投資が滞り、それが翻って路上生活者を増やし、一時的な保護施設へのさらなる依存を引き起こすことになっていた。

事業者たちはこの理解に基づき、コミュニティの保護施設と危機対応システムの大きな転換に着手することになった。たとえば、協調へと向かう前例のない動きの中で、サービス事業者たちは、住宅都市開発省（ＨＵＤ）からの次回の助成金を、あるサービス事業者の仮設住宅プログラムから、別の事業者の運営する支援サービスつきの恒久住居のプログラムへ再分配することで全体の意見が一致した。彼らの洞察が、後に州に承認されて助成を受けることになる一〇年計画の土台となった。第５章で述べたように、この計画が稼動した二〇〇七年から二〇一一年までの最初の六年間で、カルフーン郡は、とくに二〇〇八〜〇九年の不況にもかかわらず、路上生活者のための恒久住居を確保するというすばらしい成果を挙げた。失業者が三四パーセント、立ち退きが七パーセント増えたにもかかわらず、路上生活者の数は一四パーセント（一六五八人から一四一九人に）減少したのである。

TAPIの事例にも、問題のすり替わりの動態《ダイナミクス》が見られた。多くの参加者が社会復帰の支援に関わっており、彼らは社会復帰を、「収監歴のある人たちが生産的な生活を送れるよう支援すると同時に、市民組織とインフラを強化し、横断的な協調をすること」と定義していた。だが、こういった解決策を実施するのは難しく、改革派の人たちは、自分たちの直面する障害の全体像を共有することが有益だと気づいた。その障害とは、彼らの仕事を直接的に侵害しているもの、出所者の大半が戻る低所得マイノリティー居住地区の治安を悪化させるもの、そして、低所得のコミュニティを支援する組織の強化にもっと振り向けられたであろう資金が刑務所へ投資されていたことなどだ。この全体像は付録Cの図C－1に表されている。

問題のすり替わりは**中毒**のストーリーだ。ホームレスと投獄のストーリーはどちらも、中毒者たち（薬物乱用にさいなむ路上生活者や罪を犯す薬物中毒者）から社会を守ろうとする政策立案者たちが、皮肉にも社会問題を長期的に悪化させる解決策の中毒に陥ってしまう様子を示している。手頃な価格の恒久住居に使われる資金が一時的な保護施設に回される。より永続的に、犯罪や、犯罪に対する恐れを減らし、さらには最も重要なこととして「異なる他者」への恐れを減らすことができるプログラムや制度そのものの構築に使える資金を、強硬な犯罪取り締まり策が奪ってしまうのだ。このような結果への認識が高まったことで、一部の保守的な官僚やシンクタンクさえも、大量投獄、麻薬撲滅キャンペーンや強制的最低量刑などの政策の価値に疑問を呈しつつある。[3]

成長の限界

二〇一一年、州や地域の多様なリーダーたちが集まって、サウス・ダコタ州の農村部で手頃な価格の住宅を入手しやすくする方法を探っていた。この会議を主宰したのは、同州の〈ルーラル・ラーニング・センター（ＲＬＣ）〉と経済・コミュニティ・リーダーシップ開発に力を注ぐ非営利組織である〈ダコタ・リソース〉だった。参加したのは、非営利の経済団体、連邦・州・地元政府と、民間セクターからは住宅開発業者、金融機関、不動産業者の代表である。

活力ある農村地域の発展において、住宅問題はきわめて重要な要素である。手頃な価格の適切な住宅は、その地域の雇用、健康、教育の質といった他の要素に影響を与えたり、それらの要素によって影響を受けたりする。専門職に就く若手の社会人を呼び込んで定住してもらい、コミュニティに再び活力を与えてもらうには、こういった住宅の入手のしやすさがとくに重要なのだ。

しかし、このような住宅を提供することは生易しいことではなかった。なぜなら、十分な魅力をもった住宅の開発コストは、現在の規制環境下で住宅ローン業者が融資を出しやすい額を上回る場合が多いからだ。ＲＬＣは、こういった障害を乗り越えるための詳細な戦略資料を作っていたが、地元コミュニティにとっては情報が多すぎて、それを理解することも、うまく活用することもできていなかった。それゆえに、会議の目的は、「なぜ、有望な農村部の住宅戸数を増やすことや、その拡大のために関係者が取りうる**レバレッジ**の効いた施策に的を絞ることが、それほど難しい

ルーラル・ラーニング・センター（RLC）：Rural Learning Center
ダコタ・リソース：Dakota Resources

のか」という問いへの洞察を得ることであった。

私は会議に先立ち、その会議の主宰者と協力してループ図を描き、問題と取りうる解決策をより明確に浮き彫りにしようとした。この地域にはうまくいっているコミュニティもあったので、**成長の限界**の観点からこの動態《ダイナミクス》を説明することが理に適っていた。私たちは、「一連の中心的なエンジン（つまりポンプ）が住宅供給と経済の成長を推し進めることができるが、そのポンプの効果を減少させる、バランスをとろうとする力（つまり漏出）によって、その成長が弱められる」という動態《ダイナミクス》を見つけ出した。ポンプが住宅供給と経済の成長を十分なスピードで生み出すことができないと、漏出がポンプの効果をより深刻に制限することになるだろう。したがって、漏出のマイナス効果に打ち勝てるだけのパワーとスピードで、ポンプへの呼び水を引き込むことが重要だった。

図7-4は、中心的なポンプ（つまり成長のエンジン）と主な漏出源（つまりこの成長の限界）を示したものである。成功しているコミュニティでは、手頃な価格の住宅が建てられると、その住宅が住民や雇用を引きつけ、それによって今

図 7-4　農村部の住宅供給——中心となる「成長の限界」

開発のためのインフラが十分にないと、コミュニティは、民間業者を引きつけて住宅ニーズを満たすのが難しく、したがって新たな住民や雇用を引きつけるのも難しくなる。

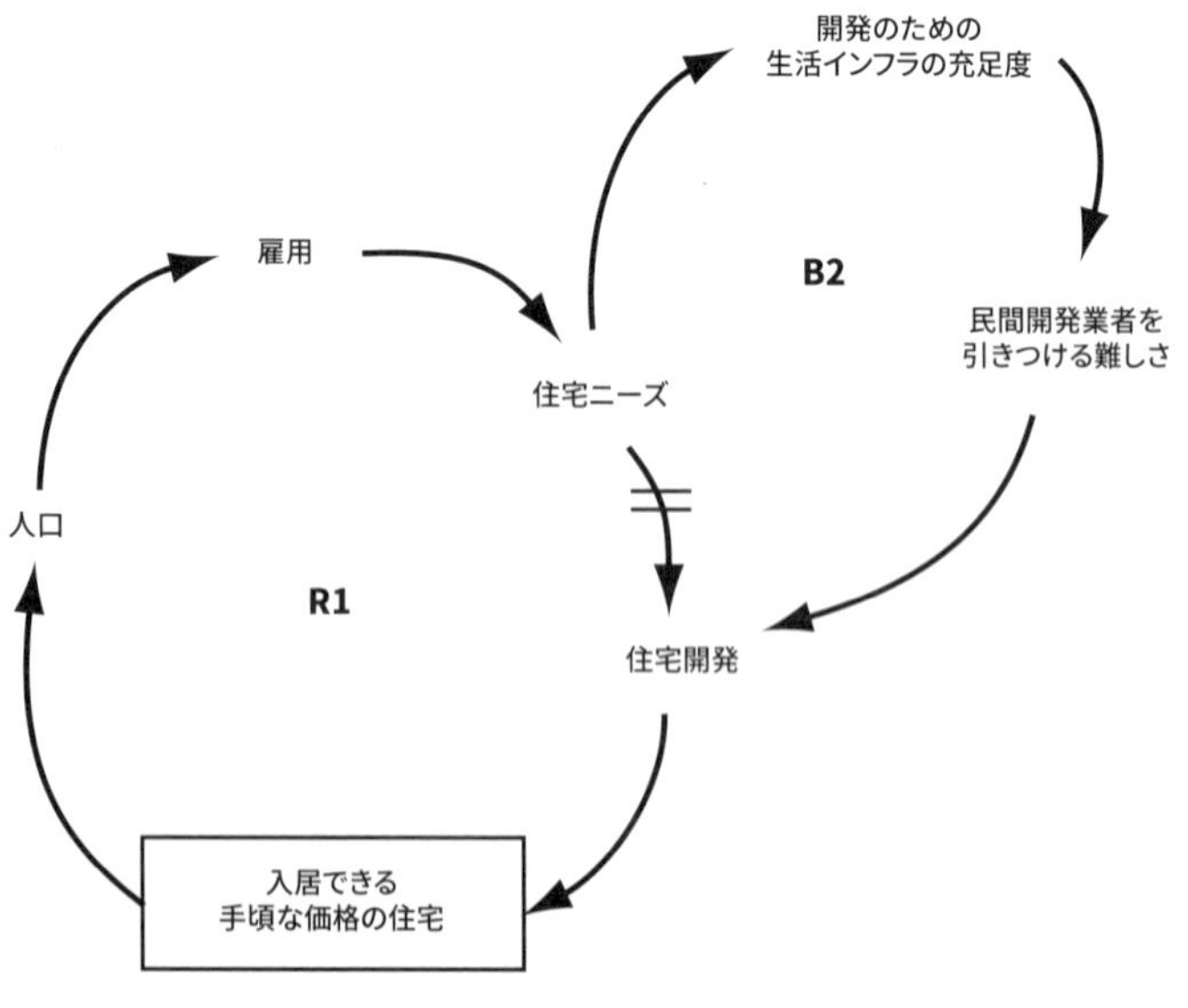

度は住宅のニーズが高まり、さらなる住宅開発につながった（R1）。成功要因の一つは、経済開発のための生活インフラを構築したことだった。だが、あまり成功していないコミュニティには、住宅ニーズを満たすだけの十分なインフラがなく、そのために、住宅開発を増やして成長するのに不可欠な民間業者をなかなか引きつけられずにいた（B2）。

図7－5に描かれているように、他にも成長のエンジンが見出された。住宅開発を行うと、自然と雇用が創出され（図7－5のR3）、雇用によって、さらなる雇用を呼び込むのに必要な税収が増えるだろう（R4）と気づいたのだ。また、手頃な価格の住宅が入手可能になると、直接的にも税収が増加した（R5）。税収を使って、開発のためのコミュニティのインフラを強化できたし、利用可能な資金を増やせた。そしてそれによって開発費用が減少し、購買の意欲も能力もある買主の数が増え、それによって、開発と住宅供給そのものに対する予想利益が増加する（R6）。新たな住民をコミュニティに引きつけることで、教育の機会が高まって、さらに多くの人々を引きつけ（R7）、雇用の増加も人口に対して

図 7-5　農村部の住宅供給――さらなる水をポンプに流し込む

雇用、住宅、税収、教育、人口の間の自己強化の関係がコミュニティの発展をいっそう促進する。

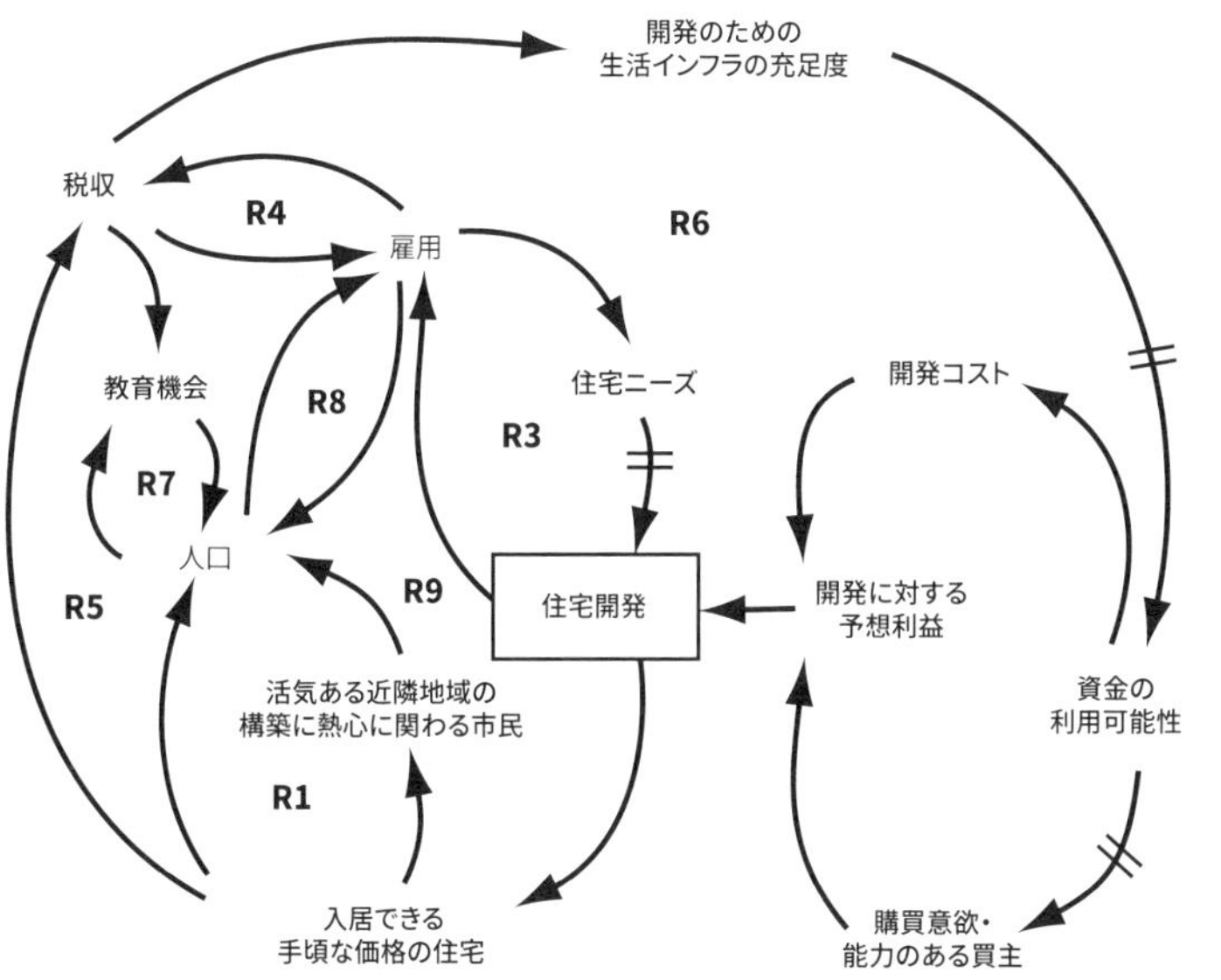

プラスの効果をもたらした（R8）。最終的に、手頃な価格の住宅の入手しやすさが持ち家率を高め、市民が活発なまちづくりに熱心に貢献することになり、それによってそのコミュニティにさらに多くの人々が呼び込まれることになった（R9）。

図7－4と図7－5のポンプは、さらなる限界（つまり漏出）に打ち勝つだけのスピードで動かされる必要があった。開発のためのインフラが不十分だと、コミュニティは、開発に対する予想利益を高めるのに必要な資金を呼び込むことができなかった（図7－6のB10）。新たな投資家を引きつけられるだけのペースで新たな雇用を創出しないと、そのコミュニティの経済開発の見通しが

図 7-6　農村部の住宅供給――漏出

コミュニティが開発のためのインフラに十分な投資をしないと、開発に対する予想利益を高めるために必要な資金を呼び込めないだろう。さらには、コミュニティがさらなる投資家を引きつけられるだけのペースで新たな雇用を創出しないと、時間の経過とともに人々の認識する経済開発の見通しが下がり、それによってさらに成長能力が制限される。

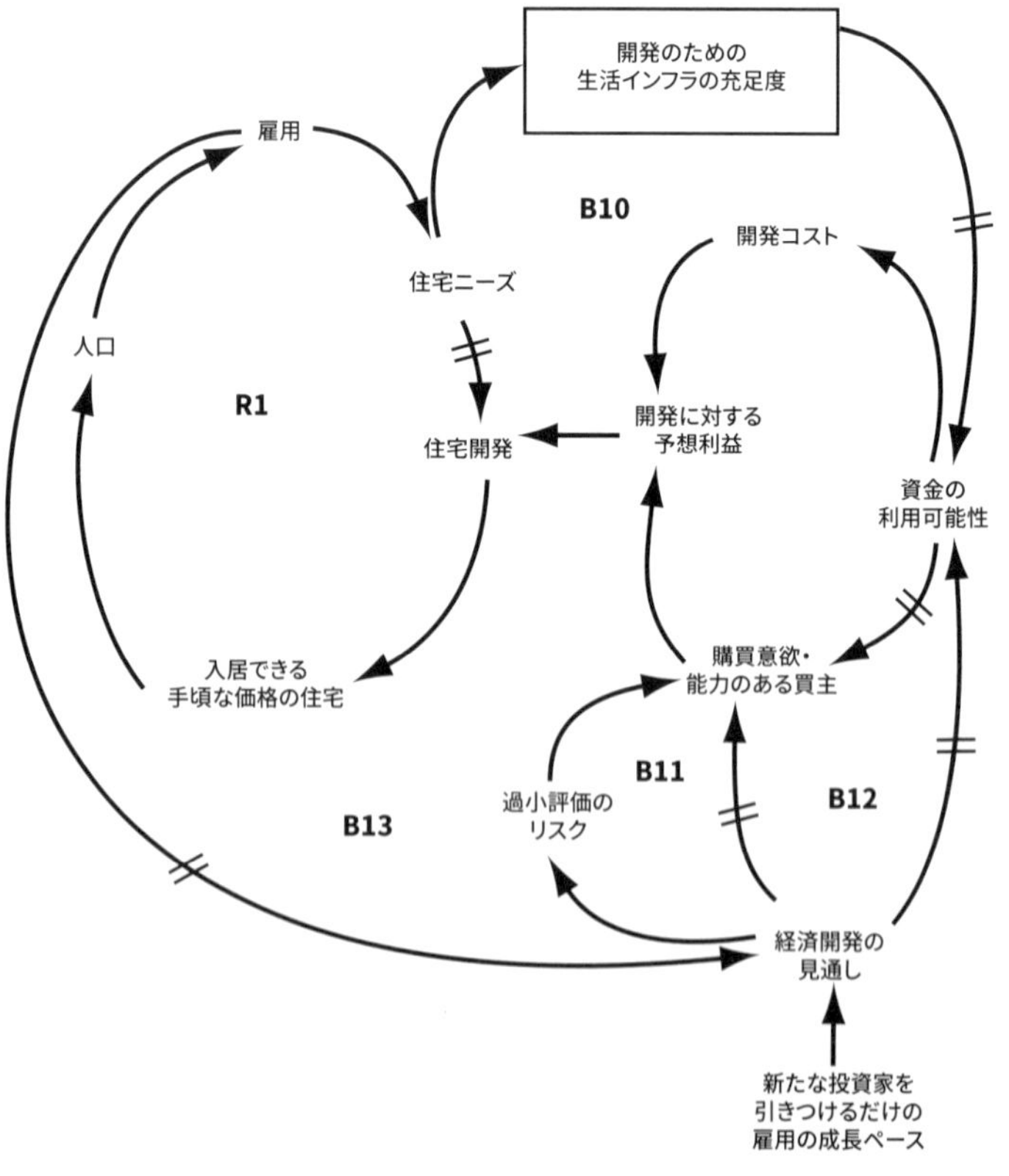

下がり、それによって長い間に購買意欲と能力のある買い手の数が減っていくし（図7－6のB11）、資金提供も受けられなくなっていった（B12）。さらに、経済開発の見通しが低迷すると、住宅ストックが過小評価される危険性が高まり、それによって買主の購買意欲がそがれた（B13）。

要約すると、このシステム分析によって、人々は、全力を挙げて自分たちのコミュニティにおける開発のためのインフラ構築または強化に早く投資することが、より大きな成長を遂げるための重要な一歩だと気づけたのである。

強者はますます強く

同じく二〇一一年に、〈ウィリアム・キャスパー・グラウスタイン記念財団（WCGMF）〉は、人種や収入や能力に関係なくすべての子どもと家族のために機能する、コネティカット州全体の幼児教育システムの設計図を策定するプロセスに、多様な利害関係者を招集した。〈ライト・フロム・ザ・スタート（初めから）〉と呼ばれるこの取り組みは、NPOの〈インタラクション・インスティテュート・フォー・ソーシャル・チェンジ〉が設計と進行を担った。目的は、この取り組みの支持者、サービス事業者、公的機関の職員、民間の資金提供者、コミュニティのメンバーや保護者などを集めることと、その時点の現状を探求して全体像を描き出し、公平なシステムに向けたビジョンと根底を成す価値観を創り上げ、変化のための主要な**構造のツボ**《レバレッジ・ポイント》を見つけ出すことだった。

そのプロセスが開始されて数カ月経った頃、私は主宰者から、システム思考を参加者に紹介して

ウィリアム・キャスパー・グラウスタイン記念財団（WCGMF）：The William Caspar Graustein Memorial Fund
ライト・フロム・ザ・スタート：Right from the Start
インタラクション・インスティテュート・フォー・ソーシャル・チェンジ：Interaction Institute for Social Change

ほしいと依頼された。その意図は、新たな法律制定や仕組みを性急に提案するのではなく、まずは彼らのこれまでの取り組みがなぜうまくいかなかったのかについてより深く学ぶためだった。最初のセッションで私は、「最善を尽くしているにもかかわらず、今までうまくいかなかったのはなぜだろうか」と問いかけた。それが引き金となって、参加者の多くが、もっと多くの「なぜ」という厳しい問いを課したいという意欲をもった。彼らもそのシステムの献身的なメンバーだったので、私は彼らに、自分たち自身がよかれと思ってする行為がどのようにして既存の動態《ダイナミクス》を生み出す原因となる可能性があるか、州知事や議員に対して変化を起こすよう提言するほかに、彼ら自身がやり方を変えられるのは何かについて考えるよう促した。

私が、行動に移す前にスピードを落としてもっと深く内省するように促し、そして現在のシステムを永続させていることにおいて彼ら自身が――どれほど意図せぬことであっても――果たしている役割について考えるように促したことで、設計チームのメンバーたちは混乱した。これまでは、他者がどう変わるべきかについての提言をすばやく策定するという観点でしか、自分たちの存在意義を考えていなかった。この時点でプロジェクトから離れることを選んだ人もいたが、大部分の人たちは先を急ぐ前にもっと深く学ぶという課題に着手した。

次のセッションで私は、問いの探求に役立つループ図を提案した。彼らが提起した中心的な問題は、不平等――学校で苦心しているのは主に、社会的に不利な境遇の黒人やラテンアメリカ系家庭か、貧しい白人家庭の子どもたちであるという事実――と関連することから、私は根底にある動態《ダイナミクス》について**強者はますます強く**の枠組みを設定した。具体的に言うと、収入がより高く政治的影響力もより大きい親たちは、自分の子どものためにより多くのリソースをうまく生み出せるので、その子どもの教育や収入の機会は時間の経過とともに大きくなる。一方で、（低収入が原因であれ、生活の不安定さやサービスを利用できないことが原因であれ）不安定な状態にある親たちは、時間の経過とともに、成功するために必要な幼児期の発達基盤を子どもたちに与えることがますます難しくなると感じている。さらに、貧しい親たちは、他のリソースへのアクセスが限られていることを補うためにコミュニティの結束を強めるが、その強い絆は、彼らの子どもたちが成功しようとますます奮闘するにつれて、擦り切れていってしまうことも多い。こういった動態《ダイナミクス》は、図7－7のループR1、R2、R3にまとめられている。

　図7－8でさらに詳しく描かれているように、不安定な状態にある親たちには、なかなか自分の子どもの成功を後押しできない理由がいくつかあった。手頃な価格で質のよい保育へのアクセスが悪いため、収入を増やす能力が低くなっていた（図7－8のR4）。また、社会的に脆弱なため、自分の子どもたちの成長を――とくに、健全な発達のために親の支えが最も必要な幼児期に――助けるための物理的・感情的・認知的な支援を提供することも難しかった。その結果、彼らの子どもたちは、学校に行くための準備が整っておらず、長期的には学校でよい成績を収めにくくなり、そのために、必要な生活力を獲得でき

図 7-7　幼児期――富める者はますます富み、貧しい者はますます貧しくなる

恵まれた親の子どもたちは、教育の機会と、その後の収入の機会を得やすく、それが長期的な成功につながる一方で、不安定な状態にある親の子どもたちは、長期間にわたって成功につながる機会を生み出すことがより難しくなる。

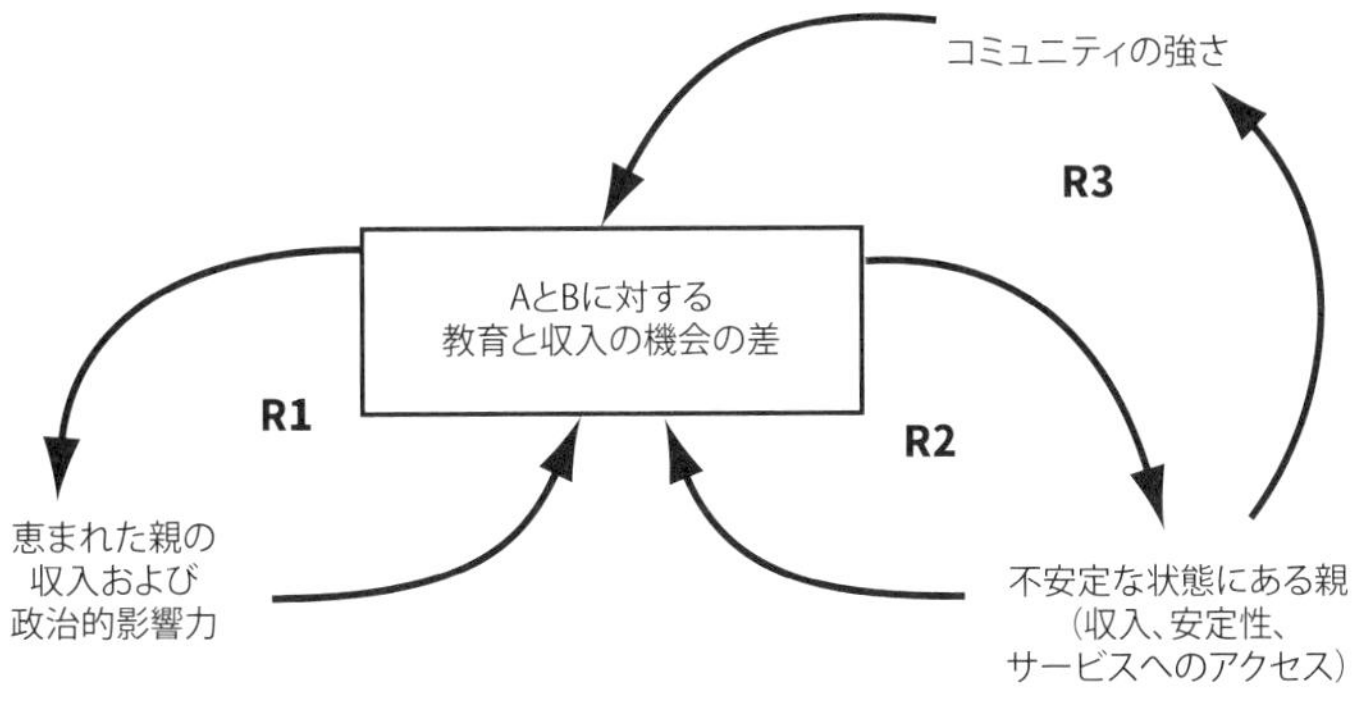

にくくなる（R5）。

不安定な状態にある親の子どもが直接的に受けるマイナスの影響は、特権階級の親が自分の富を正当化し、それに執着して手放さない傾向によって悪化し、それによって、子どもの格差がいっそう広がることになった。米国では、上位二〇パーセントの所得階層の人々の寄付は収入の一・三パーセントにすぎない一方で、下位二〇パーセントの所得層の人々は三・二パーセントを寄付する。[4] カリフォルニア大学バークレー校の心理学教授で、〈グレイター・グッド・サイエンス・センター〉の創設者であるダッシャー・ケルトナーは、寛大な行為がさらに大きな寛大さを呼び起こす傾向があるのと同様に、富の増大による保守的な影響が、助け合いの本能を抑制するようだと気づいた。[5] さらに、収入の不平等が大きく

図 7-8　幼児期――格差が広がる

不安定な状態にある親は、親としての責任のために、十分な収入を生み出すことも、子どもたちが力強く成長するために必要な支えとなる安全な環境を提供することも難しくなる。

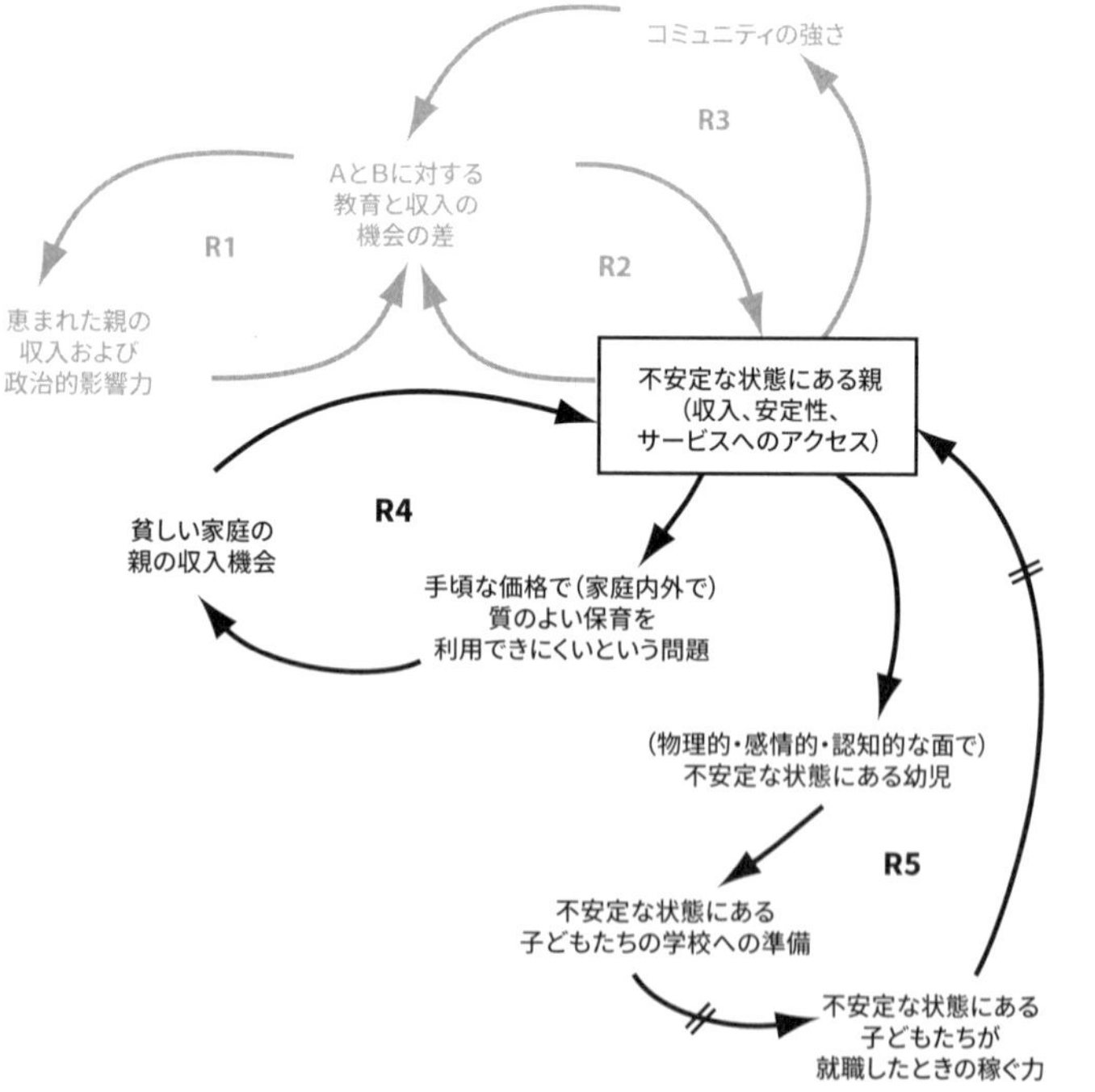

なることで消費が弱まり、教育レベルが低くなると、社会サービスと生活インフラに投資できる資金の利用可能性が低くなった。このような、より詳細なレベルで相互に関連し合う問題は、図7－9に描かれている。

こうした社会的リソースを支える意欲と能力が全体として低下したために、不安定な状態にある子どもたちを支援する早期介入策に使える資金が少なくなった。そうなると、その子どもたちは入学に対して十分に備えることができず、長期的には米国の労働力の競争力が低下し、それによって米国のリソース全体に対する抑制圧力が高まり、社会への投資に公的資金を供給する能力が低下する（図7－9のR6）。入学の準備が不十分だと、長期的には収益力の低下や社会的コストの上昇、さらには公的なリソースの枯渇にさえもつながる（R7）。

図 7-9　幼児期――さらに格差が広がる

富める者の保守的な性質と、収入の不平等が公的資金に与えるマイナスの影響と相まって、不安定な状態にある子どもたちの将来性をさらに損なう。

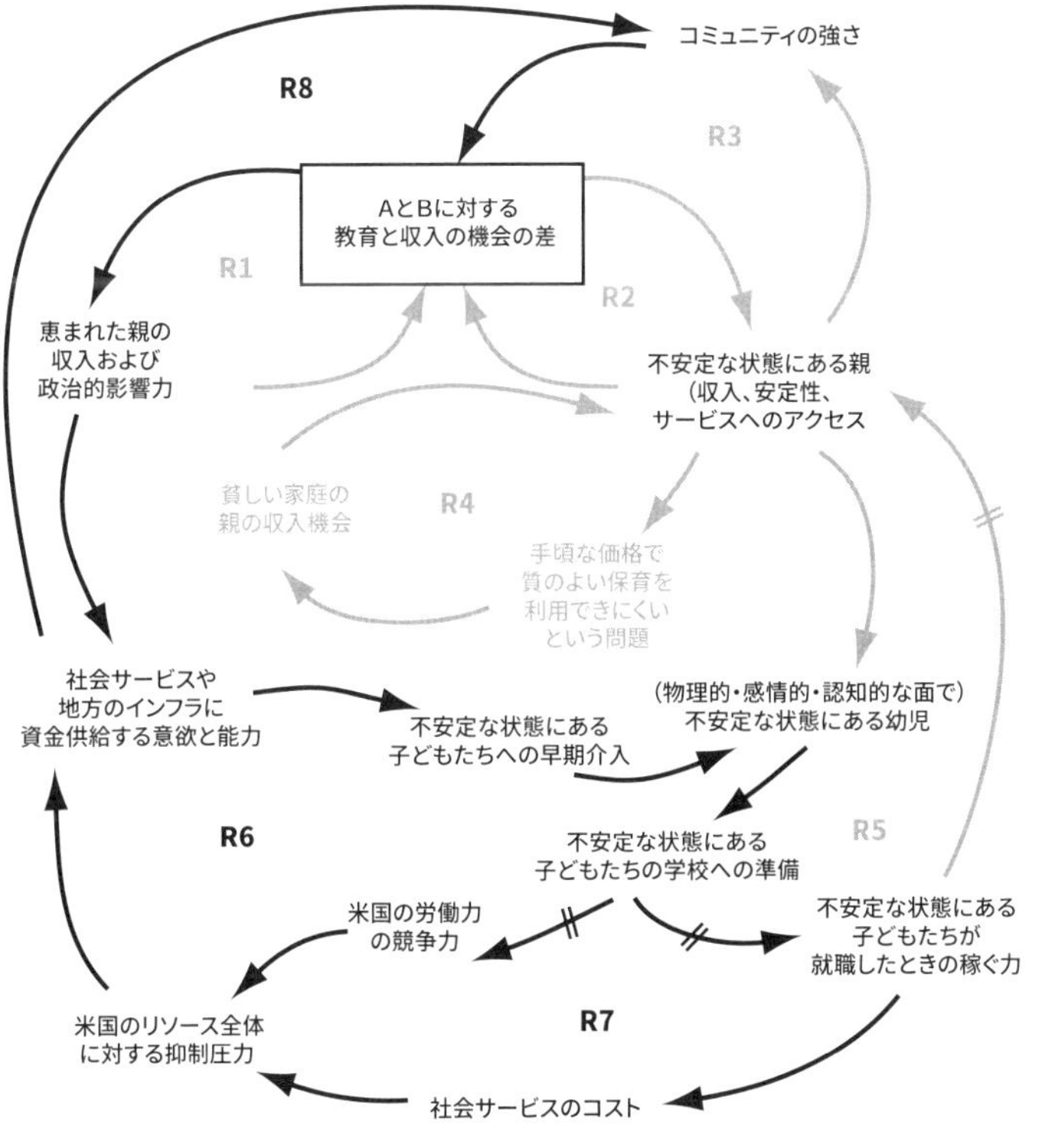

それに加えて、社会サービスや生活インフラへの投資が削減されると、貧しいコミュニティのほうがよりいっそう苦しむことになり、機会の不平等の拡大につながる（R8）。

参加者たちは、こういった動態《ダイナミクス》を定着させていた、根底にある信念と前提についてもより深く探求を行った。彼らは、構造的な人種主義の問題――それによって、裕福な白人が貧しいマイノリティーよりも優位とみなされ、有利に扱われている――が、この不均衡を是正する方法についての前提にまで及んでいることに気づいた。とくに解決の選択肢は、権力をもった人々の次のような考え方を肯定する傾向にあった。

- 非公式の仕組み（貧しいコミュニティにおける社会的なネットワークなど）よりも、公式の仕組み（新たな法律や制度など）が重要視されるべきだ。
- 新たなシステムに対する州政府の統制は自治体の統制よりも重要だ。
- 評価において、定量的な指標は定性的な指標よりも重要である。

このシステムを再設計しようとする人たちにとっての深い洞察は、彼ら自身も、こうした前提をもっていて、往々にしてよりよい判断に逆行する傾向がある、ということだった。

次いで参加者たちは、自身の分析を用いて、四つの構造のツボ《レバレッジ・ポイント》を割り出した。関係者全員の活動の基礎となり、システムを変えるという長期的な活動へと彼らを駆り立てつづける中核的な方針となるものだ。

グレイター・グッド・サイエンス・センター：
Greater Good Science Center

- 不平等に対処し、恵まれない親たちの社会的な力を意識的に拡大する。
- 地域コミュニティの活動を支援する——さまざまなサービス事業者と各世帯がすでにどうつながっているか、どうつながるべきかを理解する。
- 家族も含めた子どもの全体像に注意を払う。
- できるだけ早く子どもたちへの働きかけを始める。

〈ライト・フロム・ザ・スタート〉による高度で説得力のある提言は、このグループが活動を始めたときには存在していなかった同州の幼児局という政府機関の指針に組み込まれた。市民の対話を促すようなビデオなど提言内容を伝えるツールが制作され、コミュニケーション・キャンペーンが展開されている。

当時のWCGMFの事務局長だったデイヴィッド・ニーは、この活動の成果を次のように語っている。「私たちの助成金を受けている人たちは、より効果的に協力できるようになり、コレクティブ・インパクトを最大化できる変化を目指すことができました。私たち全員が、症状と病気そのものを区別できるようになり、システムの一部を改善するよりも、システムの部分間の関係性を改善することの価値を正しく認識し、私たちは誰もがシステムの一部であり、その外側にいる人はいないのだと理解できるようになりました」。WCGMFは、人種差別が根本的な問題であり、その是正に直接取り組んでいくという意気込みを強めた。

予期せぬ敵対者

　アイオワ州教育局と同州の各地域教育局が経験した課題は、より効果的な協調を願いながら実際にはそうできない組織の典型例である。**予期せぬ敵対者**の原型は、この二つの当事者が部分的な違いを乗り越える方法を示した。なぜなら、より強力な協調がどのように両者に役立つかが明確になったからだ。また両者は、互いの間で生じた問題が、いかに、相手の意図とは関係なしに引き起こされたものだったかを理解できるようになった。そして、この原型は、どうすれば無意識に互いを害することなく、協調による利点を十分に活かせるかも示してくれた。

　はじめのうちは、予期せぬ敵対者たちは、自分たちが協調することの価値を正しく認識できていない場合が多いので、その価値を明確に表現する方法を学ぶとよい。この場合、州教育局の目標は同州の教育システム全体に指針とガバナンスを提供することだと両者が理解した。さらに両者は、各地域

図 7-10　州教育局と地域教育局のシステム関係――協調の成功イメージ

州教育局による方向性の明確化と、地域教育局による一貫性と公平性の確保によって、両者が便益を得られる。

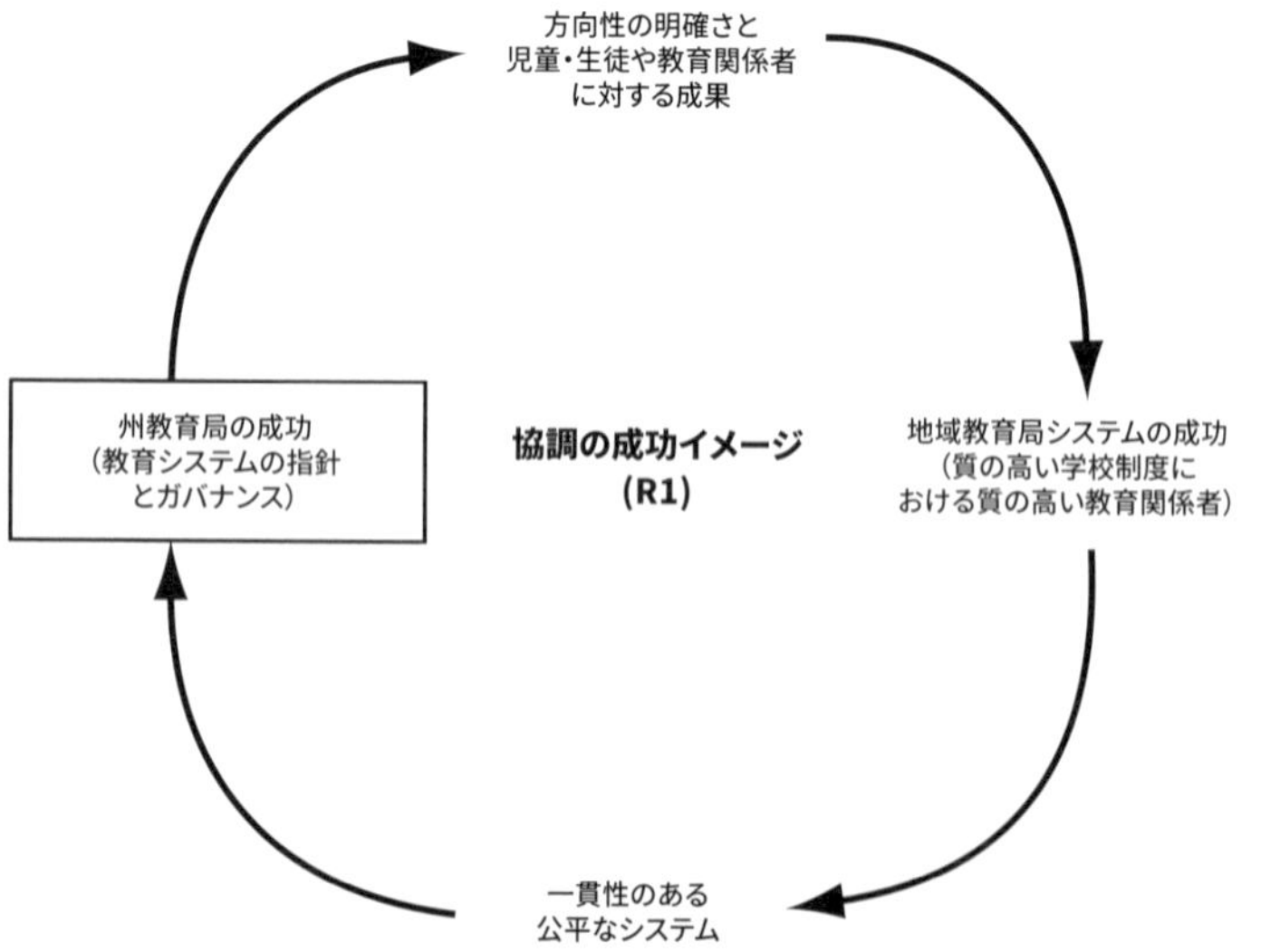

教育局の目標は、それぞれの管轄地域に質の高い学校制度と質の高い教育関係者を確保することだという点でも合意した。互いの目標を確認したことによって、彼らは、州教育局が成功することで州全体の方向性の明確さと児童・生徒や教育関係者に対する成果が増して地域教育局への貢献となり、地域教育局が成功することで、州全体で首尾一貫した平等なシステムを確立して、州教育局を後押しすることになるだろうと見極めた。州教育局と地域教育局の協調の成功イメージは、図7－10の好循環ループ（R1）に示されている。

こうして成功を生み出す協調の価値を明確にした後、それぞれが自身のパフォーマンスを高めようとする行為が、無意識のうちにどのように相手の効果を損なっているかを明らかにした（図7－11を参照）。州教育局が州全体の教育制度を十分に先導できていないと感じたとき、新たなプログラムを設計し、それを地域教育局に対して展開していた（B2）。こうした新たなプログラムの存在は州教育局にとっては進歩であると考えられる一方で、地域教育局は、限られたリソースを、その地域ですでに定着している取り組みに配分するのが

図 7-11　州教育局と地域教育局のシステム関係――予期せぬ敵対者

州教育局によって策定された新設プログラムと、これらのプログラムを改変するか、真剣に取り組まなくなる地域教育局の取り組みが、両グループの効果を損なう。

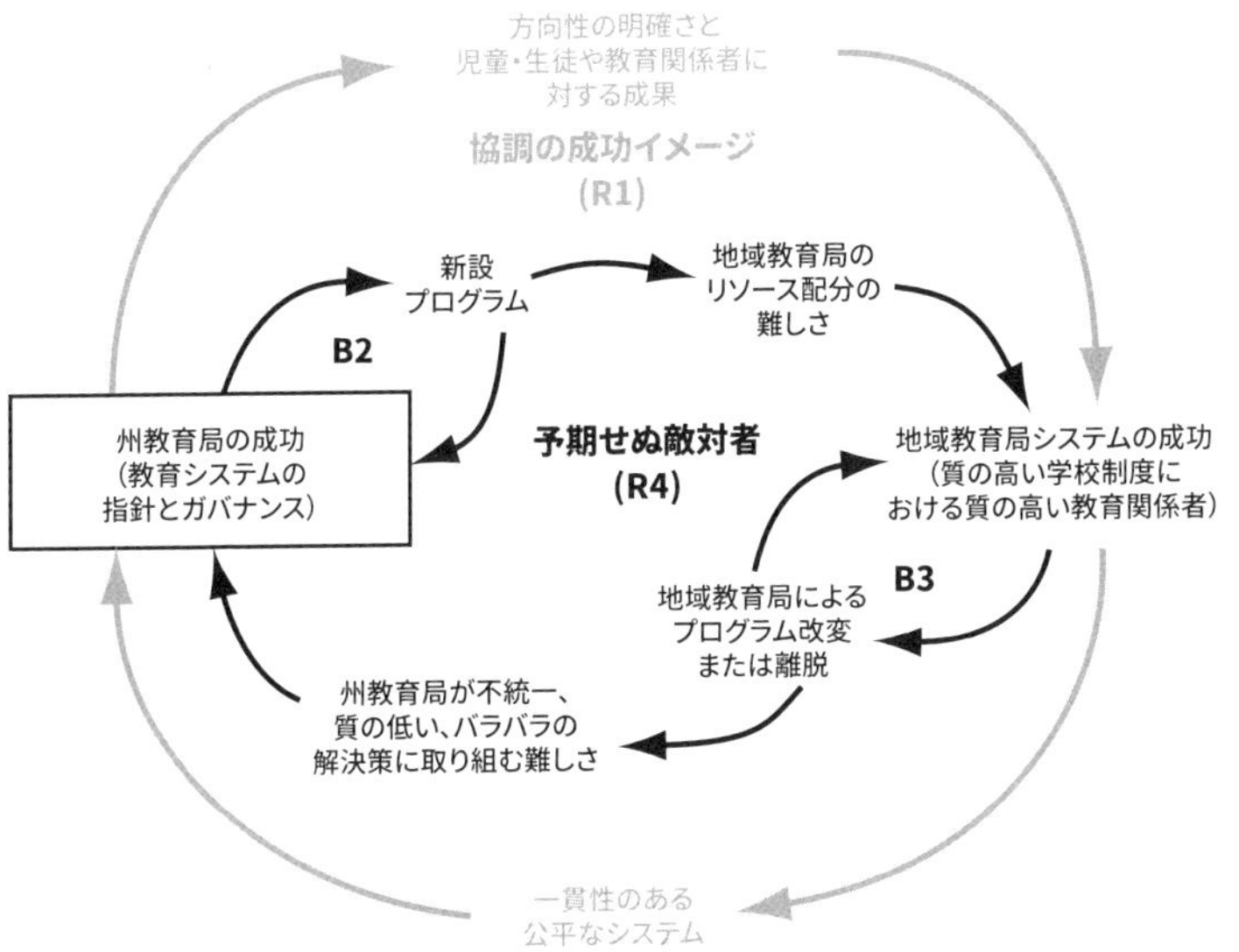

難しくなった。独自の地域の取り組みを遂行しつづけるために、各地域教育局は、自分たちの現在の取り組みに組み込めるよう州教育局のプログラムを改変するか、真剣に取り組まなくなった（B3）。個々の地域教育局の対応によって、州教育局が、不統一で質の低い、バラバラの解決策に州レベルで取り組む難しさが増し、それが州教育局の成功を損なうことになり、再び新たなプログラムを導入するよう促すことになった。この二者の行動が組み合わさって、予期せぬ敵対者の悪循環（R4）という結果になった。

州教育局と地域教育局のストーリーは、あらゆるシステムに共通する本部と現場の緊張を表している。本部は、新たな取り組みを現場に展開することによって、中央としての自分たちの目標を達成しようとするし、現場の組織は、自身のそれぞれの顧客に役立つ既存の取り組みにもっと集中するために、こういった取り組みを改変したり、真剣に取り組まなくなったりする。この事例で州教育局と地域教育局は、新たな洞察を活用して、それぞれ自分たちの目標を後押ししつつ、最終的には両者の共通の受益者であるアイオワの子どもたちに役立つウィンウィンの解決策を創り出した。

バスタブ・モデル

第4章で紹介したように、**ストック**だけでなく**フロー**にも注意を払わなければならないときに、**バスタブ・モデル**（ストック＆フロー図）は有用だ。また、問題が長い時間の中で段階を追って広がっていく場合にも役に立つ。ホームレス撲滅の事例では、ループ図を補うツールとしてこのモデルを用いたし、前述した**成長の限界**のストーリーで取り上げた農村部の住宅供給の事例の土台としても用いた。

ホームレス撲滅の事例を支援していたマイケル・グッドマンと私は、ホームレス問題が段階を追って進むことに気づいた。まず、カルフーン郡の住民全体のうち、一部の人々は、さまざまな要因――貧困、失業、家庭内暴力、薬物乱用、またはこれらの組み合わせ――でホームレスになる危険性が高かった。危機的な状態にある人々には緊急支援サービスが提供されたが、ホームレス状態になってしまう人も一定数存在した。中には、近隣の退役軍人病院や刑務所を出た後にホームレスの世界に入った人もいた。彼らは仮設住宅に移り住み、長い間にさまざまな仮の住みか――保護施設、橋の下、森の中、誰かの家、病院、拘置所――をぐるぐる回ることもよくあった。仮設住宅にいる人たちの中で、このループから抜け出て、安全で手頃な価格の支援つきの恒久住居に移り住む人はほとんどいなかった。私たちは、関係者がこの問題を視覚化できるように、図7－12に示されているバスタブの図を作成した。計画チームがこの図から得た洞察は、「持続可能な方法でこの問題を解決するためには、路上生活者への流入量を減らし、流出量を加速する必要がある」というものだった。

農村部で手頃な価格の住居を増やすためのサウス・ダコタ州の集まりの中に、フォークトンというコミュニティのリーダーたちがいた。複雑な変化を乗り切ろうと力を尽くしている多くの組織やコミュニティと同様に、フォークトン市のグループも住民調査を実施し、その結果として、健全で活気ある住居を実現するための長々とした提案のリスト――この事例では一七の提案――を得ていた。その提案は複数のグループに分類されたが、コミュニティの限られたリソースを考えると、非現実的に思えた。

マイケル・グッドマンは、〈ブッシュ財団の助成を得た〈ダコタ・リソース・リージョナル・システムズ・エンゲージメント・パイロット〉の一部としての〉その報告書の調査結果に目を通し、最も大きな影響を及ぼしうる二つか三つの戦略に人々が重点を置けるよう支援した。グッドマンは、バスタブ・モデルを用いて、四種類の住居のあり方を示した（図7－13を参照）。

- 新しくて良好な住宅――長期的な問題は軽く、簡単な修繕で済む。
- 小規模な修繕が必要な住宅――空き家になると、大きな不具合が生まれ、大規模な修繕が必要となる。
- 大規模な修繕が必要な住宅――空き家になると、改築の必要がある荒れた家になっていく。
- 荒れた住宅――新たな住居を建てるために、取り壊される必要が出てくる。

図 7-12　カルフーン郡のホームレス撲滅

ホームレスを減らすためには、リスク状態にある人々が、その後に路上生活者となる流入を減らし、恒久住居に移り住む人々の流出を増やすことが重要である。

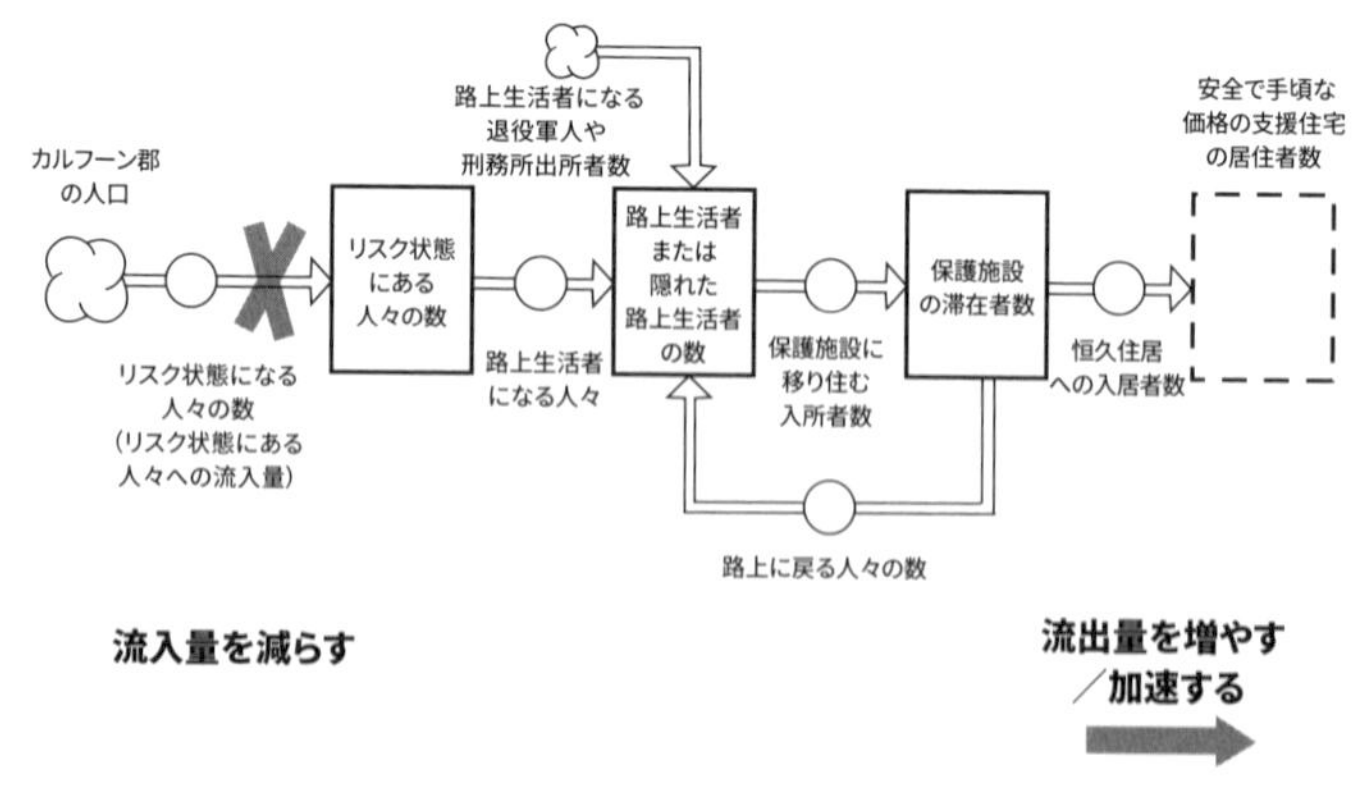

フォークトン市は、同市の住宅ストックの二八パーセントが大規模な修繕または改築を必要としていることに気づいた。また、住宅のストックとフローを用いたいくつかの単純なシミュレーションによって、現在の傾向が続くと二〇年でこの数字は三八パーセントまで増える可能性があることを割り出した。その結果、もともと一七あった提言は、住宅ニーズを満たす戦略として二つの施策に集約された。

- 軽微な不具合と大きな不具合を抱える住居を修繕したり、可能であれば荒れた住居を改築したりすることによって、良好な住宅ストックの流出量を減少または鈍化させる。
- 新たな住宅を建築したり、修繕不可能な荒れた住宅を取り壊したりすることによって、住宅ストックへの流入量を増やす。

これら二つの事例にとって、ループ図やその他の分析方法を補うためにバスタブ・モデルを用いたことは有益だった。カルフーン郡の場合、**問題のすり替わり**の原型によって、このコミュニティの意図せぬ依存の問題が指摘された。それは、ホームレス状態になった

図 7-13　サウス・ダコタ州フォークトンの住宅の質改善

地域の住宅の質を改善するためには、新たな住宅ストックの流入と荒れた状態の住宅の撤去を加速する一方で、修繕や改築を通じて住宅の老朽化を鈍化させることが重要である。

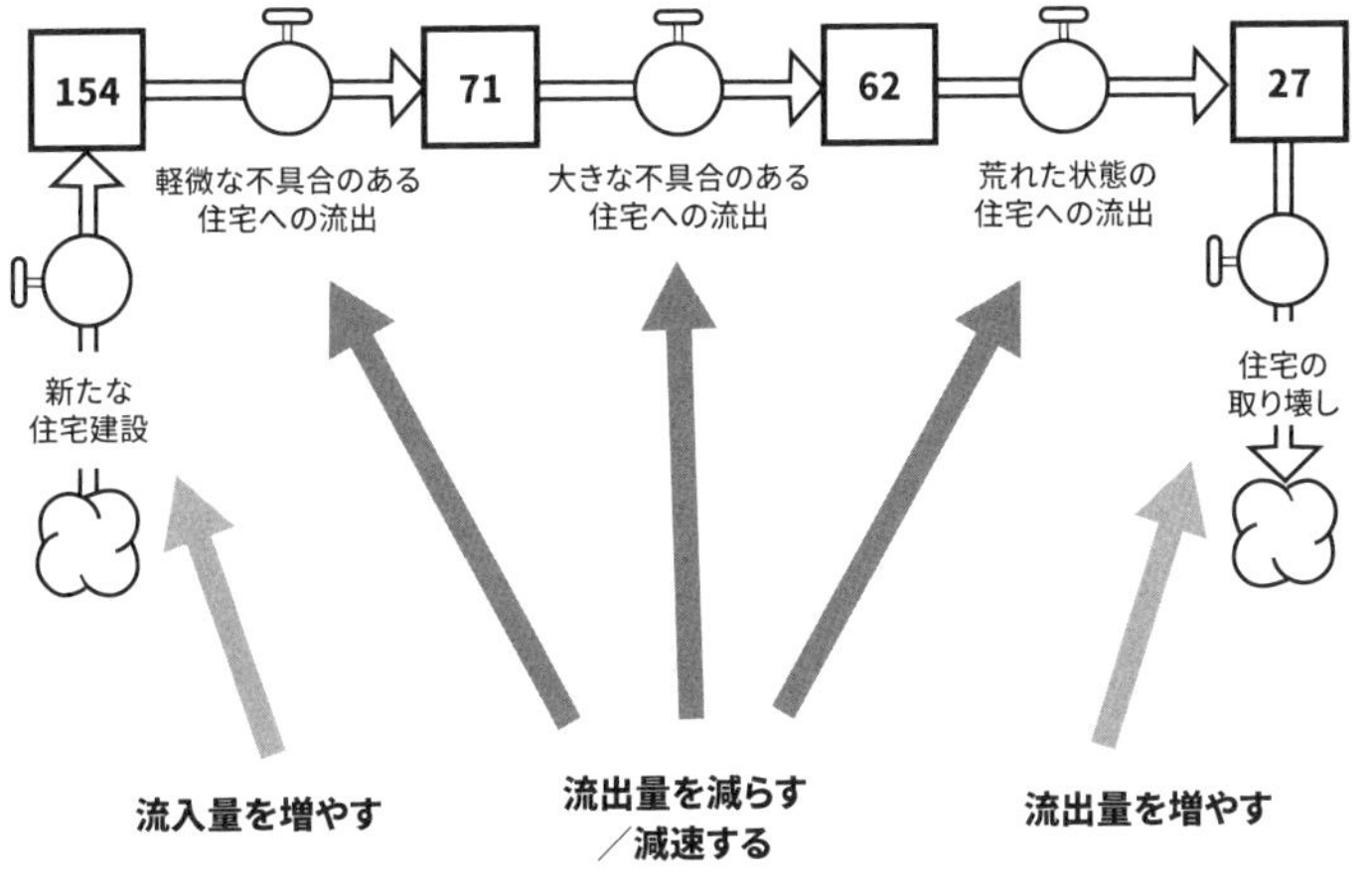

出典：Innovation Associates Organizational Learning

人々を支援する方法として、一時的な保護施設に依存していたことだ。実はそのことが、ホームレス撲滅に向かう能力を損ねていたのだ。フォークトンの場合、成長の限界の原型から得られた洞察は、コミュニティの住宅ストックをさらに生み出す戦略として二つの施策に落とし込まれた。

単純さと複雑さのバランスをとる方法

システム分析を行ううえでの難題の一つは、それが、人々が理解できるだけの**単純さ**と、その多様な視点と経験の豊かさを表現するだけの**複雑さ**を兼ね備えていなければならない、ということだ。この最後のセクションでは、このバランスを実現するいくつかの方法を見ていく。

- 一つの原型——ループは追加しない
- 一つの原型——同じストーリーを豊かにするループはすべて追加する
- 複数の原型——ループ図を二つ以上使う場合が多い
- バスタブ・モデル——単独、または一つ以上の原型と組み合わせる
- 相互依存図
- コンピューター・モデリングおよびコンピューター・シミュレーション

本書で述べてきた六つの事例のうち、コラボレイティング・フォー・アイオワズ・キッズに役

ダコタ・リソース・リージョナル・システムズ・エンゲージメント・パイロット：Dakota Resources Regional Systems Engagement Pilot

立った**予期せぬ敵対者**のストーリーは、ループを追加せずに原型を一つだけ用いて得られるひじょうに大きなレバレッジの最たる例だ（図7－10と図7－11を参照）。この場合でも、この原型には四つのループ――好循環、重なり合って入る二つの**うまくいかない解決策**、その重なりから生じている悪循環――が組み込まれているので、二段階（「協調の成功イメージ」と**予期せぬ敵対者**）に分けてストーリーを組み立てたのが効果的だった。

サウス・ダコタ州の手頃な価格の住宅に関する分析と、コネティカット州の幼児教育システムは、「一つの原型――同じストーリーを豊かにするループはすべて追加する」という方法の例である。手頃な価格の住宅の事例（図7－4から図7－6）では、ポンプを動かそうとしている成長エンジン（自己強化型ループ）が複数あり、それが複数の制限（バランス型ループ）によって弱められている。さらに、これらのループの組み合わせが、**成長の限界**という同じストーリーを物語る。幼児教育の事例では、図7－7から図7－9に、**強者はますます強く**の動態《ダイナミクス》をいっそう悪化させる複数の悪循環がある。

TAPIは、**うまくいかない解決策**（図7－1と図7－2）と**問題のすり替わり**（付録Cの図C－1）という二つの原型を用いて、収監歴のある人たちが直面する社会復帰の課題を説明する。

ちなみに、イスラエル・パレスチナ問題などのアイデンティティに基づく対立の解決に関心があるなら、**問題のすり替わり**、**バラバラの目標**、**エスカレート**という三つの動態《ダイナミクス》を組み合わせて対立が展開する様子を説明する、付録Cの三つのループ図（図C－2、C－3、C－4）を参照するとよいだろう。

バスタブ・モデルは、複雑性を理解するもう一つの方法であり、こちらの方が使いやすい場合もある。フォークトンの健全で活気ある住居環境を目指す取り組みの例（図7－13）では、このバスタブ・モデルが、単独でひじょうに役に立った。カルフーン郡のホームレス撲滅の事例（図7－12）では、図7－3に描かれている**問題のすり替わり**のストーリーを補足するためにバスタブ・モデルが用いられた。

より単純なストーリーテリングの形式を望む人は、複数の要素とそれに関連する組織をつなぐ別の方法として**相互依存図**が使えるだろう。一つの単純なやり方は、人々に、「まずは問題に影響を及ぼす多くの要素を列挙し、それからその要素間の関連性を見つけてください」と指示するものだ。図7－14は、ホームレス撲滅に対するそのような図の例である。

あるいは、図7－12のように、線形のインプット－アウトプットの図（つまりバスタブ図）を描くことによって、人々は自分たちの相互依存性を明確にすることができる。この図を描いたら、各関係者に、自分たちの活動が主に取り組んでいる要素や段階の上に、自分の組織を書いてもらうようにしよう。次に、より大きな全体像に目を向け、以下の質問についてじっくり考えるとよい。

● 私たちは、このシステムの中で誰の活動を支援するのか？

図7-14　ホームレス問題に関する単純な相互依存図

相互依存図は、活動がつながり合っている多様な利害関係者の、気づきを高めることが簡単にできる方法である。

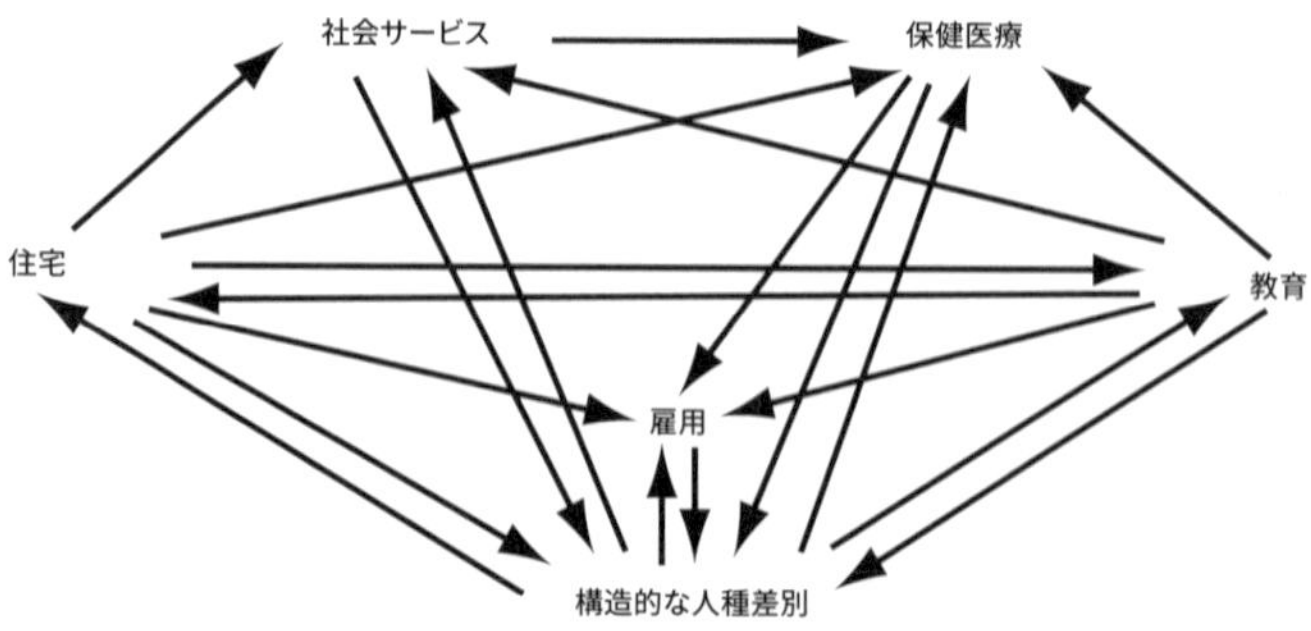

出典：Innovation Associates Organizational Learning

- このシステムの中で、誰の活動が私たち自身の活動を支援するのか？
- 現在の関係性のうちのどれが、私たちの改善に役立つだろうか？
- どんな新たな関係が、私たちの発展に役立つだろうか？

システムはその部分間の関係性を強化することによって改善するので、この単純な活動は、その後のプロセスを活性化するのにひじょうに効果的になるだろう。

一方、より多くの複雑性をとらえ、そのループ図が既知の挙動を表していることを確認し、さまざまな施策の選択肢を迅速に吟味し、さまざまなシナリオを描き、その結果を定量化することを目指している場合は、**コンピューター・モデリング**と**コンピューター・シミュレーション**が役に立つ。こういったモデルには、ストックとフローの両方の動態《ダイナミクス》に加えて、非線形で時間の遅れを伴う**フィードバック・ループ**も組み込まれる。[6] さまざまな選択肢が意味するものを利害関係者が容易に探求し、議論するのを可能にするシミュレーターを開発することができる。

何らかの形のシステム図を用いて全体像を描き、利害関係者を巻き込みながら、その図をできるだけ深く作ったり練り上げたりすることによって、人々はその問題についてより生産的な会話を促すことを学ぶ。新たな会話は、「個人の責任」「相互依存性」「時間的遅れ」「長期的影響と短期的影響との違い」「意図せざる結果」「局所的な最適化対システム全体の最適化」といった重要な要素を浮き彫りにするので、協調を高めることにつながる。このような会話を設計し促進することが、次章のテーマである。

まとめ

- 多様な利害関係者のグループから学ぶことによって、共通理解が形成されるだけでなく、システムの動作の仕方を変えるために必要な関係性も構築される。
- 気になることに耳を傾け、測定可能なデータと、そのデータに対する人々の解釈とを区別し、主な変数を特定し、見覚えのあるストーリーの筋（つまり原型）を探すことによって、情報を整理する。
- 利害関係者はシステム原型とバスタブ・モデルを用いて、なぜ自分たちの長期的かつ複雑な問題が存在しているのかに対する洞察を深め始めることができる。
- 人々が理解できるだけの単純さと、その多様な視点と経験の豊かさを表現するだけの複雑さを兼ね備えたシステム分析を行う方法は、少なくとも六つある。

8 今の現実に向き合う
――システムに命を吹き込むことによって支持を得る

たとえ**システム図**によって理解を構築できたとしても、人々は必ずしも自分たちが見出した洞察を受け入れるとは限らない。たとえば、〈アフター・プリズン・イニシアティブ（TAPI）〉（第3章）の合宿研修の参加者たちの中には、本当に意識の変容が必要な人たち――この場合は、大量投獄を支持する政策立案者――が参加していなかったので、この図の価値に疑問を投げかける人もいた。〈ライト・フロム・ザ・スタート〉（第7章）やその他の事例では、システム思考を知らない人たちにとってはなじみのない視覚的な言語で洞察が表現されるので、それをどのようにして伝えられるのかという疑問が出た。

システム図によって生み出される洞察は、受け入れるのも伝えるのも難しいことがままある。その理由の一つは、システム図は視覚的な形式のストーリーテリングだが、誰もが視覚で考えるとは限らないからだ。システム図が何を表しているかを説明しないと、図そのものは抽象的で非人間的なものにも見えるかもしれない。もちろん、図が伝えようとしているストーリーは、実はきわめて人間らしいものなのだが。さらに、たいていの図は、人々が必要だと考えている以上に、現在のシステムに対して責任を負うよう求める。そしてもう一つの理由は、たとえ人々がその図の意味するところを理解して受け入れるとしても、そうした図を見たこともない利害関係者《ステークホルダー》たちに、どうやってこの「外国語」を伝えたらよいかわからない場合が多いのだ。
こういった難題には、次のような方法で対処できる。

- できるだけ自分たち自身で分析するように関係者を巻き込む。
- 人々の行動に影響を及ぼすメンタル・モデルを浮き彫りにする。
- 気づき、受容、新たな選択を促す触媒的な会話を生み出す。

関係者を自身の分析に巻き込む

関係者を分析に巻き込むと、その作業に対する当事者意識が生まれ、正確性が高まる。**ループ図**を描こうとする場合、その取り組みの目標を念頭に置いて進めることが重要だ。まず、インタビューやフォーカス・グループ、既存の資料などをもとに、あなた自身で最初のループ図の草案を描いてみよう（第7章のループ図は、あなたが個人またはコーチと二人で分析できるかもしれない）。それから、運営委員会や設計委員会など、代表的な利害関係者から成る少人数のグループに、この仮のループ図がどのように彼らの理解を深めるか、またどのように強化できるかについてコメントを求めよう。

最初からあなたの所見を示すのではなく、どうすればこのグループが自分たちで似たような洞察にたどり着くかを考えよう。とくに彼らの状況に関連があるように思える**システム原型**の雛型（**問題のすり替わり**や**予期せぬ敵対者**など、第4章で紹介したもの）を見せ、彼らのストーリーを浮き彫りにする雛型にはめ込むように依頼することもできるだろう。または、付箋に主な変数を書き出していき、変数同士をつなぐ重要な因果関係の図を描いてもらってもよいだろう。関係者たちは、彼ら自身の洞察を深めた後なら、あなたの草案をより容易に解釈し、吸収し、改善することができるだろう。あなたが外部のコンサルタントで、プロジェクトの初期段階に少人数のグループで前述のような事前ワークができないことがあるかもしれない。そんな場合は、それでも大人数での作業にとりかかる前に、少なくとも一人以上のプロジェクト参加者に、仮のループ図についてのコメントを求め、それを練り上げるよう依頼するとよいだろう。

より大人数のグループに対してプレゼンテーションをする際、ストーリーを語ることで分析を場に着地させることから始めるとよい。たとえば、カルフーン郡の事例（第7章）で使われたストーリーの一つは、長年にわたって、コミュニティ内のさまざまな一時滞在の施設をぐるぐると回りつづけていた、ある男性を中心に展開した。関係者たちは、ホームレス保護施設、路上や森の中、病院、拘置所、知り合いの家のソファーなどを転々としていたこの男性が、自立してもっと恒久的な住居を見つけられるよう支援したかったが、関係者たちがどんなに思いやり、努力したとしても、それは不可能なように思われた。なぜこのコミュニティは、この一時滞在の施設の循環と脆弱性の継続をなかなか断ち切れないのだろうか？　より永続的で満足の得られる解決策を生み出すために、ほかに何ができるのだろうか？

ループ図を、答えを探す手がかりとして提供する前に、会話と学習のための触媒として位置づけることが重要だ。人々には、示したループ図が確実に彼らの経験を反映しているように、その図について後でコメントしてもらうと念を押しておこう。さらに、プレゼンテーションの最後にフィードバックや提案をすることも求めよう。私の経験では、プレゼンテーション中に気づいたことを書き留めておいてもらい、後でその会合が終わってから図に入れ込むのがいちばん簡単だ。

あなたのループ図を準備して示すときは、逆翻訳——つまり、その図を作成するのに用いられるシステム用語を、ふつうの言葉に言い換えよう。システム用語になじみのない人たちにとってループ図を使いやすいものにするためには、次のようにするとよい。

- まずは、ループ図から専門用語をすべて取り除いて書き直し、「**応急処置**」「**悪循環**」「**成長のエンジン**」といった日常の言葉でループの説明をする。農村部の手頃な価格の住宅供給の事例では、農業での比喩を連想させるために、自己強化型ループは「ポンプ」、バランス型ループは「漏出」と表現された。
- あてはまる原型を、特定の状況にある人たちだけのものとしてではなく、人間に共通するストーリーとして紹介する。こうすることで、人々はストーリーを理解しやすくなるし、その状態に陥っていることへの恥を緩和できる。
- 人々が行動を通じて実現したいと望んでいるのだと認めることによって、彼らの最善の意志に敬意を払う。たとえば人々が、飢餓を減らしたいと思っていて、食糧を送ることがそれを実現するための人間的で正しい方法だと信じている場合もあれば、自分たちのコミュニティを拡大したいと考え、新しい住宅を建設することが新たな住民と雇用を呼び込むカギだと信じている場合もある。

- それから、こういった最善の意志による行動は、考慮されていない要素や結果――とくに長期的なもの――が原因となって、どのようにして失敗するのかを示す。たとえば、これまでの章で見てきたように、飢餓を撲滅するために食糧援助を優先する人たちは、食糧価格を引き下げることによって、意図せずに地元の農業の発展を損なっている。また、数年後に、食糧援助で救済された幼い子どもたち自身が出産適齢期になったときに、急激な人口増加を生み出し、それによって、地元の食糧制度に欠陥があるため、いっそう深刻な飢饉につながることが多い。
- 「ビルド」（モジュール同士をつなげてより大きなモデルを開発する手法）を用いて、段階的にループ図を紹介する。たとえば、第7章で、いくつかのストーリーが段階的に展開する様子を示した。最初は協調の見込みを示し、その後に、潜在的なパートナーがどのように思いがけず敵対者になるかを示した**予期せぬ敵対者**のストーリーなどだ。ストーリーが展開し、深まるにつれて、それぞれのループ図のテーマがはっきり見えてくる。

この時点ではまだ、「そのループ図が正確かどうかはどうしたらわかるのか？」という疑問が残っているかもしれない。正確性を確立する一つの方法は、このセクションにある指針を用いてループ図を作成するよう関係者を巻き込むことだ。もう一つの方法は、そのループ図が、プロセスの最初に提示された重要な疑問に答えているか、そして「なぜ主要な変数が、時間の経過とともにそのような傾向を示すのか」を説明しているかを確かめる。三つめの確認方法はより直感的なものだ。役に立つループ図は、参加者の側に明らかな沈黙を呼び起こす。この沈黙は、次のようなさまざまな感情が湧き上がっていることを意味している。

- ウォルト・ケリーの漫画『ポゴ』の「敵を見つけた。それは私たち自身だ」というせりふの意味を理解することで得られる謙虚さ。
- 私たちはもはや、これまで通りのことをやりつづけても異なる結果を期待できない、と認識することからくる絶望感。
- 考え方と行動を変えることによって、これから先、より効果的な方法を見つけられるという希望。

ループ図がきっかけとなって、人々の理解を豊かにしたり広げたりするだけでなく、理解を根本から変えることもある。たとえば、〈TAPI〉の参加者にとっての画期的な洞察は、犯罪の数そのもの以上に、犯罪の犠牲者になるかもしれないという恐れが、刑事司法制度における挙動の原動力になりうるということだった。まったく異なる例だが、一九九〇〜九四年の内戦後、ブルンジ共和国で市民社会を再構築する取り組み（第3章）において、この対立のシステム分析を行ったNGOは、内戦を推し進めていた原動力は、ツチ人とフツ人のどちらが権力を握っているかということではなく、それぞれのグループのエリート層が民族意識を煽動して大多数の人を支配できたことだと断定した。

メンタル・モデルを浮き彫りにする

米国のコメディ女優リリー・トムリンはかつて、「現実とは、集合的な直感にほかならない」と言った。システム思考の一つの目的は、私たちの直感を顕在化して、私たちが心から大切にしていることをよりうまく実現するために、その直感を疑い、修正できるようにすることだ。同僚のマイケル・グッドマンはまさしく、「システム思考とは、**メンタル・モデル**を顕在化することだ」と言っている。私は、システム思考は集団的な瞑想の一つの形態だと考えている。私たちの思考が自分の役に立つものかどうか、じっくり考えられるように、思考のスピードを落とすのだ。

私たちの前提と信念が、私たちの経験する因果関係の多くを引き起こす。たとえば、組織の規模を縮小すると、残っているスタッフの意欲は下がるのか、それとも高まるのかを考えてみよう。明らかな答えは、人員削減によって意欲が下がる。なぜなら、ほかの従業員たちは「その時はいつ来るのだろう。次に首を切られるのは自分だろうか？」とか「結果として私の仕事量がさらに増えた。こんなに一人でこなせるわけがない」と思うからだ。その一方で、残っている従業員たちが「やっと役立たずがいなくなった」とか「私はこの職場で重要だと思われているのだから、今こそ自分のできることをもっと見せる機会だ」と考えて、意欲が高まる可能性もある。人員縮小と意欲の関係が弱体化を招くものになるか、建設的なものになるかを決めるのは、人によって異なる前提にほかならない。

こうした認知は、今の現実を説明する**氷山モデル**のもう一段深い部分に当たる（図3－2を参照）。参加者たちにループ図を見せたうえで「この動態《ダイナミクス》を生じさせる主な前提は何でしょうか？」という問いに答えてもらうことで、そういった認知を明らかにできる。まず、なぜ今の解決策や物事のやり方がうまくいくはずなのかについて、人々が抱いている前提を突き止めることから始めるとよい。その前提とは、「この手っ取り早い解決策は問題を解決するはずだ。なぜなら……だからだ」、または「この成長のエンジンは継続的な成長を約束するはずだ。なぜなら……だからだ」というものだ。

そして参加者に、できればそれぞれのメンタル・モデルをループ図上の要素に（因果関係のつながりの矢印に吹き出しをつけて）書き込んでもらおう。そして、どの利害関係者がその考えを抱いているかを明らかにするのだ。メンタル・モデルを直接書き込むと、システム図に命が吹き込まれる。[1]たとえば、図8－1は、ホームレスがなくならない原因となっていた、カルフーン郡のさまざまな利害関係者たちの抱くメンタル・モデルを示したものだ。どの利害関係者にも理に適った前提があり、その前提が思いがけず、彼らが解決したいと願っている問題そのものを生み出す原因となっていたことがわかるだろう。

中には、人々の前提が全体の動態《ダイナミクス》のひじょうに奥深くに埋め込まれているために、それらを別々に取り上げるほうが容易な場合もある。たとえば、コネティカット州の幼児教育システム（第7章）の再設計に尽力していた参加者たちは、幼児教育の問題に対して取りうる解決策の選択肢の

図 8-1　カルフーン郡の事例におけるメンタル・モデル

システム図にメンタル・モデルを書き込むことで、システム図に命が吹き込まれるだけでなく、その動態（ダイナミクス）が根強く続く理由を説明できる。

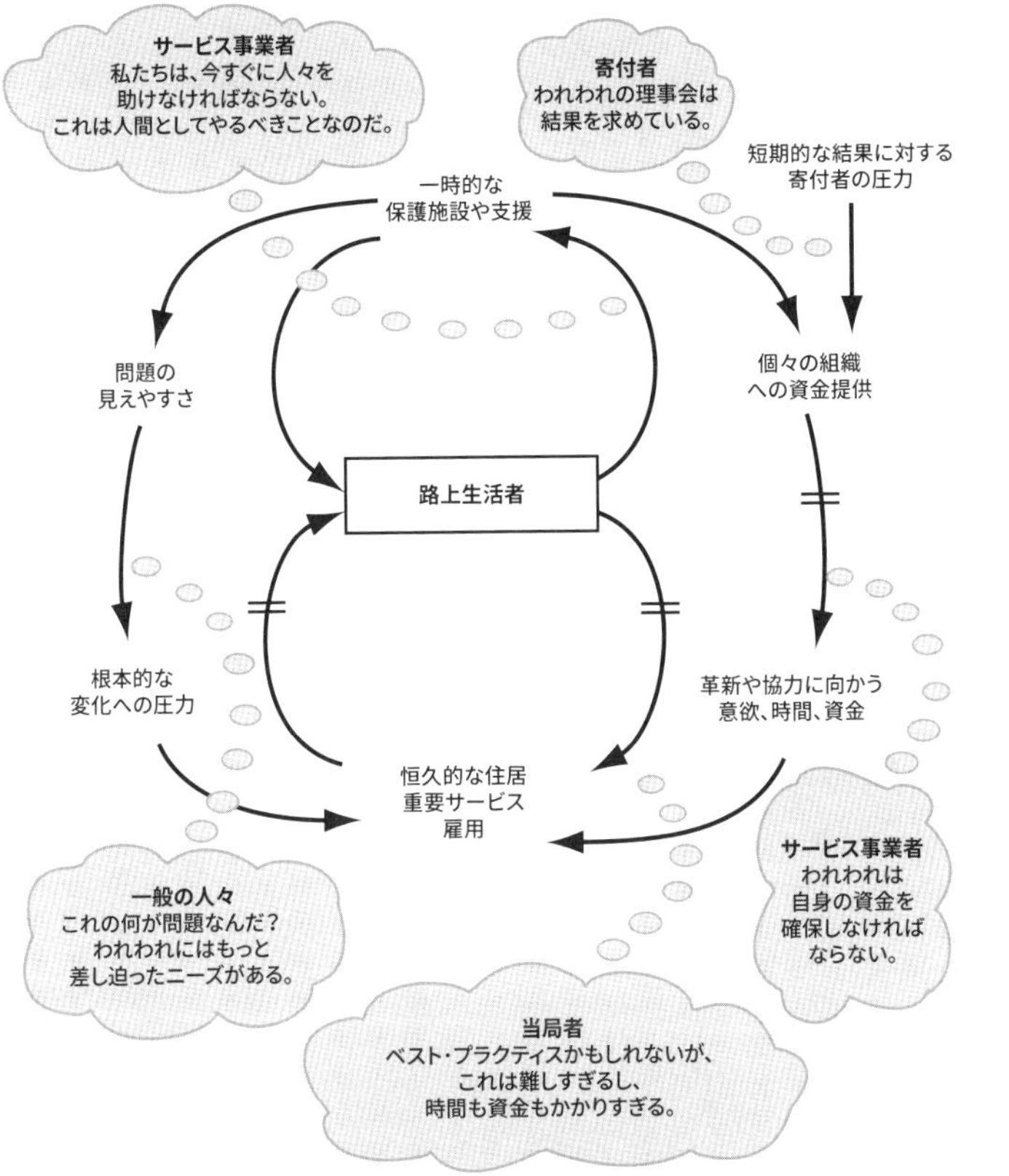

出典：Bridgeway Partners および Innovation Associates Organizational Learning

範囲を制約していたメンタル・モデルを発見した。自分たちの経験がその前提を否定する場合が多かったのにもかかわらず、そう思いこんでいたのである。彼らは、そうした自分たちの思考が、彼らの政治的なスポンサーの思考を反映していることに気づいた。それは次のようなものだった。

- 「非公式な仕組み（社会的ネットワークなど）よりも、公式の仕組み（新たな法律や制度など）が重視されるべきだ」
- 「新たなシステムに対する州政府の統制は、自治体の統制よりも重要だ」
- 「何が機能するかの評価において、定量的な指標は定性的な指標よりも重要である」

また、図の中にある吹き出しの範囲を超えて、さまざまな利害関係者が問題をどう見ているかをより詳細に記すことが大いに役立つこともあるだろう。その劇的な例として、医師で、ケンタッキー公衆衛生リーダーシップ研究所の元フェローであるジョン・ワルツの取り組みを紹介しよう。ワルツ博士は、喫煙をいかにやめるかという難題に直面している患者、医療従事者、政治家のそれぞれの視点の違いを明らかにした。ワルツ博士は、人々の多様な考えを要約する六つの異なるレンズ（つまりパラダイム）――拒否、恐れ、権利意識、自暴自棄、無学・機能的非識字、承認――について説明した（表8－1を参照）。私は、他のさまざまな問題に関しても、人々はこれらのパラダイムをもっているのではないかと思う。しかしながら、この中で建設的な解決策を約束するのは、「承認」というレンズだけなのだ。

触媒的な会話を生み出す

システム図とその根底にあるメンタル・モデルを探求する目的は、利害関係者たちが触媒的な会話を生み出せるよう支援することだ。こういった新たな会話は、限られたリソースについての議論や、誰が悪いのか、自分たち以外に誰が変わる必要があるのか、というおなじみの議論を再現するのではなく、気づきを深め、受容を培い、新たな選択肢を生み出すように設計される。人々は、システムをより包括的に、活用できるものとして捉え直し、その問題に対して自分が負っている責任を受け入れ、別のやり方がないかと問いかけて自分の視点を広げることを学ぶ。

気づきを深める

システム図は、利害関係者たちが、彼らの努力を損なう可能性のある、それまで気づかなかった相互依存性や長期的な結果を理解できるよう支援することによって、より深い気づきを生み出す。ループ図にメンタル・モデルを加えたり、会話をしたりすることによって、疑うこともなかった前提が浮き彫りになり、それについて吟味することができる。こういったインプットに基づいて、次のような問いが触媒的な会話を促進する。

医療従事者	政治家
「個人的には、あなたがやめようとやめまいとかまわないよ！　よくなりたいなら、今すぐそのタバコを捨てなさい！」	「人々が自分の命を捨てることをやめさせるためにわれわれの予算を全部注ぎ込むわけにはいきません！　この事態を掌握し、その責任を負うべきところに負ってもらわないと……タバコ会社に！」
「ほらごらんなさい。吸うのをやめなかったらどんどん悪くなって、術後の結果が悪いと私が責められることになるじゃないですか」	「人には、吸いたければ吸える権利があると思うし、小さなガンなんかにその選択の自由を邪魔させやしません！　この禁煙政策に賛成の投票をしたら議席を失うことになりますから！」
「やめないのであれば、あなたを前の担当医のところに戻さざるを得ないでしょう」	「私の地域の人たちはCAT スキャナーと救急車を欲しがっていて、それこそ彼らが手に入れるべきものです。人々は何人かの子どもが学校でタバコを吸おうと、そんなことは気にしません。とにかく、すぐに病院を建ててください！」
「今やめなかったら、本当に病気が重くなっても誰もあなたを助けるために何もできなくなりますよ！」	「この予防の取り組みに資金を出したら、われわれがすでに認可したことに振り向ける資金が残らなくなり、この州は破綻してしまいます！」
「誰もあなたのためにできることはないよ！　禁断症状を受け入れるしかないし、それから抜け出せやしないぞ！　絶望的だな！」	「どちらにしてもこのような予防の取り組みはどれもうまくいきませんよ！　カリフォルニアの統計を見ましたか？　あの州は、子どもへの禁煙教育に5億ドルを費やしたのに、同州の肺がん発症率はまったく変わってないんですよ！　われわれもあんなふうにお金を無駄遣いするつもりですか？」
「全力で取り組めばできると思いますよ。きっと助けになる方法を教えさせてくださいね！　ずっといっしょにやっていきましょう！」	「これは、ここケンタッキー州で公衆衛生の成功という長期にわたって残る遺産の象徴的な始まりです。いま禁煙に資金を投入することによって、私たちは今、そして将来、病気の負担を減らせるでしょう！」

表 8-1 禁煙をめぐるメンタル・モデル

	患者
拒否	「自分が吸いたいなら吸っていいんだ！ 私のおじいさんは死ぬまでタバコを吸ってて、肺気腫で死んだけど、あれは鉱山で働いていたせいだった」
恐れ	「私に吸うのをやめろって誰も言ってくれなかったんですが……先生、タバコで本当にガンになるんですか？ 私は、母が亡くなるときの様子を見ていました。自分があんなふうになるのを子どもたちに見られたくないんです」
権利意識	「やつらが禁煙補助薬を買ってくれない限り、私はずっと吸いつづけるさ……それで病気になったら、やつらを訴えてやる！」
自暴自棄	「吸ってたら死ぬってわかってるんだ……でもやめられないんだよ！ 催眠術か何かかけてくれないか……安心できるなら何でもあげるよ」
無学・機能的非識字	「講習を受けたけど、言われてることの半分しかわからなかったよ」
承認	「ずっとこうしたかったし、今度は自分のためにやるつもりだよ！ ぼくにはできるはずだ！」

出典：Jon H. Walz（整骨医、米国家庭医学会フェロー）の厚意による

- 解決のために最善を尽くしているにもかかわらず、その問題が根強く残っているのはなぜかについて、どんな新しい洞察が出現したか？　私たちはどのようにものごとを違う視点で見ているか？
- 何が意外だったか？
- 無自覚とはいえ、どのようにして私たちもその問題を生み出す一因となっているか？
- こういった動態《ダイナミクス》は、どのような課題を提起しているか？
- こういった動態《ダイナミクス》は、どのような新たな機会を提供するか？

特定の動態《ダイナミクス》について探求を促すような、より具体的な問いを投げかけることもできる。たとえば、裕福な生徒と貧しい生徒の教育格差の根本原因として、**強者はますます強く**の原型に気づいたある学区は、次の二つの問いについて考えることにひじょうに大きな価値があると考えた。

- なぜ恵まれた家庭の生徒の中にも、学校の成績が悪い生徒がいるのか？
- なぜ財力が限られた家庭の生徒の中にも、学校の成績が良い生徒がいるのか？

こうした問いのおかげで、その学区は、家庭環境にかかわらず、すべての生徒の成功を可能にする重要な成功要因があることに気づいた。その要因とは、生徒たちを信じるロール・モデルやメンターの存在、家族やコミュニティの支援の仕組み、レジリエンス（しなやかな強さ）と自制心、学習の個人差を尊重することであった。

受容を培う

気づきが高まるとともに、新たな課題が現れる。人々が最善を尽くしているにもかかわらず、なぜシステムは現在のように動作しているのかを理解するには、非難から責任へ、孤立から相互依存へ、短期的思考から長期的思考へと変わる必要がある。その第一歩は、自分も現在の動態《ダイナミクス》を生み出す原因になっていることを受け容れることだ。それが、相互依存と長期的な思考を支えるものだからだ。それは、自分に力を与える行為である。チャーチルが指摘したように、「力の代償は責任である」。

この受容を生み出すうえで、「思いやる」と「向き合う」という、正反対に思える二つの姿勢が人々の支えとなる。多くの問題は、無意識であるとはいえ、自ら創り出しているものなのだと認める思いやりが必要だ。たいていの人は、飢餓を増やしたくないし、ホームレスを永続させたくもないし、環境を破壊したくもない。誰もが、その時にもっている知識で、できる限りの最善を尽くしていることを前提にするとよい。一方、人々は自分たちが何をしているかがわからないことや、彼らが自分自身の最大の敵になりうるとあなたが認識していることも重要だ。人々は手っ取り早い解決策を実行し、短期的な改善が続くものと思い込んだり、あるいは成功のエンジンを創り出し、放っておいてもその成功は永久に持続すると思い込んだりする。これがそのシステム全体を最適化する最善の方法だという思い込みのもとに、システムの中の自分たちの部分を最適化しようとする。

気づきと受容を高めることは、他者を責める代わりに自分自身を責めることではない。むしろ、それは、人々が心から大切にしていることをより多く実現できるようにしてくれる。なぜなら、（他者を変えるというアイデアにどれほど心が傾くとしても）結局のところ、自分を変えるほうが容易だからだ。私たちは経験から――「愛の鞭」や「非情な思いやり」について語るときなど――思いやることも向き合うことも変化に不可欠の要素であることを知っている。

会議の主宰者やシステム変革のファシリテーターとしては、軽蔑なく向き合える場を醸成することも重要だ。向き合うとは、人々が、あなた自身にとってだけでなく、彼らにとっても本当に大切なことを実現するのに役立つ行動に気づくことだ。向き合うことは思いやりの上に成り立っている。一方で軽蔑は、その人たちにとって何が大切かと関係なく、他者を辱めてあなた自身のためになる行動をとらせようとするものだ。軽蔑は、権力を握っている人に現れることが多く、変わろうという意欲よりも防御の姿勢を呼び起こしがちである。

軽蔑的と目されることが多いグループの一つが議員だ。彼らの行動は、再選されたいという気持ちだけに突き動かされているように見られることが多い。たとえば、有権者の最善の利益ではなく、公衆の恐れと短期的な利益に訴えるような行動だ。私はかつて、ある下院議員にこの懸念について話をした。この議員は、概して保守的な自分の選挙区のために二〇年間、立派に勤めを果たし、その後、その州の非営利の経営協会の会長になった。私は彼に、再選されることと、より大きな善に役立つという彼自身のより高い価値観との間の緊張を、どう舵取りしたのかと尋ねた。彼は、再選されることは、有権者に仕えるために必要な条件、つまり基準線と考えていて、そのこと自体を最終目的とは考えていないと言った。類似して、有名な経営理論家のピーター・ドラッカーはかつて「私たちが呼吸をするには酸素が必要だが、呼吸することが私たちの目的ではないのと同じように、利益はビジネスの成功の必要条件ではあるが、ビジネスの目的ではない」と述べた。私は、多くの議員が、「人々は、目先の自己利益によってのみ突き動かされる」と思い込んで見下すことによってではなく、自分のより高い価値観に訴え、その文脈の中で票を得るのに役立つ方法について考えることを基準にして動くこともできると思っている。

考えが甘いと思われるといけないので、権力構造に対峙すると同時にそれに共感も示したマーティン・ルーサー・キングやネルソン・マンデラのようなリーダーたちのことを考えてみよう。彼らは、人間の尊厳と、権力のある人たちのより高い志に訴え、そのうえで彼らと手を結ぼうとした。最初の戦略として協調が失敗すると、「火をもって火と戦う」ことも厭わなかったが、対峙する相手がパートナーとして行動する意志を示すと、再び協調することにしたのである。

新たな選択肢を生み出す

新たな解決策を策定しようとする人々の意志と能力は、気づきと受容の上に築かれる。なぜこれまでの解決策がうまくいかなかったのかを自覚するようになり、そういった失敗に対する自分の責任を受け入れるとき、人々は真に新たな考え方や行動の仕方を考える準備が整うのだ。

本章のここまでのステップに従ってくると、人々は自然と新たな解決策について考え始める。この時点で新たな思考を促すのは悪くない。だが同時に、行動を起こす前に考えるべき要素がもう一つある。それは、人々の根底にある意図だ。大部分の人には、注力したいことが複数ある。たとえば、より目先の自己利益を満たしたいという欲求と、より高い志を実現したい欲求などだ。これらが競合するとき、私たちは、前に進もうとしても結局は別の方向に引っ張られてしまい、両者の間で板ばさみを味わうことになる。

次の章は、人々がこういった引力についてより詳細に探求し、板ばさみ状態を解消するのに役立つ方法を説明する。その方法とは、システム図の考察で得た気づきに基づいて、それぞれの短期的な利益も満たしつつ、今後の行動と志を合致させる方法を見つけるのを支援することだ。これによって、長く続く変化を起こすためのエネルギーを十分に引き出すことができるのだ。

まとめ

- システム図を描くことで、なぜ最善を尽くしているにもかかわらず失敗を繰り返してきたのかについての理解を深めることができる。一方で、得られた洞察に基づいて行動するよう人々を動機づけるのは必ずしも容易ではない。
- 関係者がシステム思考の力を十分に活用できるよう支援するためには、できるだけ自身も分析を行うように関係者を巻き込むことが重要である。

● システム的な洞察を、この考え方になじみがない人たちにとって使いやすくする方法がある。
● システムの動態《ダイナミクス》を形作るメンタル・モデルを突き止めることで、分析に命が吹き込まれるだけではなく、こういった動態《ダイナミクス》を変えるためのレバレッジの根源にたどり着ける。
● システム図を描くことの究極の目的は、触媒的な会話を創造することである。
● こういった会話は、それが気づきを深め、受容を培い、新たな選択肢を生み出すときに、最も生産的なものとなる。

9 意識的な選択を行う

ここまで見てきたように、複雑な社会問題の解決に関わる包括的なチームによる作業では、多様な利害関係者《ステークホルダー》を——たとえそれぞれの個人的な意図が異なるものだったとしても——共通の公共の目的に向かって協調させる必要がある。たとえば第6章のホームレスの問題では、グループ内にいつも現れる対立があった。それぞれの人にとって、いちばんの関心事が異なっていたのだ。議員にとっては、有権者の支持を保つためにはコストの抑制が心配の種だし、中心街の商店事業主たちは、路上生活者たちを自分たちの店先から遠ざけておくことに神経を使う。そして保護施設の運営者は、自分たちへの補助金を確保するために、ベッドを埋めることに邁進する。こういった異なる関心事を協調させるために、第6章で述べたような手法を用いて、人々の共通の志と、現状の姿を明確にすることによって、共通の基盤を確立してきた。だがこの作業はそこで終わりではない。

共通の基盤を確立することはひじょうに重要だが、それだけでは、人々をその人自身と協調させるというさらに深い課題を見落としやすい。さまざまな利害関係者が抱く懸念は多様であるため、人々が互いと協調することだけでなく、それぞれの利害関係者がもつ最高の志と、その人自身の眼の前にある自己利益を協調させることが難しくなるのだ。

多くの人が、自分がいちばん大切に思っていることと、短期的な目標のどちらを優先するか、というジレンマを抱えている。[1] 私たちは、自分の神聖な善意を実現したい一方で、経済的安定、財産、承認といった、より基本的な欲求を確実に満たそうともしている。また、誰かを差し迫った苦しみから解放したいと願うことさえも、その人が自分の力で安定を得て、充足した生活を長期的に送れるよう支援することとは相反するのだ。このようなとき、人々が自分の最高の志を実現するのを――とりわけその志が、彼らのより差し迫った懸念と異なるとき――どのように支援するべきなのか？　それが、社会変革を望む人たちが次に考えるべき問いとなる。人々が心の底でいちばん望んでいることを優先して意識的な選択をできるようにするには、どうすればよいのだろうか？

その答えは、人々が、それぞれの志と今の現実の両方と、より密接につながることだ。それは、氷山の奥底にある二つの目的、つまり人々を奮い立たせる目的と、それに反する日常的な活動の目的を解明することで可能になる。両方の目的に対する自覚が深まれば、それぞれの目的達成の便益だけでなく、潜在的なコストも十分に認識できるようになる。そうすることで、もっと高い意識で志の実現に力を尽くせるようになるのだ。多くの利害関係者を、彼らが目指す目的と最大限に連携させるためには、十分に納得したうえでの選択が重要だ。そのためには、目的の実現のために必要なことは何かを、理解する必要がある。この選択が転換点となって、意味のある変化に向けて人々のエネルギーが合致していくのだ。

この協調を生み出すためには、四段階のステップがある。

❶既存のシステムによる見返り、つまり現状を是認する議論《ケース》を理解する。

❷現状維持《ステータス・クオ》の議論と、変化を支持する議論を対比する。
❸長期的な便益と短期的な便益の双方に寄与する解決策を生み出す――あるいは意味ある変化を起こすには、何かを手放す必要があることを認識して、いずれか一つを選択する。
❹現状維持の議論を弱め、変化を支持する議論を強めることによって、より高い目的を優先した意識的な選択を行う。

既存のシステムからの見返りを理解する

システムは、現在実現している結果を出すために、完璧に設計されている。[2] こんな前提はありえない、と思うかもしれない。既存のシステムがいかに機能不全に陥っているかは明らかだからだ。たとえば、どうして人々が、ホームレスを持続させたり、飢餓を深刻化させたり、子どもの学習能力を損なったりするシステムを設計したいと思うだろうか？　しかし、システム分析から出てくる答えは、人々が実現しつつあるのは、彼らが口にする望ましい未来ではなく、彼らが今望んでいることそのものだ。彼らは**既存のシステムからの見返り**、つまり便益を受け取っていて、**変化がもたらすコスト**を避けているのだ。

既存のシステムからの見返りとは、応急処置による短期的な症状の緩和や、それによって得られる満足感などだ。無自覚のうちにホームレスを持続させているシステムにおいて、ほかにどんな見返りがあるだろうか。たとえば、「人々を路上から遠ざけたり、市民の目に触れないようにしたりする一時的な保護施設のために、問題が見えにくくなっている」「いくつかの形態の保護施設があるために、問題の深刻さが低減している」「保護施設の運営者と資金提供者のどちらも、自分たちが困っている人々を助けているという良い気分になれる」「保護施設のシステムへの資金提供が継続する」などがある。

人々が避けたがる、変化がもたらすコストについて考えてみよう。たとえば、「財政的な投資」「新たなスキルを学ぶことや、したことのない作業を始めることの苦労」「単独で行動する代わりに、相互依存的に行動しなければならない煩わしさ」「辛抱強く投資を待って、長期的に便益が出ることを実証する労力」などがある。ホームレス撲滅の場合、人々が避けているコストは、「安全で手頃な価格の恒久住居への投資」「保護施設の閉鎖」「人々のミッションと仕事の大きな改変」「以前ホームレスだった人が隣人になるかもしれない、という市民の恐れへの対処」「恒久住居に適応できないかもしれないという、路上生活者自身の恐れへの対処」などだ。

既存の保護施設のシステムからの便益と、それを変えることのコストが組み合わさって、人々がホームレス問題に耐えられるよう手を貸しているという現状維持の議論を生み出す。だが、この現状維持の議論が実は、ホームレス問題をなくすという自らが公言する目的の実現を遠ざけているのだ。

現状維持の議論と、変化を支持する議論とを対比させる

変化を支持する議論には、**変化がもたらす便益**と**変化しないことがもたらすコスト**が含まれる。

これは、変化しないことがもたらす便益と変化がもたらすコストよりも明確にしやすい場合が多い。人々はすでに、望ましい未来に対する自分のビジョンについては考えてきたし、問題に対処がなされない悲観的な未来を想像することもできる。

変化を支持する議論を構築するために、「あなたのビジョンを実現することでどんな便益が得られるでしょうか」と人々に尋ねてもよい。地元市民や社会全体にとっての便益、パートナーや他の利害関係者にとっての便益、そしてその人たち自身にとっての便益だ。（ホームレス状態に耐えられるようにするのではなく）ホームレスをなくそうとする取り組みに関わっている人々は、こう答えるかもしれない。

- 緊急対応や慢性的なホームレスに関連した社会サービス（保護施設、病院の支払い、薬物中毒の治療）にかかる費用が削減できる。
- 失業して住居の費用が払えずに、一時的にホームレスになる人たちの失業給付の費用が減る。
- ホームレスを減らすベスト・プラクティスの条件を満たすことで、州や連邦政府の資金提供を受けられる。
- 恒久住居を提供することによって、良い気分になれる。

その次に、変化しないことがもたらすコストを人々に理解してもらうために、「あなたにとっての悪夢のシナリオを描いてみてください」と依頼しよう。今、何も行動を起こさなかった場合に起こりうる最悪の事態を説明してもらうのだ。ホームレスをなくすために活動している人々にとって、変わらないことがもたらすコストは、以下のようなことだ。

- 前述の費用がすべて増えつづける。
- ベスト・プラクティスを実施するための政府の条件を満たせないことによって、資金提供を受けられなくなる。
- 市街地を歩行する際の体験の質が低下して、経済が衰退する。

人々が、変化を支持する議論を現状維持の議論と比べられるよう支援するためには、表9－1に示すような便益・コストの表を完成させるとよい。

この便益・コストの表は、最善を尽くしているにもかかわらず変化が起こっていない理由について、より深いレベルで理解するのに役立つ。この表によって、表面に現れにくい現状維持の議論が明らかになる。この議論は今のところ、変化を支持する議論を抑えて、現状を持続させるだけの勢いがあるのだ。

表 9-1　ホームレスをなくすための便益とコストの表

変化を支持する議論	**現状維持の議論**
変化がもたらす便益 ・緊急対応、保護施設、医療、薬物中毒の治療、失業給付にかかる費用が削減できる。 ・政府の資金を受け取れるようになる。 ・人々に恒久住居を提供することによって良い気分になれる。	**変化しないことがもたらす便益（既存システムからの見返り）** ・問題が見えにくくなる。 ・問題の深刻さが低減する。 ・困っている人々を助けているという良い感情をもてる。 ・保護施設のシステムへの資金提供が継続する。
変化しないことがもたらすコスト ・前述の費用がすべて増えつづける。 ・政府の条件を満たせないことによって、資金提供を受けられなくなる。 ・市街地を歩行する際の体験の質が低下して、経済が衰退する。	**変化がもたらすコスト** ・安全で手頃な価格の支援つきの恒久住居への投資。 ・保護施設の閉鎖、または人々のミッションや仕事の変更。 ・一般市民の恐れへの対処。 ・路上生活者の恐れへの対処。

出典：Bridgeway Partners および Innovation Associates Organizational Learning

両立させる解決策を生み出す――または取捨選択を行う

理想的には、ケーキを今食べたいが、同時に後のためにとってもおきたいものだ。人々は、現状から得られる便益を保ちながら、変化した場合の便益も実現したいと思う。確かに、両立させる解決策が見つかるのがいちばんだ。解決策を生み出すために、「ポラリティ・マネジメント*1」などたくさんの手法が活用できる。[3] ホームレス支援の取り組みを見てみると、地域に根差した支援機関は全米に何百もある。その内容は、「ストリート・アウトリーチ*2」、緊急保護施設（最も恒久的な対策からかけ離れる）、暫定的住居（のちに恒久住居に移れるよう支援する）、迅速な新居の提供（すぐに恒久住居に移り住めるようにする支援。通常は民間の物件）、支援つきの恒久支援住居（慢性的な路上生活者のための支援サービスのついた、安全で手頃な価格の恒久住居）、そしてサービスのみの提供があるだろう。システム全体に、「できるだけ迅速に人々に恒久住居を提供しよう」という意識が行き渡っていれば、こういった取り組みすべてに存在の余地がありうる。

だが、より多くの場合、人々は取捨選択を行わなければならない。自分の志は、少なくとも今得ている何か一つを犠牲にする価値があるかどうかを、決めなければならないのだ。何かをもっと得るために何かを手放したくはないものだが、私たちは「痛みなくして得るものなし」ということも、「ただで手に入るものはない」や「将来のために今投資せよ」が正しいこともわかっている。システムは、（たとえば、長期的な効果を損なう応急処置によって）**悪くなる前に良くなる**という挙動の傾向を見せるだけでなく、その逆もまた真である。物事はしばしば、**良くなる前に悪くなる（または、**

*1　ポラリティ・マネジメント：意見や人間関係が対立や矛盾に陥ってしまい、どちらが正解か決められない場合、物事を「解決可能な問題」と「マネジメントすべきポラリティ（対立軸）」に区別することで、よりよい対処法を見つけることを目指す手法。

*2　ストリート・アウトリーチ：路上生活者になったばかりの人に対して、食料、衣料、医療キットなど即座の生活に必要なものを提供しつつ、カウンセリングなどによってホームレス状態が長引かないように支援する活動。

より困難になる）ものなのだ。私たちは、さらに欲しいものを手にするには、心地よさや安全や独立性など、何かを手放さなければならない。それどころか、そうした現状による便益を手放そうとしない姿勢は、変化にとって最大の障害物である。

米国で最も尊敬を集めている保護施設の一つ、〈ボストン・パイン・ストリート・イン〉の理事長であり事務局長でもあるリンディア・ダウニーは、ホームレス問題に真に取り組むためには、自分たちのミッションを完全に変える必要があると気づいた。[4] 保護施設利用登録のある路上生活者の五パーセントに過ぎない人たちが、来る日も来る日もベッドの過半数を占めていたのだ。つまり、この人たちは、恒久住居を最も必要としている、慢性的な路上生活者なのだ。そしてリンディアは、理事会の説得に動いた。それからは、路上生活者に迅速に恒久住居を提供し、その後、必要に応じてサービスを提供する「住居第一《ハウジング・ファースト》」へ重点を置いた。さらに、この組織のミッションを、「緊急保護施設の提供」から、「不動産開発と土地所有」に変えるべきであると説得し、認められた。その結果、一部の保護施設を閉鎖し、代わりに住宅を買うためにリソースを振り向けることになったが、それに関わった理事会と職員の双方にとって、「心中穏やかではない」決定だったとリンディアは振り返っている。

大都市の路上生活者に医療サービスを提供するＮＰＯの最高執行責任者（ＣＯＯ）は、彼女の地域でホームレス問題に取り組むあらゆる利害関係者たちとともに、**システム図**を作成する演習に参加した。彼女はシステム図で、自分の組織が、大きなシステムのどこにいるのかを再認識した。そして組織に戻り、同じ日に開かれた会議で、理事長と理事たちにこう問いただしたのだ。「この

ボストン・パイン・ストリート・イン：
Boston's Pine Street Inn

問題解決の全体が成功するために、私たちが組織として手放すべきことは何でしょうか？」。私はこれほどきっぱりとした主張を聞いたのは初めてのことだった。また、この表現自体が、ひじょうに力強いものだと感嘆した。

パイン・ストリート・インの事例のように、時として最大の挑戦は、自己イメージを捨てて、別のイメージで置き換えることから始まる。

- アイオワ州の地域教育局と自治体の学区は、「管轄地域の生徒たちのみに対して責任を負っている」という自分たちのアイデンティティを捨てる必要があると気づいた。州全体の教育成果を改善するために、各機関の独立性をある程度手放し、相互依存の力を利用する必要があった。
- 大都市の食品安全性に関する規制当局は、飲食店のオーナーに対するその役割を、「規制の執行者」から「情報提供者およびコーチ役」に変えることがより効果的であると気づいた。
- 郡の公衆衛生局が、その役割を「距離をおいた専門家」から「コミュニティ主導プロセスの促進者」へと変えることで、貧しいコミュニティの健康状態を改善する能力を高めた。

意識的な選択を行う

まずは現状維持の議論を弱め、次に、変化を支持する議論を強めることによって、現状を手放しやすくなる。

システム図は、人々の現在の考え方や行動が、いかに標榜する目的を、実現から遠ざけているかを示すことによって、自然に現状維持の議論を弱められる。たとえば、ホームレス状態に耐えるための緊急時対応システムは、知らず知らずのうちに、ホームレスをなくすことから注意とリソースをそらしている。アイオワ州の幼稚園〜高校の教育を部分ごとに最適化することは、すべての子どもたちの教育成果を改善する能力を犠牲にする。また、飲食店に食品の安全性を高めるように強要ばかりしていては、必要な協力を得られにくくなる。

変化を支持する議論を強めることには、二段階のステップがある。それを通じて人々は、自分が最も実現したい志とのつながりを深めるのだ。その第一段階は本質的に**受容的**なものだ。人々に立ち止まるよう促し、最も真正に自分を召喚する声に耳を傾けることを後押しする。オットー・シャーマーは、その先駆的な著書『U理論』の中で、このことを「**プレゼンシング**」と表現している。[5] シャーマーはこう書いている。

> プレゼンシングとは、**sensing（感じ取る）**と**presence（存在）**の混成語で、最高の未来の可能性の源《ソース》とつながり、それを今に持ち込むことである。プレゼンシングの状態へと移っていくと、我々は自分次第で現実になりうる未来の可能性からものを見るようになる。その状態に入ると、我々はほんとうの自分、正真正銘の自己である真正の自己《オーセンティック・セルフ》へと入っていく。
> （『U理論』、二二五ページ）

『U理論――過去や偏見にとらわれず、本当に必要な「変化」を生み出す技術』（C・オットー・シャーマー著、中土井僚、由佐美加子訳、英治出版、2010年）

プレゼンシングが呼び起こす、深い自己とのつながりは、さまざまな知恵の伝承の中でさまざまに表現されている。シャーマーはそれを、生態系中心の考え方と表現しており、有名な哲学者マルティン・ブーバーは、「世界に存在していることの流れに耳を澄まし……それが望む通りに具現化させせよ」と説いた。「私たちは何に召喚されているのか」という問いは、「私たちは何を創り出したいのか」という問いとは大きく異なる方向に人々を導きうる。後者の問いには、人々をより自己中心的な場所に集中させる危険性がある。

変化を支持する議論に向けて人々のつながりを深めるステップの第二段階は、本質的に**能動的**なものだ。それは、人々が、自分に深く呼びかける理想の未来を心に描くことを後押しする。ビジョンを描くための以下の指針は、この創造的なプロセスの名人であるロバート・フリッツによって作られた原則に基づいている。

- あなたが望むことと、あなたが可能だと思っていることを、切り分ける。
- あなたが望まないことではなく、あなたが望むことに焦点を合わせる。
- プロセスではなく、結果に重点を置く。
- あなたの望む結果を含める。
- ビジョンを現実かのように見る／経験する。

その後、ビジョンが実現した未来の理想的な状況について描写してもらうために、いくつかの質問をする。

- あなたが奉仕したい受益者たちはどのように奉仕されているか？　受益者は何をし、何を見て、何を感じ、何を聞き、何を言っているか？
- 受益者たちのために尽くすことは、他の利害関係者や社会全体にどのように寄与するか？
- あなたたちはグループとして、今と異なるどんな行動をとっているか？　あなたたちは、何を見て、何を感じ、何を考え、何を聞いているか？
- あなた個人は、今と異なるどんな行動をとっているか？　このビジョンを実現することは、最高の自分となることにどのように役に立つのか？

深い傾聴とビジョンづくりの両方を通じて、現状維持の議論を弱め、変化を支持する議論に人々をより密接につなげることによって、人々は、自分の最高の志を優先した意識的な選択ができるようになる。

それでもまだ人々が協調しないとき、何ができるか？

前述の四段階のステップを通じても、多様な利害関係者が必ずしも協調するようになるとは限らない。その一つのシナリオとして、人々がいっしょに何かを構築する共通の基盤を見つけられない、という事態が起こりうる。この場合、第6章で提案した選択肢を思い出すとよいだろう。

- 他者の懸念を正当なものと受け入れて、それに対処する。その後に、信頼を得ている第三者を通じてその人たちに影響を及ぼしたり、プロセスのきわめて重要な局面でその人たちを巻き込んだりする道を探ることによって、間接的に協働する。
- 協働できない相手を回避して対処する。
- 政策提言、立法、非暴力による抵抗などの手段を通じて、その人たちに反対する。

また、変化を起こすための新たな行動指針について、すぐに全員の意見が一致する必要はないと心得ることも重要だ。エベレット・ロジャーズのイノベーションの普及に関する有名な研究によると、態度の変化は集団全体に徐々に広がるものであり、イノベーターと早期導入者《アーリー・アダプター》を構成する一五パーセントの人々が、他者に追随させる推進力を十分に生み出すことができるという。[6]

もう一つのありうるシナリオは、人々が現状維持の議論と変化を支持する議論をよく吟味した結果、自分たちがあきらめつつある未来を十分に理解したうえで、現状を維持することを慎重に決めるというものだ。これは確かに有効な選択であり、彼らは意識的にそれを選んでいる以上、現状とうまくやっていくことを勧めるしかない。彼らが自分自身を変えなければ、何一つ変わらないであろう。つまり、望ましくない側面も含めた今の現実を、すべて受け入れるということだ。

まとめ

● 人々の日常の行動が、彼らが最も実現したい志と協調していないと、共通の基盤を構築するのは難しい。
● 変革のプロセスにおいて、人々が心の底で最も望んでいるものを優先した意識的な選択をするのを促す。
● 四段階のステップを後押しすることによって、彼らが今の自分の挙動を、自ら認める目的と合致させるのを可能にできる。
❶ 既存のシステムからの見返りがあることを理解する。
❷ 現状維持の議論と、変化を支持する議論とを対比させる。
❸ 両立させる解決策を生み出す。または取捨選択を行う。
❹ 人々のより高い目的を優先した意識的な選択を行う。
● こういった段階を経た後に利害関係者たちが協調しない場合でも、取りうる選択肢はある。

10　乖離を解消する

大規模な病院ネットワークを運営する、ある非営利組織の事例を紹介しよう。この組織の医療情報部門には、明確で力強いビジョンがあった。「医療情報学に関する最先端の知識を、ネットワーク全体の臨床情報システムに確実に行き渡らせる」というものだ。この部門のメンバーには、医師と大学院卒以上の情報システムの専門家がおり、全員が、自らが望む貢献に対して情熱を抱いていた。だが、上層部からの強力な支援にもかかわらず、その部門はいくつかの問題に直面していた。ゆるやかな連合体の中の各病院に、医療情報部門の考えを浸透させるのに労力を費やしていたし、病院に約束していた質の高いシステムの供給も滞っていた。その結果、職員は疲弊しきっていた。無理な約束をして、期待通りの結果を出せずにいたのだ。

働きすぎという課題は、社会的使命に奉仕する人々に限ったものではない。[1] だが非営利組織は、高い志をもっていること、限られたリソース、進捗を測る難しさという性質そのもののために、人々を奮い立たせるだけでなく、疲弊させもする。何かをすれば、それがどんなことであっても、ボールを前に動かすように思えるので、戦略的に重点を絞ることやエネルギーを持続させることにほとんど注意を払わず、できることはすべてやろうとする。寄付者が財団の助成先に関して現実離れした高い期待を抱き、非営利組織が助成金を勝ちとりたいがために寄付者の期待に同意すると、多くをやろうとしすぎる傾向は悪化する。目標は上がりつづけ、優先事項が増え、質が悪くなり、取り決めた課題を達成できないと緊張が高まる。

知っておいてほしいことがある。システムが変容するのに、たくさんの変化は必要ない。たった二つか三つの変化に絞って、時間をかけて取り組むことによって、システム全体は十分に変わりうるのだ。このような変化は、**構造のツボ**《レバレッジ・ポイント》と呼ばれる。なぜなら、限られたリソースにレバレッジを効かせて、最大限の、長期的なインパクトをもたらすものだからだ。より多くを行ってわずかなことを達成するのとは逆に、そのような施策に絞り込んで取り組む組織は、実質的により少ない努力でよりよい結果を得る。自分たちが今どこにいるのかを明確にし、本当に望んでいることに（そこに到達する過程での取捨選択も理解して）意識的に力を尽くしている状態ならば、次は構造のツボ《レバレッジ・ポイント》を見つけて、理想と現実の乖離を解消し、学習と効果の波及を継続するためのプロセスの確立に取り組むことになる。

レバレッジの効いた介入策を見つける

ドネラ・メドウズは、そのすばらしい著書『世界はシステムで動く』の中で、一二の構造のツボ《レバレッジ・ポイント》を影響《インパクト》の小さい順に列挙している。[2] 本章では、社会変革に尽力している人々にとって、とくに有用なものを紹介する。

『世界はシステムで動く――いま起きていることの本質をつかむ考え方』（ドネラ・メドウズ著、枝廣淳子訳、英治出版、2015年）

- システムが現在どのように機能しているかについて、気づきを高める。
- 重要な因果関係を「配線し直す」。
- メンタル・モデルを変容する。
- 目的を支える目標、測定基準、インセンティブ、権限構造、資金調達の流れの一貫性を保つことによって、選択した目的を強化する。

気づきを高める

行動することが当たり前となった人々は、ドワイト・アイゼンハワー大統領の言葉だとされている「むやみに何かをしてはいけない。まずじっとするのだ」と助言されると奇妙な感じがするだろう。解決策を明確にし、直ちに実行したくてたまらない人たちは、変化を起こすための、より深い洞察の力を認識できないことが多い。新約聖書に書かれているように、「真理はあなたがたを自由にする」（ヨハネによる福音書第八章第三二節）。

本書の手法は、「今の現実に向き合う」という段階自体が、変化の重要なきっかけであるとみなしている。現実に向き合うとは、次のようなことだ。パフォーマンスに影響を及ぼすような、無自覚な相互依存の関係性を明らかにする。ある行動がもたらす短期的影響《インパクト》と長期的影響《インパクト》の違いを正しく理解する。その問題を持続させている責任が自分自身にもあることを認める。そして、現状から得ている利益を認識することだ。前述の医療情報部門は、自分たちがなかなか予定通りに質の高い製品を供給できないのは、自分たち自身が無理な約束をしがちなことが原因であると気づいた。そこで、顧客と交渉して、より現実的な取り決めをすることの重要性を認識したのだ。

第7章と第8章では、自分自身の変容に取りかかり始めた人々の例を紹介したが、それは、彼ら自身がその一部となっているシステムの全体像への意識を高めることができたからだ。復習として、**気づきを高める**力が最も大きい問いを挙げておく。

- なぜ私たちは、最善を尽くしているにもかかわらず、この問題を解決できていないのか？
- 無自覚とはいえ、どのように私たちも、その問題を生み出す一因になっている可能性があるか？
- 私たちのこれまでの解決策（あるいは案）がもたらす、意図せざる結果はどんなことだろうか？
- 現在のシステムが私たちにもたらす見返りは何だろうか？
- 全体がうまくいくために、私たちが手放すべきことは何だろうか？

ところで、気づきの力の重要性は、気づきがない状況を想定するとわかりやすいだろう。著名な歴史学者であるバーバラ・タックマンが言うように、過去は、指導者たちが「市民や国家の利益に反した政策の追求」を行った愚行に満ちている。[3] タックマンは愚行の基準を次のように定義した。

- 単に後世の目から見た場合だけでなく、その当時にも非生産的だと判断されたであろうこと。
- 実現可能な代替策の採用が可能であったこと。
- 問題の政策は、個々の支配者のものではなく集団のもので、「誰か一人の在職期間」を越えて続いたものであること。

タックマンの著書は、その見解を示すために、四つの歴史的な例（トロイア戦争、ルネサンス期の教皇たち、米国という植民地を失った英国、米国が行った悲惨なベトナム戦争）に焦点を当てているが、悲しいことにより最近の例も容易に挙げることができる。イラク戦争や、私たちが気候変動との闘いを避けつづけていることなどだ。たとえば、歴史学者のナオミ・オレスケスとエリック・M・コンウェイの近著『こうして、世界は終わる』は、気候変動の否定のパターンを解明している。それは、タバコ論争から生まれたと思われる、「科学的に確定していないと主張する」「彼ら（否定論者）の気に入らない発見をした研究者を攻撃する」「メディアの報道に対して『バランスの取れた』見方を求める」というものだ。[4]

重要な因果関係を配線し直す

配線し直すとは、人々の行動に影響を及ぼす因果関係を変えることである。システムの動態《ダイナミクス》と、人々が持続的に生み出す行動のパターンを変えるために、**フィードバック関係**を変えるのだ。ある

『こうして、世界は終わる――すべてわかっているのに止められないこれだけの理由』（ナオミ・オレスケス、エリック・M・コンウェイ著、渡会圭子訳、ダイヤモンド社、2015年）

ときは、新たな行動を促したり機能するものを後押ししたりするフィードバック関係を、創り出すまたは強化する。あるいは、反射的な行動を封じ、より創造的な反応を促すために、フィードバック関係を弱めたり断ち切ったり、さらには逆転させることもある。さらには、フィードバック関係の中にある時間の遅れを短くしたり長くしたり、もし変えられないのであればその遅れを容認したりする。

システム原型の共通パターンがわかれば、どうやって配線し直せばいいかがわかる。これが、原型という形で現実を**ループ図**に落とし込む利点の一つだ。このセクションでは、こういったパターンの一般的な構造のツボ《レバレッジ・ポイント》を特定することに焦点を当てる。これまでの章で詳しく取り上げた、社会変革に共通の五つの原型——**うまくいかない解決策、問題のすり替わり、成長の限界、強者はますます強く、予期せぬ敵対者**——に重点を置き、その後に、他の原型と**バスタブ・モデル**に対する介入策についても簡単に述べる。いかなる取り組みの場合でも、会議の主宰者やファシリテーターは、まずは原型の原則や、それに対する具体的な推奨案を紹介しよう。そして、決定する前に、より幅広い利害関係者《ステークホルダー》からのインプットを集めるとよい。

うまくいかない解決策に組み込まれている人々には、三つの選択肢がある。

- 代替しうる応急処置が長期的にもたらすマイナスの結果を検討し、そのような結果が一つもない、または少なくとも今の解決策と比べてマイナスの影響が小さい解決策を選ぶ。

- その応急処置を使わざるを得ない場合、そのマイナスの結果を軽減する方法を考える。
- 応急処置によって対処しようとしている問題の根本原因を解明し、できればその根底にある問題を解決する。

たとえば、大量投獄をすればより多くの受刑者を釈放することにつながり、それだけ社会的に不利な立場と再犯のリスクを抱えた人が増えるということである。そのため、大量投獄の代替策として、量刑手続きの改正に向けた取り組みが進行している。あるいは、投獄が必要な場合、刑務所での経験を、（収監歴のある人々が直面する社会復帰への障害を伴うような）懲罰の場としてではなく、（カウンセリングや教育、職業訓練、継続している家族とのつながりを通じた）改善の場として積極的に設計することが重要だ。三つめの選択肢は、そもそも絶望と犯罪行動の温床とならないような強いコミュニティを構築する事業に資金を投入することだ。

問題のすり替わりを配線し直す方法は、三つある。

- 応急処置への依存を減らす。
- 根本的な解決策への投資を増やす。そのためには、今とは異なる新しい未来像を描き、根本問題に取り組む意欲が湧くようなビジョンを生み出すことが大切だ。
- 根本的な解決策にも取り組む一方で応急処置を使いつづける必要がある場合、根本的な解決策を損なわずに解決に向かえるよう、応急処置を設計し直す。

ホームレスの撲滅において、最も成功を左右する要因の一つは、一時的な保護施設というシステムへの依存を減らすことだ。歴史的な成功を収めた〈ボストン・パイン・ストリート・イン〉は、保護施設の運営から不動産業に中心事業を転換させていった。その結果、現在は、ボストンおよび隣接するブルックリンで一八世帯の集合住宅棟を三六棟管理しており、同組織の所有するベッド数全体の半分以上が、保護施設ではなく住宅の中にある。[5] 同組織が採用しているのは「住居第一《ハウジング・ファースト》」の手法だ。これは、「まずは住居を提供し、それからその住居に、精神的・身体的健康、薬物乱用防止や職業教育や雇用に対する支援と治療のサービスを組み合わせる」ために設計された、支援つきの恒久住居のベスト・プラクティス・モデルだ。[6] 保護施設はパイン・ストリート・インにとっても重要な緊急手段であるが、保護施設を「恒久住居の代替手段として容認可能なもの」ではなく、「恒久住居へのパイプ役」と位置づける取り組みが進行中だ。これは、ボストンだけでなく、オハイオ州コロンバスなど、路上生活者が多い都市として有名な地域にも広がっている。

公共セクターの組織が、依存――**問題のすり替わり**の主な指標である――の源になる傾向は、しばしば保守派の人々によって適切に指摘される。公衆衛生の分野では、この動態《ダイナミクス》を認めることを学習し、その結果、政策の変更を選んだ行政機関もある。たとえば、従来のように食の安全性を強制する行政に対して飲食店のオーナーたちの依存を生み出すかわりに、行政と民間が提携して研修制度を創設することによって食の安全性を高めている。また、専門家として短期間だけコミュニティに関わるのではなく、長期にわたって生活インフラを構築するために貧しい地域の住民と協力することによって、健全なコミュニティを創り出したりしている。[7]

成長の限界を克服するカギは次の三つである。

- 成長のエンジンを確立している間でさえも、潜在的な限界を予期する。
- こういった限界が問題となる前に、それを克服する活動に投資する。
- 必要であれば、たとえそれが成長の鈍化を意味するとしても、既存の成長エンジンに使われる資金を、限界を克服する活動への投資に振り向ける。

農村部の住宅供給に関する合宿研修の参加者たちは、住宅建設を進める前に、コミュニティの経済開発を促すインフラに投資すべきであることを発見した。そうすれば、民間の建設業者の資金と専門知識を呼び込めるからだ。また、ある都市の公衆衛生局は、一部の地域で成功した蚊の繁殖抑制プログラムを持続させるべく、都市全域に展開した。各地域の公衆衛生関連をはじめとする行政機関と協働して、対象コミュニティに人材や資材や専門知識を提供したのだ。

強者はますます強くの課題に対処するのは難しい。なぜなら、強者が、自身の相対的な優位性を放棄しようとする動機を抱くことは、ほとんどないように思えるからだ。機能しうる介入策は次のようなものだ。

- A（強者）とB（弱者）のそれぞれの成果を結びつける、包括的な目標を設定する。
- より成功している当事者Aが、経済的費用や社会不安など、不平等が自分たちにもたらすマイナスの影響《インパクト》を認識できるようにする。
- 当事者Bが、社会的ネットワークや政治的影響力など、これまで重視されていなかったリソースを育めるように支援する。
- 機会および機会へのアクセスを平等にするシステムを創り出す。
- 現在のパフォーマンスではなく、潜在的な成功の可能性に基づいてAとBに投資する。

たとえば、コロラド州イーグル郡のコミュニティ連合は、「どんなに裕福でもどんなに貧しくても、すべての子どもが愛され、成功する」というビジョンを宣誓した。この連合は、（金銭的な特権階級の家庭出身という意味で）「すべてを手に入れている」にもかかわらず学校では苦戦する子どもたちと、金銭的には限られたリソースしかない家庭出身であるにもかかわらず成功する子どもたち、という二つの例外的なグループに注目することで、包括的な教育目標を見つけた。そして、次の二つの問いについて考察することによって、すべての生徒を成功させるものは何かを明確にしようとした。

●成功に必要なリソースについて、例外的なグループから何を学べるだろうか？
●すべての子どもが成功する可能性を高めるために、例外的なグループから何を学べるだろうか？

これらの問いについて考えた結果、ありとあらゆる子どもたちが成功するには、以下を含む、いくつかの条件が必要だということを確認した。

●家族やコミュニティによる支援の仕組み
●学校における教師、賛同者または信頼のおけるメンターとの、少なくとも一つ以上の人格形成を支援する関係
●難しいがやりがいのある課題
●レジリエンスと自制心を育むこと
●学習のスピードやスタイルの違いを尊重すること

その連合は、同郡のすべての子どもたちに機会を創出するという精神で、自分たちの活動を〈インテ・グレート！〉（integrate［統合する］とgreat［偉大な］を合わせた造語）と名づけた。もともと教育格差の解消を目指していたものが、すべての生徒が成功の条件を満たせるようにする決意へと発展したのだ。

インテ・グレート！：InteGreat!

コネティカット州の子どもたちが就学前に支援を得られるよう援助した事例では、成功している実業家たちを幼児教育の促進に巻き込む必要があるのではないか、という議論が提起されていた。教育を受けた労働力と広範な顧客基盤を育てることは、実業家たちの関心とも合致する。しかし、こういった効果は長期的なものであるために、実業家たちの協力を取りつけるのは難しかった。もう一つの取り組みとして注目されたのは、貧しいコミュニティで重視されていなかったリソース――社会的ネットワーク、地元の政治に影響を及ぼす能力、平等な機会の倫理的正当性、何が機能するかについて定量的な説明だけでなく定性的な説明ができる力など――を育てることだった。

米国では、条件を公平にし、平等な機会を創出するために歴史的に用いられてきた方策として、反トラスト法に加え、所得と遺産の両方に対する累進課税がある。教育もまた、長期的な解決策ではあるが、レバレッジの効く方策だ。〈ライト・フロム・ザ・スタート〉などの取り組みによって活発になった幼児教育に関する活動も然りである。

予期せぬ敵対者を生産的な協調関係に転換する、レバレッジの効く介入策は次の三つだ。

- 両方のグループに対して、「互いに手を組むことでどのような利益を得られるか」を明確に示す、またはそれを気づかせる。
- 互いの成果を阻害してきたやり方は、意図的なものではないことを指摘する。それぞれのグループは単に、その解決策が他者に及ぼす影響を考えず、自力で成功しようとしてきただけなのである。

- 両方のグループがウィンウィンの解決策――それぞれのグループの成功を高める一方で、もう一方のグループのパフォーマンスも後押しする、または、少なくともそれを損なわない解決策――を探すことを支援する。

アイオワの教育機関は、州教育局と地域教育局の関係、個々の地域教育局同士の関係、地元の学区と個々の地域教育局の関係、学区と州教育局の関係を改善するためにこの三段階のステップを適用することによって、互いにより効果的に協働することができた。

表10－1は、これまで述べてきた以外の原型について、その挙動を生み出す因果関係を配線し直す方法をまとめたものである。

最後に、バスタブ・モデルを用いるときに重要なのは、**ストック**（つまりレベル）を変えるためには**フロー**を変えなければならない、と考えることだ。たとえば、あるコミュニティがホームレスの数を減らしたい場合、「ホームレス状態になる人々」という流入量を減らし、「恒久住居に移り住んでそこにとどまる人々」という流出量を増やす必要がある。または、手頃な価格の住宅の数を増やすためには、「新規建築と修繕」という流入量を増やし、「住宅の荒廃と最終的な放置」という流出量を減らす必要がある。

表 10-1　他の原型の動態（ダイナミクス）を配線し直す

動態(ダイナミクス)	介入策
（単純な）悪循環	・ソフトなつながりを見つける──強い法則に支配されているつながりではなく、人々の前提によって支配されているつながり。 ・新たな目標を創り出すことによって、ソフトなつながりの原因となる要素の変化の向きを変える。 ・目標を達成するために必要となる、修正行動を明確にする。 ・推進力を維持するために、自己強化型の行動をとる。
効果的でない バランス型ループ	・長期的なビジョンに基づいて、継続的な改善を行う。 ・時間の遅れに直面した際に、寛容になる、またはマイナスの影響を生み出さずに遅れを減らす方法を見つける。 ・明確で合意に基づく目標と、（なぜ今の現実が存在するのかを含めた）現状全体に対する共通認識を土台として、戦略的な解決方法を策定する。
目標のなし崩し	・ビジョンを持ちつづける。 ・目標を下げるのではなく、修正行動を続けることによって、成果と目標の乖離を埋める。
バラバラの目標	・バラバラの目標を包括する、より高次の目標を探す。 ・両方の目標の達成が互いに相容れないものである場合、どれか一つに力を注ぐ。 ・そうでなければ、両方の目標の達成につながる別の修正行動を割り出す。
エスカレート	・エスカレートの構造とコストについて、十分な気づきを生み出す。 ・すべての関係者が、自身の目的を達成するための方法を探る。 ・バランスの取れた状況に合意するように、関係者を促す。 ・エスカレートの速度を落とさせる。 ・一方がエスカレートの構造から抜け出す。
共有地の悲劇	・個々の行動がもたらす全体的なコストがあると、注意喚起を行う。 ・より大きな共通の利益またはビジョンに焦点を合わせる。 ・たとえば、合意に基づいた、より高次の権限レベルを通じて、共有資源を管理する。 ・共有地を閉鎖して、補充または再生できるようにする。
成長と投資不足	・限界がくる前に、予期して投資を行い、需要変化に対応する準備を整える。 ・重要なパフォーマンス基準を認識し、そのレベルを維持する。

出典：Bridgeway Partners および Innovation Associates Organizational Learning

メンタル・モデルを変容する

人々の**メンタル・モデル**は、システムのパフォーマンスを形作る重要な因果関係の多くを支配する。**うまくいかない解決策**における現在の応急処置に代わる方法を考える場合、そもそもこの解決策を用いることを決定したメンタル・モデルを疑ってかかることが重要である。たとえば、医療情報部門のメンバーは、「自分たちの仕事に対する支援を確立するための最善の方法は、自分たちのソフトウェアがもたらす胸躍るような便益についての期待を高めることだ」という信念に疑問を投げかける必要があった。

問題のすり替わりにおいて、応急処置への依存を減らし、より根本的な解決策への支援を確立するためには、応急処置の利用を肯定している前提と、根本的な解決策の実施を阻んでいる前提を割り出すことが有用だ。カルフーン郡の場合、これは、「保護施設はホームレス撲滅のための解決策の重要な部分であり、住居第一《ハウジング・ファースト》は費用対効果が大きくない」という前提に異議を唱えることだった。**予期せぬ敵対者**の動態《ダイナミクス》を逆転しようとする場合、アイオワ州の政府機関が自分たちの陥っている構造を描き出したときに気づいたように、相手の行動が全体を混乱させていたとしても、意図的なものではないことを学ぶ必要がある。

人々の信念と前提を浮き彫りにし、疑い、検証するのは、こういった関係性を配線し直すのに不可欠なスキルだ。（デカルトが「我思う、故に我あり」と言ったように）多くの人々は自分の考えていることと自分自身を同一化させる傾向があるために、メンタル・モデルの変容を支援するには慎重な計画が必要である。以下の五段階のプロセスをたどるとよいだろう。

❶現在の信念を浮き彫りにし、それを尊重する。

❷「これらのメンタル・モデルは、私たちが今望んでいることを実現するのに役立つか？」と問う。

❸異なるものの見方を促す。

❹私たちが今望んでいることは何か、それを後押しするメンタル・モデルは何か、というビジョンを策定する。

❺実験を行い、学習する。

第8章では、主要な因果関係のつながりに吹き出しを書き足すことによって、メンタル・モデルを浮き彫りにすると同時に、**システム図**に命を吹き込むという、ひじょうに効果的な方法を紹介した。人々の信念に対する敬意を伝えることは重要である。なぜなら、信念は――それがどれほど不完全であったり、今では時代遅れになっていたりしたとしても――彼らの過去の経験に基づいているからだ。ロバート・フリッツが言っているように、人々に彼らの信念が正しいかどうかを尋ねるのは不毛である。答えはイエスに決まっているからだ。医療情報部門は、彼らが約束した便益に基づいて相当な開発予算を受け取っていたし、ホームレスの保護施設は長年にわたって、路上生活者にとって最も人間らしい睡眠場所を提供してきた。

フリッツは、現在のメンタル・モデルを評価する基盤として、**正当性**の代わりに**有用性**を用いることを勧めている。つまり、彼らの現在の信念が役に立つものかどうかを人々に聞くほうが、より生産的なのだ。「その信念によって、今望んでいることをより多く実現できるのだろうか？」と問うのだ。たとえば、医療情報部門のメンバーが気づいたのは、以下のような症状だ。システムの供給に関して壮大な約束をすることで、その仕事に対する熱心な支援を集めることはできていた。一方で、無理な約束をすることは、長期的にはストレスの増大、質の低下、信用の喪失につながることに気づいた。潜在的な便益に基づいた取り決めをしつづけることは、もはや有益ではなく、実際には逆効果になっていたのだ。

また、新しい視点を導入することによって、人々が現在の信念に対する執着を減らすことを手助けできる。システム全体をとらえ、多様な利害関係者間の触媒的な会話を生み出すことによって、必然的に、その問題と機会についてのさまざまな考え方が浮き彫りにされ、促進されるのだ。組織学習についての先駆者であるクリス・アージリスが提案したのは、人々が自身の信念に一致しない視点を追求することだ。つまり、人々のメンタル・モデルがいかに不完全で、もはや正確ではないかを示す証拠を、積極的に集めることだ。たとえば、「アプリシエイティブ・インクワイアリー（AI）」[*1]や「ポジティブな逸脱者」[*2]という手法は、同様の難題に直面しながら解決に成功している人々が、どのように対処しているかに注目することによって、「障害を乗り越えられない」という前提に異議を唱えるものだ。[8]

また、周知の事実について別の解釈を提案することによって、愛着を減らすこともできる。たと

*1　アプリシエイティブ・インクワイアリー：「アプリシエイティブ」とは評価、感謝することを意味し、「インクワイアリー」とは探求すること、問いかけることを意味する。アプリシエイティブ・インクワイアリーは、個人および組織全体の価値や強みを探求・発見して肯定的に認めることで、価値や強みを最大限に活かし、その可能性と能力を効果的に発揮する一連の組織開発プロセスである。デービッド・クーパーライダーらによって1987年に提唱された。思考を狭めがちな問題解決型アプローチに対比した「ポジティブ・アプローチ」と呼ばれる手法群の一つである。

えば、「実証されている短期的な改善活動は、果たして持続可能なのか」や「目標を達成できていないのは、測定可能な進捗を示せていないせいというよりも、むしろ忍耐が欠如しているせいではないのか」といった疑問を投げかけるのだ。システム図は、人々の行動の意図せざる結果を浮き彫りにし、人々の解決策がもたらす短期と長期の結果を区別し、システムのさまざまな要素間に存在するしばしば自明ではない相互依存性を明らかにすることによって、新たな考え方を刺激する。

もし、現在の信念が、望ましい結果を後押しするものでなければ、次なるステップは、人々が今望むものについてのビジョンと、この方向への動きを後押しする一連の信念を生み出すことだ。支えとなる新たな信念は、必ずしも現在のものと逆のものとは限らず、実際のところ、微妙に異なるものである場合が多い。たとえば、医療情報部門の大部分のメンバーは、自分たちが望むものは、自分たちの仕事に対する――熱心な興味だけではなく――信頼性であると気づいた。彼らの意見は、「成功は、単に期待を高めるかどうかにではなく、現実的な約束をするかどうかにかかっている」という新たな前提を検証することで一致した。ホームレス撲滅を成功させるためには、「路上生活者たちは（全員であるとは限らないが）大部分が恒久住居に住みたいのだ」と、リーダーたちが信じる必要があった。アイオワ州の教育事例において協働している行政機関は、「互いに手を組むことによって、個々に行動するよりも高い教育効果を生み出せる」と信じる必要があった。

新たな信念が持続するのは、新たな行動が実施され、有用性が検証された場合だけだろう。だからこそ実験と試作品《プロトタイプ》がとても重要なのだ。それが実際に機能するのを示すことによって新しい考えを強化できるだけでなく、機能しないものを知ることによってその考えを修正したり改善したりも

＊2　ポジティブな逸脱者：組織やコミュニティの中で、ある問題に対して大勢がうまく対処できない中で、他のメンバーよりもうまくいく行動や戦略を見出す人たちに注目する社会変革のアプローチ。こうした「ポジティブな逸脱者」たちは、皆と同じ問題に直面し、他のメンバーに比してリソースや知識をより多くもつわけではないのにもかかわらず、その組織やコミュニティの中で解決策を有している。

できる。

医療情報部門のメンバーは、病院の職員と現実的な約束を交渉する際に、非現実的な期待に異議を唱えて代替策を提案するという新しい方法を試みた。すると、彼ら自身が驚いたことに、プロフェッショナルらしくないと見られるどころか、よりプロフェッショナルであると受け取られることがわかった。[9]

パイン・ストリート・インは、路上生活者の実態を調査することで、ほとんどの路上生活者がより安全な住居を望んでいることを証明した。支援つきの恒久住居を提供された慢性的な路上生活者のうち、じつに九六パーセントもの人々が、一年後も同じ住居に留まっており、「仲間意識がとてもいい」と証言していたのだ。[10]

アイオワの州教育局と地域教育局は、協力して幼児期の読み書き能力向上に取り組んで実績をあげることによって、協働による利点を実証した。

目的を強化する

ひとたび人々が自分たちの標榜する目的に意識的に全力を尽くし、構造のツボ《レバレッジ・ポイント》を見つけたならば、多くの場合、現在の目標、測定基準、インセンティブ、権限構造、資金の流れが、どの程度までこの目的達成を後押しするのか、あるいはどの程度までそれを損なうのかを再評価する必要があるだろう。たとえば、カルフーン郡の運営委員会は、ホームレス撲滅計画における目標を、ループ図を描く過程で見つけた構造のツボ《レバレッジ・ポイント》に基づいて決定した。これらの目標のうち三つは、「コミュニティを巻き込む」「事業者と利害関係者の協働を生み出す」「十分な説明に基づく連携した資金調達の手法を確立する」という、発展型のプロセスに重点を置いていた。残り三つの目標は、「質が高く安全で手頃な価格の恒久住居を利用する権利の提供」「安定的な住居を確保するためのサービスの提供」「永続的な雇用と教育の機会の提供」という、根本的な解決策に対処するものだった。全米の主な資金提供者が、「ベッド利用率を高める」という従来の保護施設の測定基準を「恒久住居に移り住む前の、保護施設での滞在期間を短縮する」へと転換した。

全国的に知られているオハイオ州コロンバスの〈コミュニティ・シェルター・ボード（ＣＳＢ）〉と、その周囲のフランクリン郡も、こういった原則がどう適用されるかを実証している。[11] ＣＳＢは、ホームレスをなくすために力のある実業界によって創設された、二一の提携機関をもつ**コレクティブ・インパクト**のための組織である。その主な特徴と方策の一つに、自らを「コミュニティ全体で、ホームレス撲滅に充てられる資金調達の大部分を調整し、直接監督するもの」と位置づけたことがある。ＣＳＢはその財務的な影響力を活用して、その構成要素ではなく、システム全体を最適化するよう設計された測定基準やインセンティブを定義した。たとえば次のようなものだ。

- 保護施設の運営者は、ベッドの利用率ではなく、恒久住居を、どれくらいの人に対して、どれだけ迅速に提供できたかによって評価される。
- 保護施設の運営者と直接的な住居提供者は、収入を得るために密接に連携しなければならない。

コミュニティ・シェルター・ボード（CSB）：
Community Shelter Board

なぜならば、保護施設の運営者は、各世帯の滞在日数を少ない水準に保とうとするし、直接的な住居提供者は、保護対象世帯の七〇パーセントに住居を提供するという目的を達成するために家族用保護施設から推薦を受けなければならないからだ。

● CSBは、脆弱性の高い人々や、精神医療の利用度の高い人に対して確実に優先権が与えられるような、支援つきの恒久住居を賃貸するための統一システムを運営する。CSBは、住宅供給の順番待ちの制度ではなく、最も必要としている人たちに確実に住居が与えられるように、精神医療委員会、公共住宅機関、CSBが一体となったシステムを構築する。

またCSBは、ジョン・カニアとマーク・クレイマーが、コミュニティがコレクティブ・インパクトを実現する重要な成功要因の一つと認める、バックボーン組織の例でもある。[12] バックボーン組織の強みの一つは、進行中の意思決定や実施という作業に焦点を合わせるために必要な、権限構造を提供することだ。これまで本書で説明された参加プロセスは、責任の共有や合意のうえでの意思決定を奨励するものだ。目的を実行可能な職務に落とし込むには、特定の組織や集団に、全体のために決定し行動する権限を与える必要がある。

「意思決定と説明責任のチャート」は、前者が意思決定に、後者がプロジェクトの実施に焦点を合わせるために用いることができるツールだ。[13] 両方とも、「人々は、それまでの仕事に合意のうえで関わり、かつ、今後どのように制限を設けるかについて合意を求められれば、自分たちの関わりを制限するプロセスに賛同する可能性が高い」という前提の下に機能する。

意思決定のチャートは、全体を代表して特定のタイプの意思決定をする任務を数人に割り当てるものだ。意思決定者の正確な人数は、効率のよい意思決定ができる程度に抑え、かつ質と実施の支援を確保できる程度の規模で設定する。意思決定者以外の役割としては、承認権または拒否権をもつ人たち（法的、政治的、または会計的な義務を満たす必要がある場合のみ）、意思決定の実行支援に必要な人たち、意思決定に助言するコンサルタント、意思決定について報告を受ける人たち、きちんと進捗を管理するマネジャーなどがある。

説明責任のチャートも、同様の役割の定義を用いるが、例外が一つある。意思決定者やマネジャーという役割ではなく、全体を代表する集団または個人が存在し、プロジェクトの目標達成や推進に関する権限を、全体によって与えられているのだ。

継続的な学習と波及のプロセスを確立する

組織が長期にわたって効果的であるためには、継続的な学習と波及のプロセスによって取り組みを強化する必要がある。構造のツボ《レバレッジ・ポイント》を特定するには、既存のリソースをまずはどう分配するか（人々がどこに自分の意図、重点、時間を注ぐかなど）を考えることになるが、この長く続く旅には、経験からの学習、リソース供給源の拡大、うまくいく施策の展開が必要となる。これらを一つずつ掘り下げていこう。

システム思考家のドネラ・メドウズが見つけた究極の構造のツボ《レバレッジ・ポイント》は、パラダイムやメンタル・

モデルの変容も超える、「パラダイムの超越」である。メドウズはこれを、次のように定義した。「自分自身をパラダイムの領域に縛りつけずに柔軟でありつづける能力。また、『真実』であるパラダイムなどないこと、つまり、あなた自身の世界観を快く形作っているものも含めたすべてのパラダイムが、人間の理解をはるかに超える、膨大で偉大な宇宙をごくわずかに理解したものにすぎない、ということに気づく能力」。[14]継続的な学習プロセスを確立することの重要性が、ここに示されている。学習プロセスによってビジョンが進化し、今の現実が（願わくは自分たちの望む方向に）変わり、新たな情報や状況が現れてくる。私たちにできる最善のことは、自分たちの望んでいることを明確にし、進め方を計画し、行動し、起こったことから学習することだ。

現場レベルでの継続的な学習には、次のことが必要となる。

- 利害関係者の、広範囲にわたる継続的な関わり
- 具体的なプロジェクトが盛り込まれた、明確な戦略計画
- 目標と測定基準に照らした評価を支援する、データ重視の姿勢
- 計画の進捗を伝える、四半期評価と年度評価

これらはCSBの用いた四つの戦略だ。CSBは、継続的な学習に全力を尽くすことが、継続的な成功の基盤であると考えている。

リソース供給源の拡大については、CSBは、その広範な協調関係と資金調達能力を通じて、追

加的なリソースを開発している。さまざまな分野で事業を行う地元の二〇団体による協調関係を構築し、ホームレスを終わらせる全国的な取り組みにも積極的に関わっている。〈リーダーシップ・カウンシル〉のメンバーであり、多くの全国的な会議やオンライン・セミナーにも参加している。また、ニューヨーク市から保護施設の転換戦略を学ぶなど、他のコミュニティに技術的な支援を求めている。CSBは、その起源が実業界にあることから、政府を巻き込む方法、事業戦略の策定方法、同組織の新たな独身者向けシステムの効率性を高める方法などについて、（ビジネスにおける「シックス・シグマ・ブラック・ベルト」*を用いたサプライ・チェーンの手法を組み込むことによって）民間セクターから学習しつづけることに意欲的だ。また、公共セクターとも密接に連携している。

CSBの高い資金調達能力は、包摂《インクルージョン》、定量データ、測定可能な成果向上によって培われたものだ。それに加えて、CSBが最近、住宅都市開発省（HUD）に統一機関の地位を与えられたことで、より多くのプログラムを自らの傘下に置いて、こういったプログラムが資金調達を続けるために結果と成果に重点を置く能力開発を支援できるようになった。

うまくいく施策の展開は、これまで関わってきた比較的少数の主要な関係者を超えて、より多くの人々と機関を巻き込む戦略と考えることができる。[15] たとえば、ソーシャル・アーキテクチャの専門家パメラ・ウィルヘルムスは、自らが主宰する〈ソウル・オブ・ネクスト・エコノミー・イニシアティブ〉において、顧客、有権者、投資家という三つの異なるグループに目を向けるべきだと強調している。[16] 資金提供者の全国的な連合である〈グラントメーカー・フォー・エフェクティブ・オーガニゼーション（GEO）〉は、社会セクターの及ぼす影響《インパクト》を拡大することに力を尽くす非営利

リーダーシップ・カウンシル：Leadership Council
ソウル・オブ・ネクスト・エコノミー・イニシアティブ：Soul of the Next Economy Initiative
グラントメーカー・フォー・エフェクティブ・オーガニゼーション：Grantmakers for Effective Organizations

* シックス・シグマ・ブラック・ベルト：「シックス・シグマ（6σ）」は、ビル・スミスによって1986年にまとめられた、プロセス改善のための一連のマネジメント手法およびツール。欠陥の原因を発見・除去し、事業プロセスにおけるばらつきを最小にすることによって、提供する商品・サービスの品質を改善する。「σ」はばらつきを示す統計指標の一つで「母集団の標準偏差」を意味する。「6σ」レベルのプロセスは繰り返し生産を行っても不良の発生が100万分の3.4回以内に抑えられた。モトローラやGEなどがその普及を促進し、「ブラック・ベルト（黒帯）」と呼ばれる資格を得たトレーナーが指導を行っている。

組織の拡大戦略は、大まかに次の四つに分けられる、と共同研究で述べている。

- 成功しているプログラムを、同じ場所で拡大するか、異なる場所でより幅広く展開する。
- ある一定の地理的・組織的・専門的領域またはシステム内で新しいアイデアを広める。
- 新たな技術や慣行や手法を活用する人々や地域の数を増やす。
- 確実に新しいアイデアが政策に組み込まれているようにし、それによって、政府機関や企業などが新たな行動をとれるようにする。[17]

さらに、資金提供者がこれらの戦略を後押しする四つの方法も挙げている。

- 長期にわたって柔軟な資金提供を行う。
- データと成果のマネジメント能力に資金を注入する。
- 能力構築とリーダーシップ育成を後押しする。
- ムーブメントを後押しする。

GEOは、拡大の際に大切なのは柔軟性だと説いている。つまり、ある地域の実践で得た学びを、ほかの場所でも活かせるような余白を確実に残しておくことが重要だ。私はこれを、特定の解決策の押し付けではなく、何が機能するのかを学習するプロセスを拡大することだと考えている。さらに、システム思考を適用する四段階のプロセスにおける場合と同じように、効果的な学習と波及のプロセスは、人々の個人的な意図、思考、行動を形作る**内的な**変化と、人々の集団行動を司る、信念や政策、規則における**外的な**変化の両方に対処する必要がある。[18]

ピューリッツァー賞の受賞作家であるニコラス・クリストフとシェリル・ウーダンは、支援の技術を見直す研究において、従来は社会セクターや公共セクターの仕事と定義されているものでも、ビジネススキルを応用すれば大きな機会がありうることを見出している。[19] ビジネスの力を組み込んで、脆弱な人々を支援する能力を高めようとする、さまざまな動きがある。

- マーケティング、情報システム、人事管理の改善といった、ビジネス関連のインフラ開発やスキル育成に関する非営利組織への資金提供（これはGEOも指摘している）。
- 公共セクターのイノベーションに民間セクターからの投資を集める、ソーシャル・インパクト・ボンド。
- 利益を生むモデルを用いて、経済的な収益だけでなく社会的成果を実現する社会的企業。
- 寄付モデルから生まれた、新設の社会的企業に資金を提供するインパクト投資。
- 従業員の意欲だけでなく貧しい人々のニーズも満たす新たな市場を構築する、大企業による途上国への投資。

また、クリストフとウーダンは、宗教団体を関わらせることの力と、困窮している他者のために尽くすことを目的としているコミュニティを創り出すことの力も指摘している。二人は、非宗教・宗教の勢力が、とくに政策提言の分野でもっと協働するよう促している。それによって、人類共通の敵に対してそれぞれが別々に闘うよりもはるかに多くのことを成し遂げることができる。また、人々が集団で「意味ある変化をもたらしたい」と望むことを後押しする非宗教的な寄付コミュニティや寄付サークルの力についても述べている。

複数の介入策を統合する方法

選択可能な介入策が数多くある中で、「どこから始めるか？」という問いが残る。本章で提案した構造のツボ《レバレッジ・ポイント》は、以下のような論理的な順序で示されている。

❶気づきによって、配線し直されるべき相互依存性が明らかになる。
❷配線のやり直しは、重要な因果関係に影響を及ぼすメンタル・モデルを理解し、それを転換することによって後押しされる。
❸目的を強化することによって、つながりと前提の変容が促される。
❹継続的な学習と波及によって、人々は、複雑かつ動的すぎてコントロール不能なシステムにおいて必要な軌道修正を行えるようになる。

早い時期に、より実現可能な小さな変化を生み出すことも、それが長期戦略の中に位置づけられている限り、有用かもしれない（マジシャンのハリー・フーディーニが、脱出不可能に思える罠からの脱出を計画する際に用いた方法だ！）。最後に、複数の介入策を一つの動的な戦略に統合する方法の一つは、それらの介入策を、後戻りではなく前進する循環をつくる因果ループ群としてまとめることだ。そのような**システム的な変化の理論**《セオリー・オブ・チェンジ》を設計することが次章の焦点である。

まとめ

- システムは、構造のツボ《レバレッジ・ポイント》――長期的に大きな改善を生み出し、長期にわたって持続する、数が比較的少なく、協調された重要な戦略――を中心に旋回して動く。
- 効果的な介入策は、システムの動態《ダイナミクス》によって生み出される挙動のパターンを持続可能な形で変える。
- レバレッジの高い介入策は次の四つである。
  - □システムが現在どのように機能しているかについての気づきを高める。
  - □重要な因果関係を配線し直す。
  - □メンタル・モデルを変容する。
  - □目標、測定基準、インセンティブ、権限構造、目的を支える資金調達を合致させることによって、選ばれた目的を強化する。

●組織は、継続的な学習と波及のプロセスを伴うレバレッジの効いた介入策の実施を、強化する必要がある。
●この長く続く旅には、経験からの学習、リソース供給源の拡大、うまくいく施策の展開が必要となる。
●本章で紹介された自然な進展に従い、次に、より具体的なシステム的な変化の理論《セオリー・オブ・チェンジ》を設計することによって、複数の介入策を一つの明確な戦略に統合できる。

Part 3

未来を共創する

11 戦略策定のためのシステム思考

ここまで本書で重点を置いてきたのは、「最善を尽くしているにもかかわらず、なぜ望んでいる結果を得られていないのか」を割り出すために、**過去を振り返る形で**システム思考を適用することだった。システムに深く組み込まれた動態《ダイナミクス》と**構造のツボ《レバレッジ・ポイント》**に対する洞察を得ることで、人々が過去の過ちを繰り返し、「駄目だとわかりきったこと」を繰り返す可能性が低くなる。また、分析によって、今までに何が起こってきたかを推測できるはずなので、既知の歴史に基づいて**システム図**の正当性を検証するほうが容易でもある。

だが、構造のツボ《レバレッジ・ポイント》を見つけられたとしても、そのこと自体が、前に進む方策をまとめるのに役立つとは限らない。たとえば、〈コラボレイティング・フォー・アイオワズ・キッズ〉に力を注いでいた行政機関は、なぜ互いに手を組むことが難しい状態が続いているのかを理解した時点でも、自身の洞察を活かす手立てを具体的に決める必要があった。構造のツボ《レバレッジ・ポイント》を、首尾一貫した今後の道筋へとつなげることが重要なのだ。その道筋があることで、長い時間のなかでもそれぞれの介入策がどのような順番でどう関連するかがわかる。また、その行動にともなって、どんな時間的遅れが発生するか、またどのような短期および長期の結果が得られるかも説明できるようになる。さらに、未来に向けて、どのような自己強化型とバランス型の「前進型の循環《フィードフォワード》」を意図的に生み出すかも明確になる。

さらに、人々が何か新しいものを創り出したいと思っているものの、過去の経験が活かせるとは限らない。今後、何をする必要があるかは容易に思いつくかもしれないが、こういった重要な成功要因を統合して首尾一貫した戦略にまとめ上げるのは容易ではない。たとえば、農村部の健康改善に取り組む監督団体は、最初の戦略計画を策定したときに出てきた多くの案が、戦略面でも戦術面でも、中間でのパフォーマンス指標や最終的に目指す成果《アウトカム》の面でも、一つの明確な行動の道筋になっていないと認識した。改善の範囲、優先事項、タイミング、時間的遅れ、意図せざる結果、持続可能性といった問題が依然として残っていたのだ。

多すぎる選択肢と少なすぎるリソースを目の当たりにして、すっかり途方に暮れることもある。人々が自分自身にかける高い期待と、やればやるだけ無条件に多くのことを達成できると想定する傾向によって、問題は悪化する。あるいは、許容量以上のプログラムを抱え込んで、それらを合理的に取捨選択する手立てが見つからないこともある。優先事項が長いリストになっていて、組織の縄張りや利益の配分をめぐる、機能不全をきたす対立に巻き込まれずに、どれかを選ぶ方法はないように思えてしまう。このような状況に陥った組織とは対照的に、児童福祉を管轄するある行政機関の管理職チームは、その組織の複数のプログラムと支援機能の意味を見直した結果、その多くの公約を正当化する——そして必要ならば選り分ける——首尾一貫した戦略が必要だと気づいた。

このような事例のすべてにおいて、**未来を共創する形で**システム思考を適用することが有用だろう。相互に依存しているひじょうに多くの要素を、長期にわたって舵取りしなければならない、という複雑性を説明できるような、未来へのロードマップを策定するのだ。全体の計画を立てることによって生み出されるループ状のロードマップには、より一般的な線形のインプット－アウトプットのモデルよりも優れている点がいくつかある。

- 自己強化型およびバランス型ループの動態《ダイナミクス》を、未来につながる因果関係に組み込む。それによって、社会システムが実際にどのように振る舞い、展開するのかを表現する。
- システムの部分ばかりを最適化するのではなく、部分同士の関係性を最適化する道筋を明確にする。
- 複数の成功要因を、時間の経過の中で順序づけされた論理的な一連の行動に統合する。
- 時間的な遅れを考慮する。
- 短期的にも長期的にも持続的に改善する計画を含む。

こういった特徴を組み込むのだ。ループ状の変化の理論《セオリー・オブ・チェンジ》によって、多くのわかりやすい情報をすばやく伝える図が生まれる。この図は、資金調達や、他の利害関係者《ステークホルダー》たちを方向づけ、関与させること、多くの人々に長期にわたって明確な航行支援を行うことにおいて、ひじょうに高い効果を発揮してきた。たとえば、W・K・ケロッグ財団の新たな〈食と健康プログラム〉の担当者らは、全国規模の計画を初めて理事会に対して提案する際、一つの図を作成した。その図には、プログラムの意図と戦略の概要がひじょうに明確かつ簡潔にまとまっていたので、理事会がたった一回の検討委員会でその提案を承認するという、前代未聞の結果につながった。その後、アイオワ州北東部のグループは、自分たちの地域の食と健康プロジェクトに関して同じような図（本章で後述する図11－9を参照）を作成したが、五年以上経った現在でも、この図を活用している。

これから、未来を共創するシステム思考へと移るにあたり、二つの主要な**システム的な変化の理論《セオリー・オブ・チェンジ》**を紹介し、実践者たちが、どのようにこれらの理論を用いて次の三つの課題に対処する戦略計画を策定するかを説明しよう。

- 慢性的かつ複雑な問題の、根本原因を分析することで特定された、構造のツボ《レバレッジ・ポイント》を整理する。
- 新しい何かを創り出すために必要となる、多くの重要な成功要因を統合する。
- 数が多すぎるプログラムや優先事項の間での選択を、一連の流れにまとめる。

加えて、新しい情報や状況の変化に適応するために、時間の経過とともに理論を精緻化していくにあたっての指針も見ていこう。

二つのシステム的な変化の理論《セオリー・オブ・チェンジ》

同僚であり、**システム原型**の共同開発者であるマイケル・グッドマンは、原型には二つの明確な区分があると述べている。**自己強化型フィードバック**に基づいたものと、**バランス型フィードバック**

に基づいたものだ。[1] 前者は、限界によって成功が危うくなるストーリーを説明し、後者はマイナスの結果によって改善が無効になるストーリーを語る。本書では、システム思考のツールでそれぞれの型に対応する、主要な変化の理論《セオリー・オブ・チェンジ》を二つ紹介する。[2] 一つめは、**成功を増幅させようとする**もので、二つめは欠陥を修正して**目標を達成しようとする**ものだ。

「**成功増幅**」の理論は、一つ以上の自己強化型ループ――長期にわたって成功が積み重なってさらなる成功を生み出す要因群――から始まる（図11－1のR1）。そのシステムにおいてすでにうまく機能していることを知るには、非公式の活動を調べたり、「アプリシエイティブ・インクワイアリー（AI）」や「ポジティブな逸脱者」などの確立された手法を用いたりするとよい。[3] または、重要な成功要因であると認識しているものをまず列挙したり、アイオワの州教育局と地域教育

図 11-1　「成功増幅」の理論

この理論は、既存の成功を積み重ねてさらなる成功を生み出し、限界を予期してさらなる成功につなげ、長期にわたって新たな成長のエンジンを創り出す方法である。

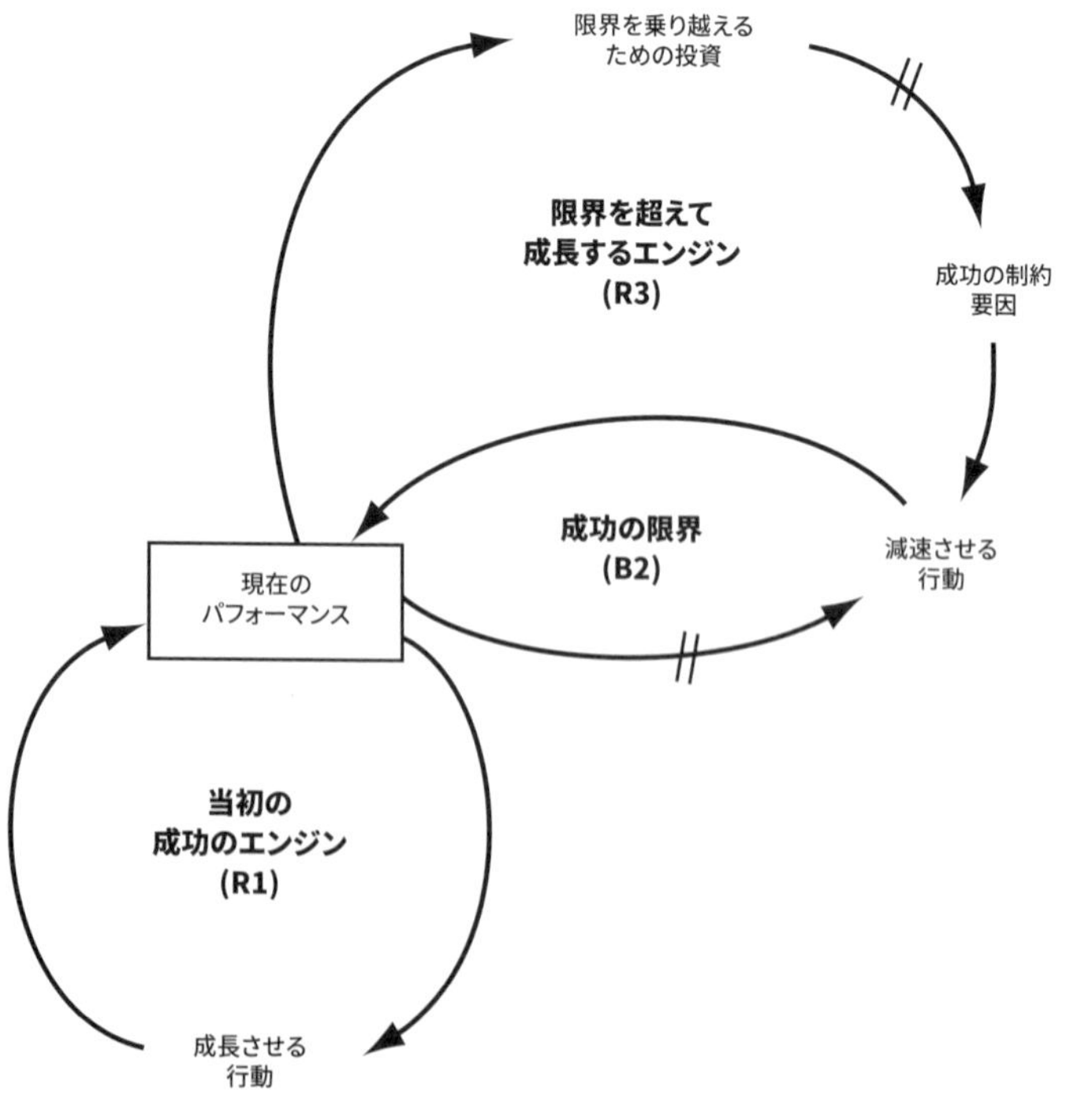

局の協調の可能性を明確に示した場合のように、中心となる成功循環ループを描いたりすることもできる（例として、第7章の表7－10を参照）。持続的な成長を確保するためには、当初の成功のエンジンを超えるような計画を立てることも重要だ。さらに、当初の成功ループに起こりうる限界を考慮し（図11－1のB2）、時間の経過の中で新たな成功のエンジンを生み出すことによって（R3）、これらの限界をどのように乗り越えるかを予期する必要がある。

しかし、成功のエンジンを見つけづらかったり、プラスの方向に自己強化の動態《ダイナミクス》を生み出す見通しが薄かったりする場合には、現実とビジョンの間の乖離を解消するシステム的な変化の理論《セオリー・オブ・チェンジ》を展開するほうが理に適うだろう。図11－2に描かれている「**目標達成**」の理論は、このずれを縮めるために必要な修正を特定する、一つか複数のバランス型ループから始まる。[4] 効果がありそうな修正を見極めるためにはまず、その乖離を生み出す根底の構造を明らかにすることが有用だ（図11－2のB1）。キャスリーン・ザーカーによれば、強いビジョンによって乖離がもたらされているのであれば、その修正作業は「何が足りないか」ではなく、すでにもっている資産《アセット》に基づいたアプローチになるという。さらに、乖離を解消するために

図 11-2 「目標達成」の理論 ── 当初の改善

この理論は、望ましい目標を達成する当初の改善を確認し、その道筋からそれないことと、効果的であるために課題について考え直すことの両方の重要性を示す。

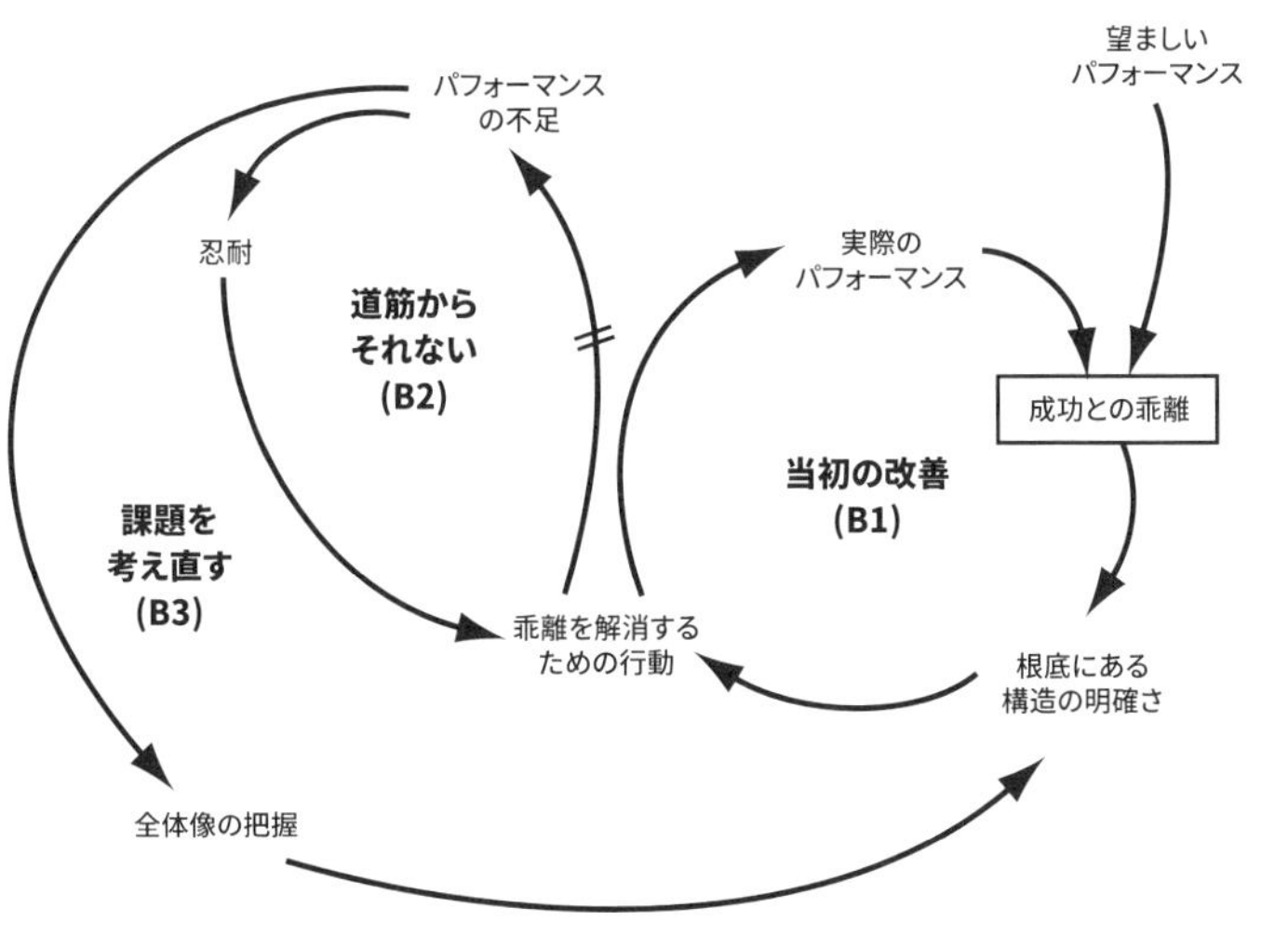

時間的遅れが必要となる場合が多いので、忍耐を保ち、最後まで根気強く修正を続けていくことが重要だ（B2）。同時に、時間的遅れを考慮に入れても前進していない場合は、その理由について全体像を把握し、課題の性質を考え直すとよい（B3）。

人は目標の達成に向けて進むとき、自分自身にかかるプレッシャーを緩めようとする傾向があるので、**目標達成**の理論を展開する際には、人々が長期にわたって改善をどのように持続し強化していくかを明確にすることも同様に重要である。持続性は資金提供者にとって大きな懸念点だ。継続的な財政援助がなくなっても、資金提供を受けた団体が事業を拡大とはいかなくとも継続できることを確実にしたいのだ。強化の必要性は、品質管理活動*において継続的な改善に重点が置かれることからも明らかだ。また、高い成果を出している人たちが、成功を持続させるには懸命に働きつづけることが不可欠だと述べていることによっても証明されている。

図11−3は、三つの強化のエンジンが働く典型例だ。自己強化型ループR4は、人々が実績を高めるにつれて、その志を拡大するよう促す。当初抱いていた夢がかなう経験をし、新たな可能性を認めることによって、人々はより高い目標をもつことができる。そうすれば、もっと成長する可能性をはっきりと認識できるようになり、それを実現するために行動を起こす（R5）。たとえば、ソーシャルセクターの組織が取りうる「成長を導く行動」は、実証された成功策を広げる資金調達、組織能力への投資、各組織が得意分野に取り組みつつより大きな結果に寄与できるような協調関係、成功を拡大する創造的な手法、政策提言などだ。[5] 最後に、実際のパフォーマンスが改善することによって、以前は問題の症状に対処するために必要だった資金を、前述した成長を導く行動への新た

＊　品質管理（QC）活動：ユーザーの要求に合った品質の商品・サービスを提供し、品質を継続的に向上するために事業者が行う一連の活動体系。その活動は、ハード面（管理、プロセス、基準など）、能力面（知識、スキル、経験など）、ソフト面（やる気、チーム精神、組織文化など）を含む。エドワーズ・デミングらにより、第二次世界大戦後に構築されて、1960年代頃から世界の製造業の現場に広く普及している。

な投資に振り向け直すことができる（R6）。たとえば、マサチューセッツ州で長期的な住宅に人々を定住させる（それによって、病院や一時保護施設の利用が減る）ことによって節約できる一人当たり年間九五〇〇ドルの費用は、ホームレスを防ぐ、または終わらせるプログラムに再投資できる。[6]

ここから三つのセクションでは、こういった重要なシステム的な変化の理論《セオリー・オブ・チェンジ》が、幼稚園〜高校の教育、保健、児童福祉の改善に向けた取り組みにおいて、どのようにロードマップを提供したかを説明しよう。

構造のツボ《レバレッジ・ポイント》を整理する

以下の二つの事例では、計画策定グループが、自分たちの重要課題についてのシステム分析に基づいて、どのように戦略的なロードマップを策定したかを実証する。最初の事例は、**成功増幅**の例として、子どもたちのために協調関係を高めようと努力しているコラボレイティング・フォー・アイオワズ・キッズを再び取り上げる。二つめの事例では、**目標達成**の例として、とくに最も脆弱な市民を

図 11-3　「目標達成」の理論——改善の強化

「目標達成」の理論の二つめのパートは、ビジョンを磨き、追加的な成長行動を培い、成功の配当に投資することを通じて、継続的に改善する必要性を示す。

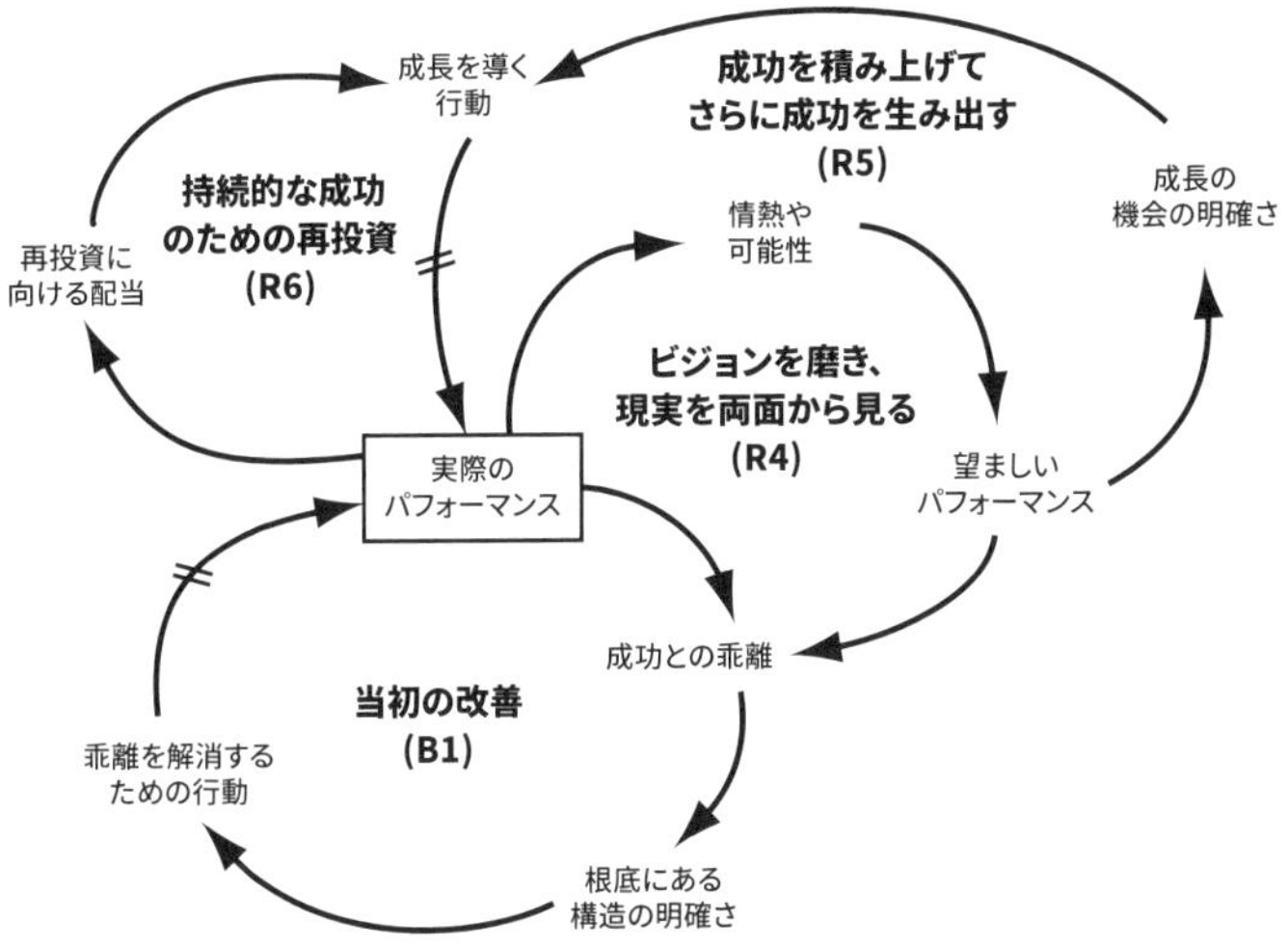

対象に、公衆衛生の改善に尽くしているある地域の取り組みを紹介する。

コラボレイティング・フォー・アイオワズ・キッズにおける成功増幅の理論

コラボレイティング・フォー・アイオワズ・キッズの事例において、**成功増幅**の理論の土台となった自己強化型ループは、州教育局と各地域教育局の協調関係が、どのようにして双方に便益をもたらすかを説明するものだ（図11－4のR1）。右側の自己強化型ループ（R2）は、州全体の地域教育局に、自分たち自身のシステム内で一貫性と公平性を高めるための枠組みを提供しており、左側の自己強化型ループ（R3）は、州教育局と地域教育局との間で効果的な協働を進める方法を詳しく描いている。この理論では、成功の潜在的な限界とそれを乗り越える方法を明確に描き出してはいないが、その後の共同計画策定の段階で対処されている。その結果、地域教育局のシステムを再設計するうえでの大きな実施上の課題と、そういった障害を乗り越える五つの戦略が見出されたのだ。

健康なコミュニティをつくるための目標達成の理論

イーグル郡保健環境局は、第10章で紹介した〈インテ・グレート！〉の取り組みに協力していた。同局は、貧しい子どもたちなど、最も脆弱な市民の健康に重点を置き、すべてのコミュニティの意思決定に健康の社会的決定因子を組み込むことによって、地域の健康状態の底上げをしたいと考えていた。そこで、インテ・グレート！参加者を含めた多様な利害関係者のグループを巻き込んで、**目標達成**に基づく変化の理論《セオリー・オブ・チェンジ》を策定した。その理論は、システム思考を用いて同郡の健康状態が悪いことの根本原因を見極め、特定した構造のツボ《レバレッジ・ポイント》を効果的に組み込む戦略を設計したいという願望から生まれたものだ。

その委員会が描いたのは、私が「立ち泳ぎ」と呼ぶ、よく見られる動態《ダイナミクス》だった。それは、人々を沈めようとする強い力が、同じくらい多大な救助努力によって相殺され、かろうじて浮いている状況だ。同グループは、長い間にお金の面での不安定化や脆弱な市民の健康悪化をもたらす五つの悪循環を見つけた。また、コミュニティがこういった悪循環を

図 11-4　コラボレイティング・フォー・アイオワズ・キッズにおける「成功増幅」の理論

この図は、アイオワの州教育局と地域教育局が、効果的な協調関係を構築・維持する方法を詳しく説明するために用いたものだ。中央のループは、協働が州教育局と地域教育局にどのような便益をもたらすかを大まかに表したものである。右側のループは、地域教育局のシステム内での一貫性を高めることに焦点を当てており、左側のループは、両方の当事者による改善を示している。

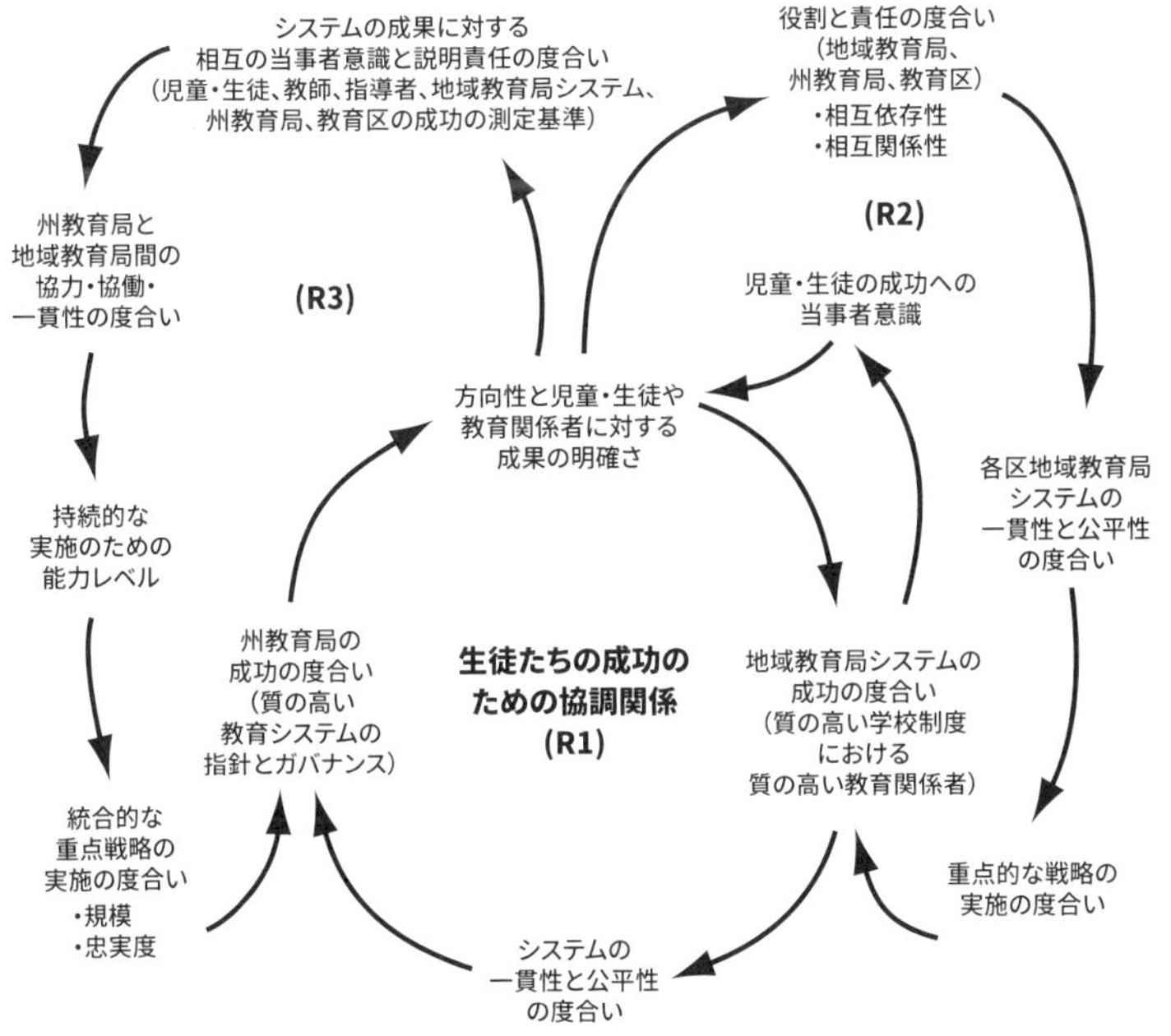

出典：Collaborating for Iowa's Kids

断ち切ろうとする、倍以上の数に及ぶ取り組みを（バランス型ループの形で）リストアップした。最も力強い洞察は、脆弱な市民の健康を（直接的および間接的に）改善するサービス事業者がたくさんあるという事実にもかかわらず、互いに協力できていないためにその努力がほとんど実っていないということであった。ボートのオールが同時に水中に入っていないときのように、この協調の欠如はリソースを浪費し、事業者にとっても対象とする受益者にとっても、コミュニティ内の貧困と病気の悪循環を断ち切ることをいっそう難しくしていた。

この洞察は、いくつかのレバレッジの効いた介入策の必要性を浮き彫りにした。

- コミュニティに現存する健康資産の場所を記したマップを作成する。それは、そうした資産を活用できることを脆弱な市民に伝えるとともに、解消すべき機会の格差を見つけることを目的とする。
- サービス事業者間の協調を高める。
- 脆弱な市民を対等に巻き込み、コミュニティ内の不法移民――病気になる危険性がある人々のうち大きな割合を占める――に対する効果的な支援システムを策定する。
- こういった個人に影響を及ぼす関係者――彼らの家族、雇用者、教育関係者、教会、政治的指導者――をより効果的に巻き込む。
- 質が高く手頃な値段の住宅や、参加しやすいレクリエーションの機会など、よりよい環境整備を計画する。

さらに、最低賃金での雇用者数の増加や、手頃な価格の効果的な健康保険へのアクセス拡大など、長期的な貧困削減戦略に向けて取り組みつづける必要性を確認した。最後に彼らは、現状を強化するコミュニティ内の**メンタル・モデル**を転換することの重要性に気づいた。そのメンタル・モデルは以下のようなものだ。

- 階級や人種に対する差別意識――「ああいう人たちは……健康に気をつけようとか、学ぼうとかいう気持ちがないんだ」
- 「こんなに限られたリソースでは、変化なんて起こせない」
- 「あらゆる人に有効な方法が一つあるはずだ」
- 「システムの規模が大きすぎて、とても変えられはしない」
- 「保健医療の問題は、そもそも解決できないものだ」

このグループはまず、構造のツボ《レバレッジ・ポイント》を整理して、いくつかの中心的なバランス型ループにまとめた。これらは図11－5～11－7に描かれている。図11－5のループB1は、このコミュニティの健康資産マップの作成が果たす重要な役割を表している。まずこのマップ作成によって、低コストの健康改善サービスを利用しやすくし、次いで、脆弱な市民をもっと取り込んで啓発し、そしてその結果、彼らの健康活動や健康全般のレベルが高まる。

図11−6で、B2、B3、B4のループは、コミュニティの健康資産マップ作成によって、サービス事業者同士の協働が促され、不法移民のための支援システムの構築が可能になる様子を示している。

また、図11−7に示されているように、追加的な戦略も策定した。B6は、コミュニティの関与の重要性に焦点を当てている。B6は、機会の格差を割り出し、それを解消するための資産マップの価値をとらえている。B7は、環境整備計画の重要性を確認するものだ。この図の左上には、対象となる住民たちの経済的な制約に影響を与える要素も示されている。最後に、この図のいちばん下の線のところで、変化のプロセス全体でメンタル・モデルの転換が重要であることを描いた。

委員会はその後、図11−8に示されているように、前述の改善を強化する四つの方法を特定した。R8は、コミュニティの健康資産をいっそう明確

図 11-5　脆弱な人々の健康を高める

コミュニティの健康改善の中心的な理論は、住民、とくに最も脆弱な人々を巻き込み、啓発する方法として、多くの既存のリソースに関して、コミュニティの健康資産マップを作成することに重点を置いている。

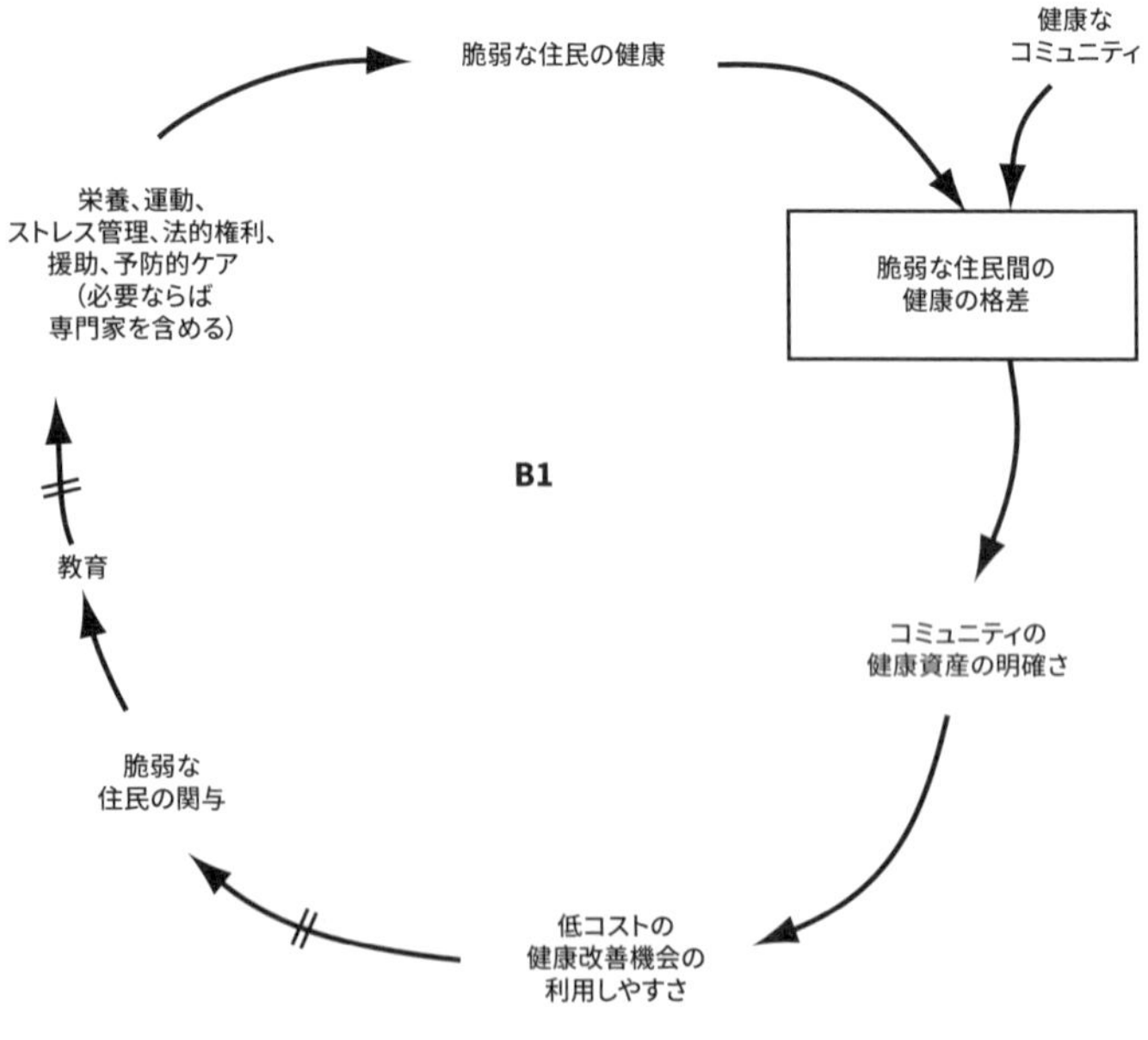

にする作業に脆弱な市民に参画してもらうことの価値を書き加えたものだ。R9は、人々が健康を改善するためのさらなる機会を見つけられるよう後押しする、できれば少人数のグループでの啓発プロセスを設計することの重要性を示している。R10は、新たな機会を見つけた人々は、自己管理に積極的になる可能性が高まることを示している。R11は、追加的な資金を調達するために、健康改善の成功を実証例として利用することの力を説明している。

この二つの事例は、人々が根本原因の分析に基づいて、いかにして変化のためのシステム的なロードマップを作成したかを説明するものだ。次のセクションでは、そのような分析をせずに重要な成功要因についての前提を用いてロードマップを作成した例を紹介する。

図 11-6　サービス事業者間の協調を高める

このグループは、低コストの健康改善機会の利用しやすさを高め、不法移民を支援するシステムを策定するために、サービス事業者間の協働を高めることがきわめて画期的な影響をもたらすことに気づいた。

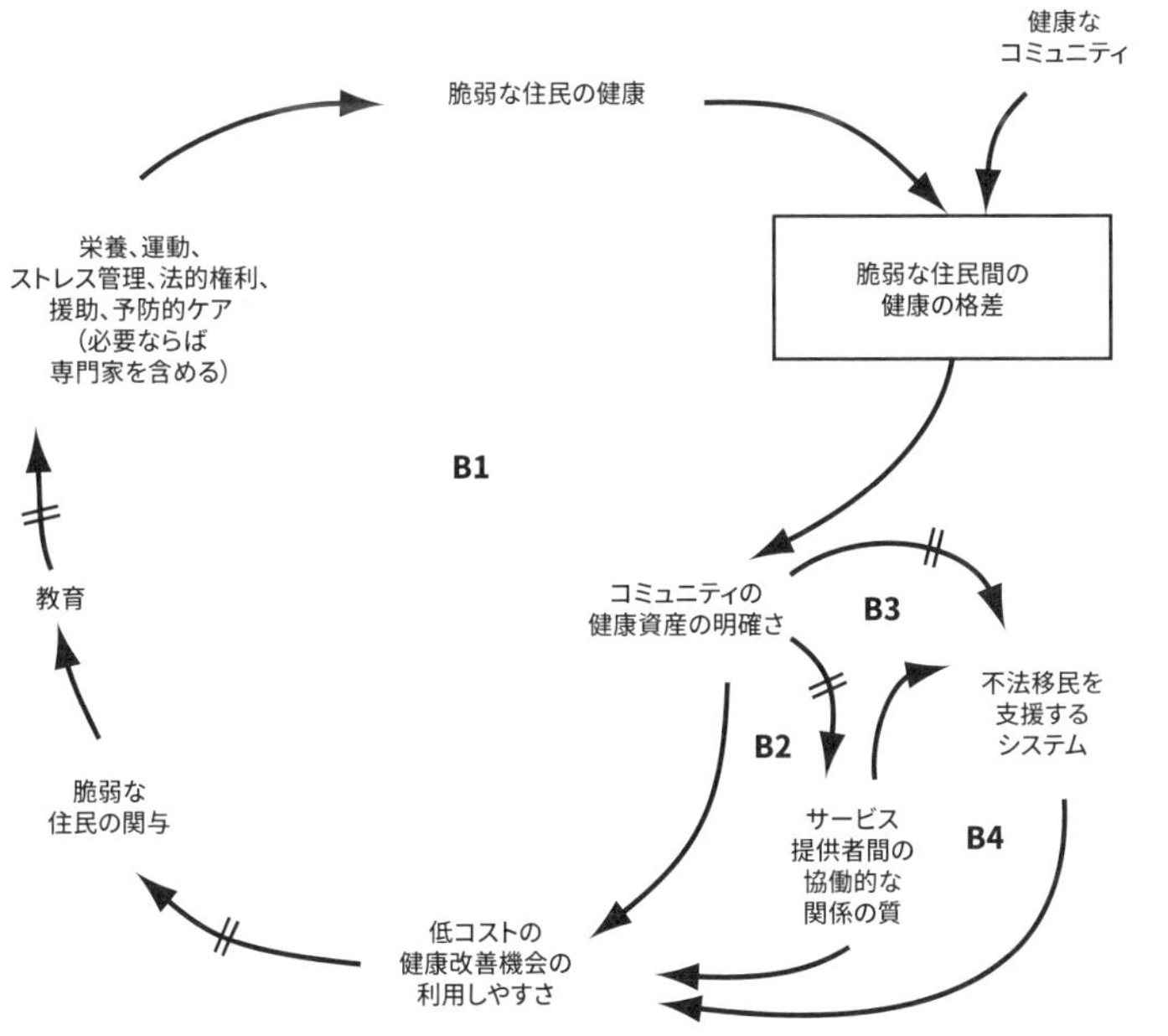

図 11-7　脆弱な人々の健康を改善するための追加的な戦略

資産マップ作成とサービス事業者の協働という中心的な戦略を推し進めるために、「コミュニティの関与を高める」「コミュニティの健康資産マップによって表面化した機会の格差を解消する」「健康問題を考慮に入れて環境整備を計画する」など、いくつかの追加的な戦略が特定された。

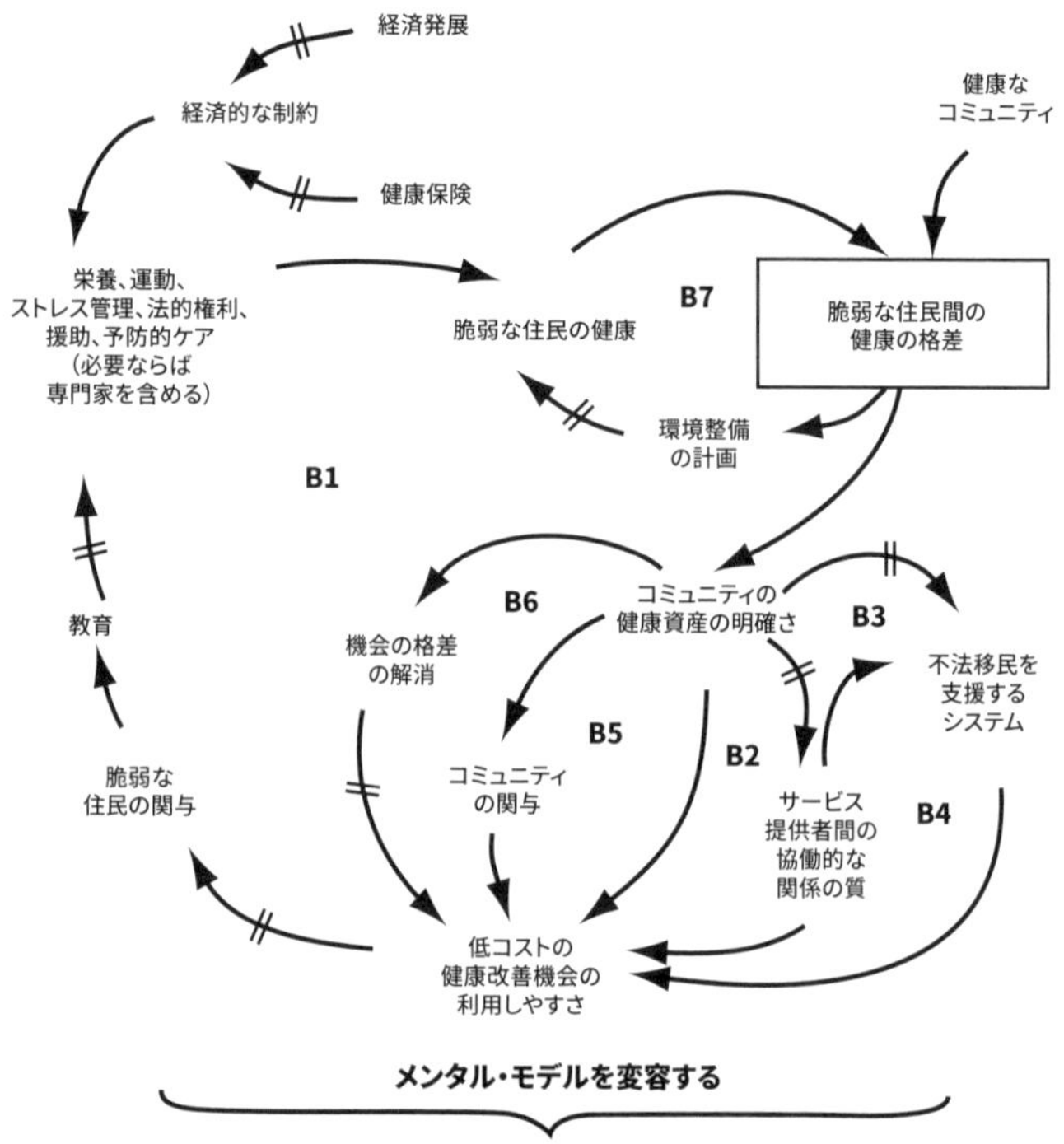

図 11-8 健康なコミュニティに向けた進捗を強化する

このグループは、当初の改善ループを長期間にわたって強化するための、4 つの方法を特定した。それは、脆弱な住民を巻き込むことによって、「コミュニティの健康資産マップの明確さをいっそう高める」「教育プロセスを通じて機会の格差に光を当てて解消する」「健康的な活動を生み出す新たな機会をうまく利用する」「健康指標の改善を利用して追加的な資金提供を呼び込む」の 4 つである。

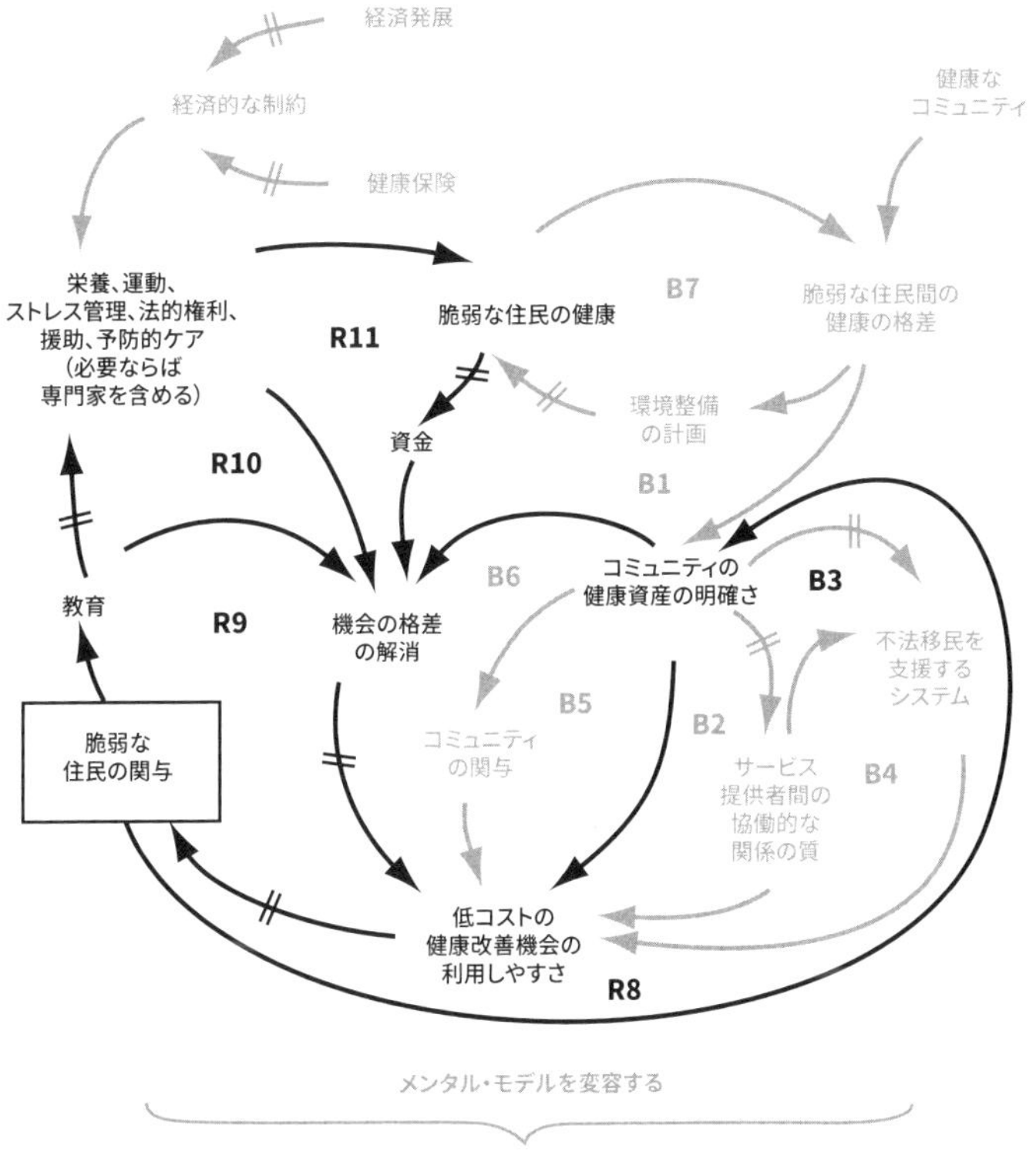

成功要因を統合する

このセクションの一つめの事例は、食と健康を改善する取り組みを紹介する。もともと地域内にあった強いつながりを活用するという、**成功増幅**の戦略を用いたものだ。二つめの事例は、ある郡全体の教育の質の向上を目指す取り組みを紹介する。ここでは**目標達成**の戦略が用いられ、多様な利害関係者の関係を強化したり、エビデンスに基づく継続的な改善の取り組みを行ったりすることで、主要な課題の解決を目指した。

食と健康を改善するために、強い絆を活かす成功増幅の理論

W・K・ケロッグ財団は、二〇〇六年に〈食と健康プログラム〉を創設した。当時の社会では、子どもの肥満への懸念が高まっていた。このプログラムは、すべての子どもたちの健全な食事と活き活きとした生活を目的に設計された。同財団はそれまで長年にわたり、健康で安全な食料の供給と消費の向上を支援してきた。しかし、この問題がひじょうに複雑であることと、それ以前の比較的単純な取り組みがうまくいっていなかったことから、プログラム担当者たちは、「食と健康」に対してシステム的な手法を用いることによって、次のようなことが可能になるのではと考えた。

- 多様な人々や組織のグループを巻き込む。

- 協働を育み、根底にあるシステムを変える革新的な戦略を見つける。
- 子どもや家族にとって、誰もが望ましいと思う健康を実現し、持続させる。

同財団は、全米から利害関係者を集め、九カ所で開催されたシステム変革プロジェクトに助成した。そのうちの一つ、アイオワ州の北東部の農村地域では、コミュニティのリーダーたちが、次のようなビジョンを策定した。

「アイオワ州北東部は、すべての住民と来訪者が健康な地元産の食品を口にし、称賛し、促進すると同時に、毎日身体を動かしたり遊んだりする機会をふんだんにもつ、他に類を見ない地域となる。より健康な人々がより健康的な家庭と活気に満ちたコミュニティを作る」[7]

このビジョンを実現するための方法として、この地域に昔から残っている住民同士の強い絆を活用する**成功増幅**の変化の理論《セオリー・オブ・チェンジ》を明確に示した。こういった関係性を育むことによって、その地域の農業インフラや広い土地を活用する方法についてだけでなく、より協調的な行動、よりよい結果、よりよい関係性について、もっと集合的に考える方向に進めるようになるだろうという確信があった。関係性、思考、行動、結果をつなぐ好循環は、もともとダニエル・キムが創案した成功の中核理論である。[8] また、成長を阻む潜在的な課題が二つあると認識された。一つは学習や越境的な取り組みに生じる遅れ、もう一つは革新的なアイデアを新しい政策に落とし込むまでの遅れだ。これらの遅れについて、忍耐力が試されることになるだろうと考えられた。こういった限界を乗り越えるために、共同の技術開発に投資し、早いうちから政策立案者を巻き込み、目標の期限までの実現が期待できる、現実的な施策案を取りまとめた。

図11－9は、とくに成長のエンジンと強化するメンタル・モデルに重点を置いた変化の理論《セオリー・オブ・チェンジ》をまとめたものだ。

この取り組みの主宰者の一人であり、現在はプロジェクト総括責任者であるアン・マンスフィールドは、助成金を受ける立場からのシステム思考への評価を簡潔に表現した。「このツールは、私たちが応急処置に飛びつかないように待ったをかけてくれた」。マンスフィールドらは、彼らが土台にしていた強みや予想される時間的遅れを認識し、可能な場合には遅れを減らすために、それが不可能な場合には人々の忍耐を高めるために取る予備措置を認識することによって、力強く現実的な前進方法を確立した。今、その計画を策定して六年以上になるが、マンスフィールドは「私たちの中核的な成功理論は、当初の想定通り、長い間持続している」と感じている。その成功理論を継続的に活用し、システム規模の変容に重点を置きつづけることによって、新たなパートナーを招き入れ、新しいスタッフを正しい方向に導き、自分たちの進捗を確認し、新たな戦略や仕事の流れを生み出すことができているのだ。

すべての子どもが愛され、成功するコミュニティを生み出す目標達成の理論

すべての子どもの健康と成功を目指すインテ・グレート！もまた、その戦略策定において関係性を重視した。インテ・グレート！は、すべての子どもがその人生において愛され成功するような、

図 11-9 アイオワ州北東部の〈食と健康プログラム〉における成功増幅の理論

この変化の理論（セオリー・オブ・チェンジ）は、この地域にすでに存在する強い絆を活用することによって協働が強まり、イノベーションが起こりやすくなり、政策の変更やより健康な人々、さらにはより強固なコミュニティへとつながるというものだ。この動態（ダイナミクス）はメンタル・モデルとして、具体的な前提をもつことによって強化されている。

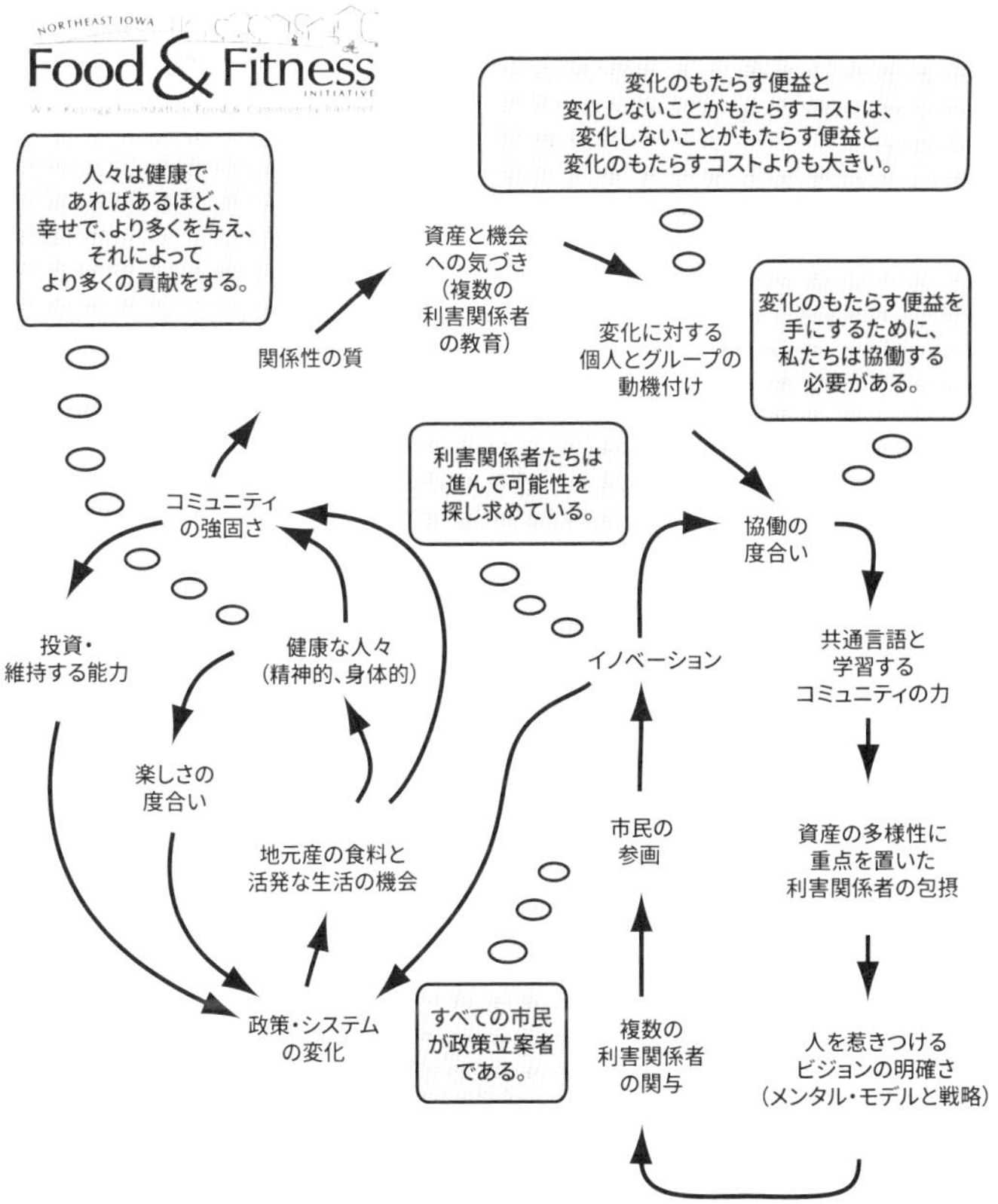

出典：Northeast Iowa Food & Fitness Initiative

包摂的《インクルーシブ》なコミュニティを創り出すことに重点を置いていたので、**目標達成**の変化の理論《セオリー・オブ・チェンジ》を構築することにした。さらに、このコミュニティの住民は、収入面でも民族的にもアイオワ州北東部より多様だったので、関係性の改善を戦略の重要な部分と考えた。この連合は、七つの主な成功要因を特定したが、そのうちの四つは関係構築に直接取り組むものだった。

- コミュニティの関係性の質（家庭に関わる組織同士の関係）
- 協働と統合の度合い
- 若者の関与《エンゲージメント》の度合い
- 家族の関与の度合い
- データと根拠に基づいた手法
- 機会利用の可能性
- 公平性

図 11-10　愛され、成功する子どもたちのための協働

サービス事業者間の協働を高めることが、すべての子どもが大切にされ、成功するよう支援するためのカギと考えられている。なぜならそのことが、双方の短期的な成功と質の高い機会へのアクセスの両方につながり、さらにシステムの公平性とすべての子どもの成功要因の存在を後押しするからだ。

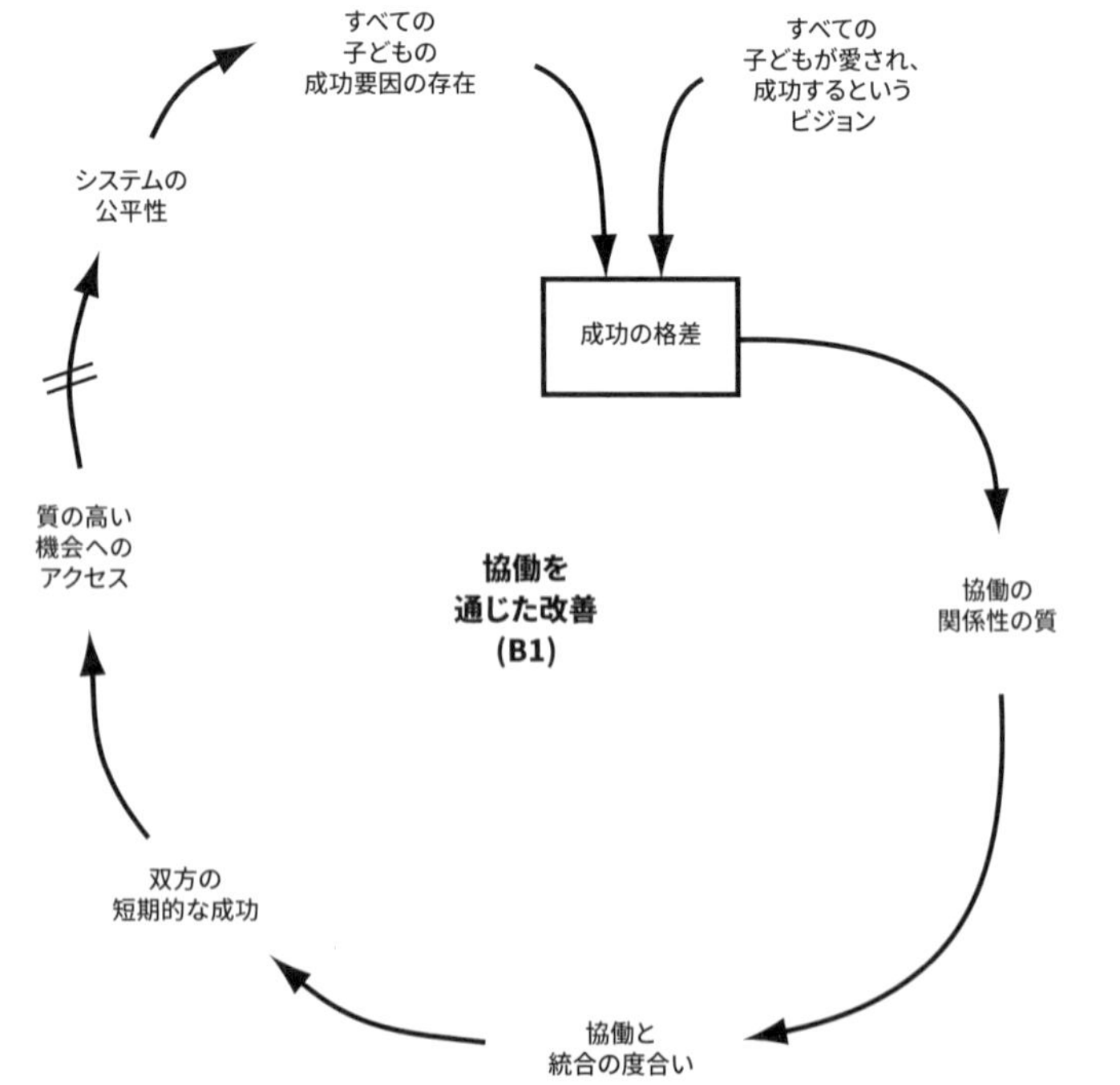

彼らは（図11－10〜13で描き出したように）これらの要素をつなぎ、話し合いの中で出てきた他の要素も含めるために、システム的な変化の理論《セオリー・オブ・チェンジ》を構築した。最初の**ループ図**である図11－10では、中心的なループ（B1）によって、実際の成功と望ましい成功の乖離が、協働の関係性の質を改善する原動力であることが示された。協働の関係性の質の改善によって、今度は家庭に関わる組織同士の協働と統合の度合いが高まり、それによって双方の短期的な成功が生み出され、質の高い教育機会へのアクセスが高まり、全体の公平性も高まり、すべての子どもにとっての教育上の成功要因の存在が大きくなる。

この図を基に、図11－11ではB2とB3のループを付け加えた。これらは、子どもたちと家族にもっと効果的に関与してもらうために、より質の高い協働関係の利点を強調している。

図 11-11　ビジョン実現のために、子どもたちと家族に関与してもらう

サービス事業者間の協働を高めることで、若者とその家族へのより効果的な奉仕活動が可能になり、それによってシステムの公平性がさらに高まる。

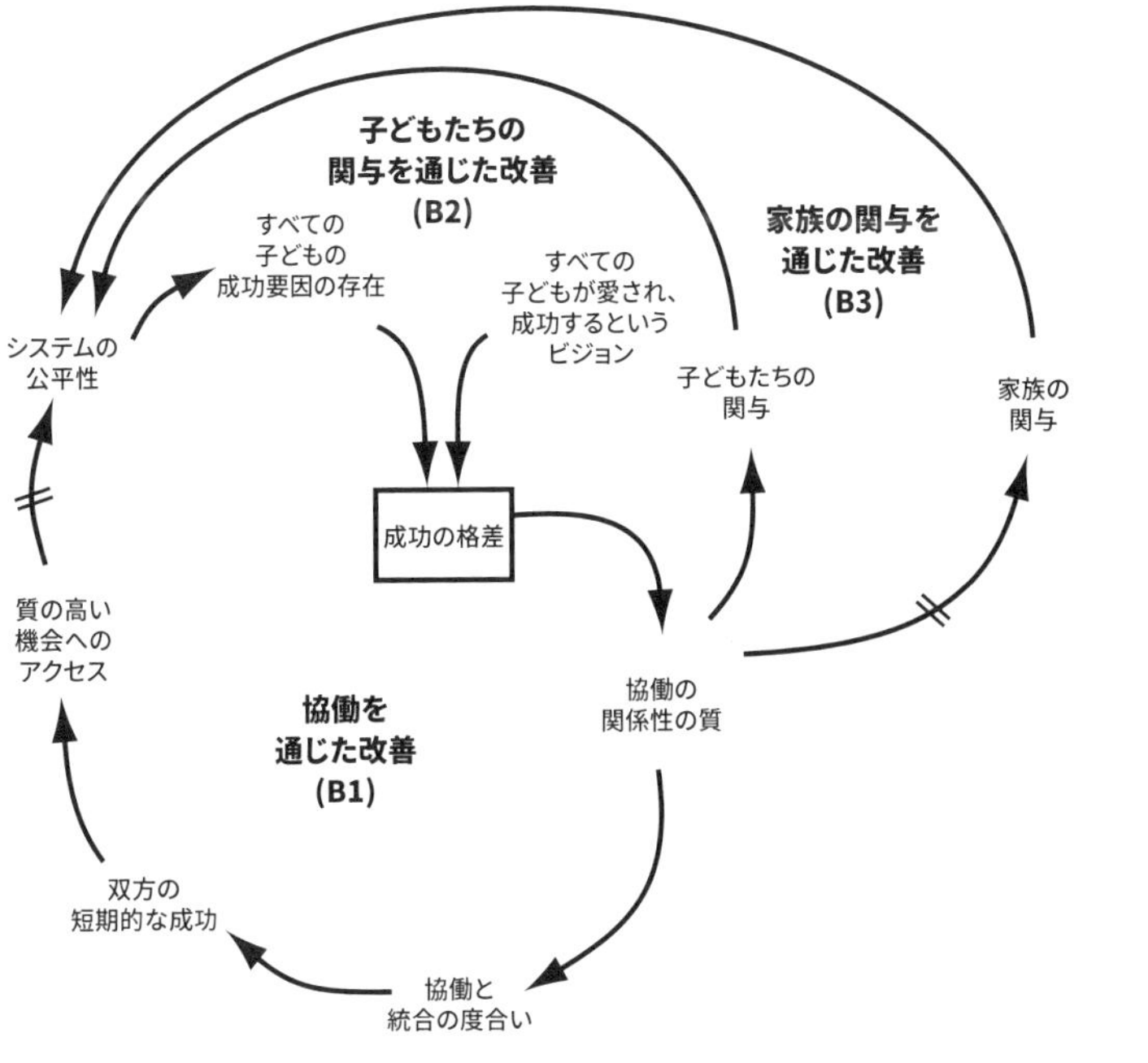

図11－12は、データとエビデンスに基づいた手法の重要性を浮き彫りにする。B4は共有知識の構築に焦点を当てている。B5とB6は、測定基準の共有について合意することが、より効果的で効率的なリソース活用につながると同時に、双方の短期的な成功を後押しし、その両方が質の高い機会へのアクセスを高めることを示している。

この連合はまた、最初の改善策が確実に持続し、強化されるようにする自己強化型ループをいくつか描き出した。図11－13のR7

図 11-12　愛され、成功する子どもたちを支援するデータ管理

より有用なデータの開発は、知識の共有、測定基準の共有、データとエビデンスに基づいた手法の改善につながる。そのことがさらには、双方の短期的な成功と、より効果的かつ効率的なリソース活用を促し、その両方が質の高い機会へのアクセスを高める。

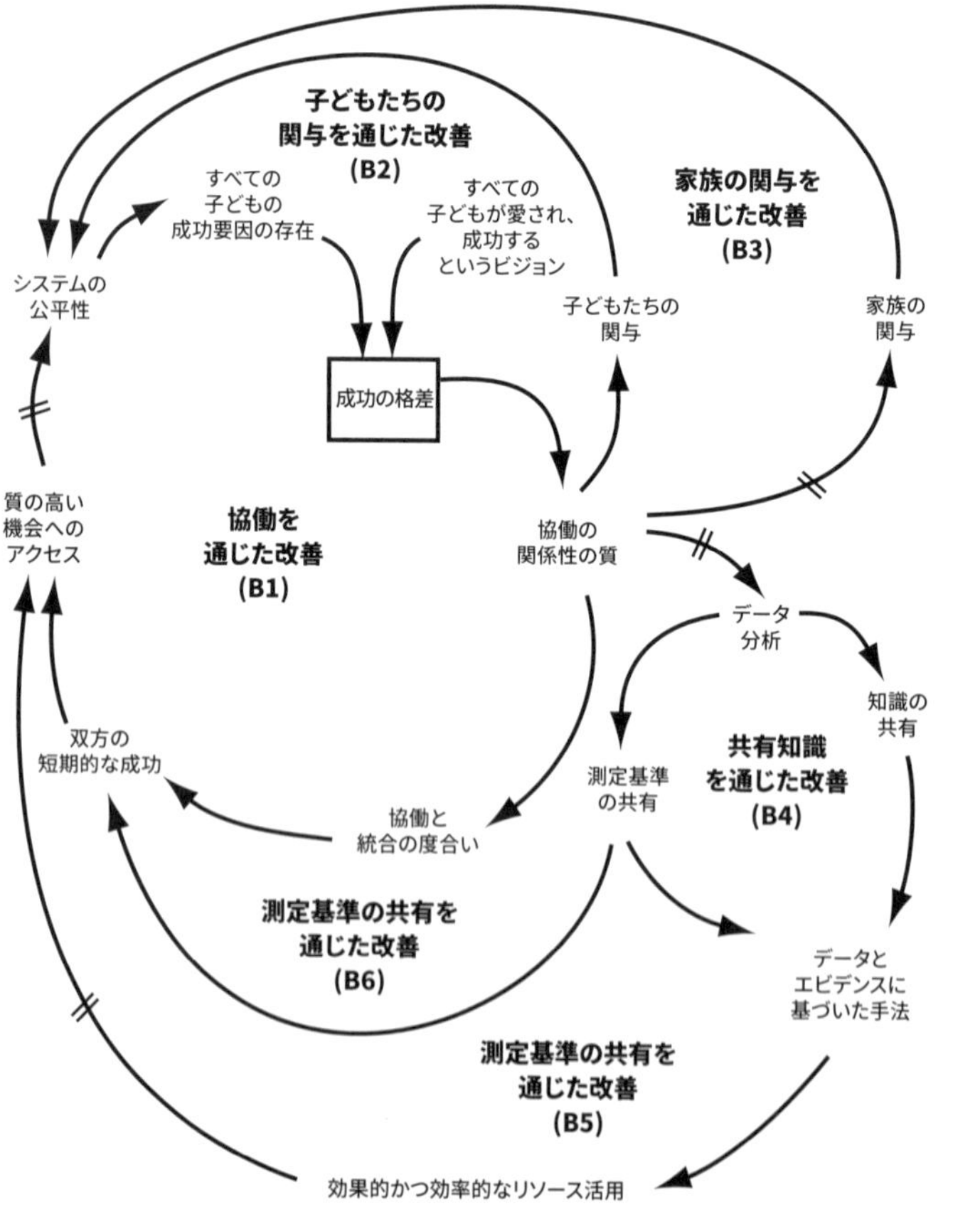

は、バックボーン組織の設置などによってインフラの連携体制を構築する必要性を示している。R8は、システムの公平性を高めることで、質の高い機会へのアクセスをいっそう後押しできることを表している。R9は、子どもたちに関与してもらって両親を巻き込むことに加え、その子どもたちを関与させるよう両親を後押しすることのもたらす利点を示している。R10は、測定基準の共有が、データ分析にいっそう重点を置くのに役立つことを説明する。

これまで変化の理論《セオリー・オブ・チェンジ》が

図 11-13　愛され、成功する子どもたちのための改善を強化する

最初の改善策は 4 つの異なる方法によって強化されうる。それは、「インフラの連携体制を構築するために、協働と統合を高める取り組みに投資する」「システムの公平性を高めることを通じて、質の高い機会へのアクセスを高める」「若者とその家族のつながりを深める」「追加的なデータ分析を強化するために、測定基準を共有する」というものだ。

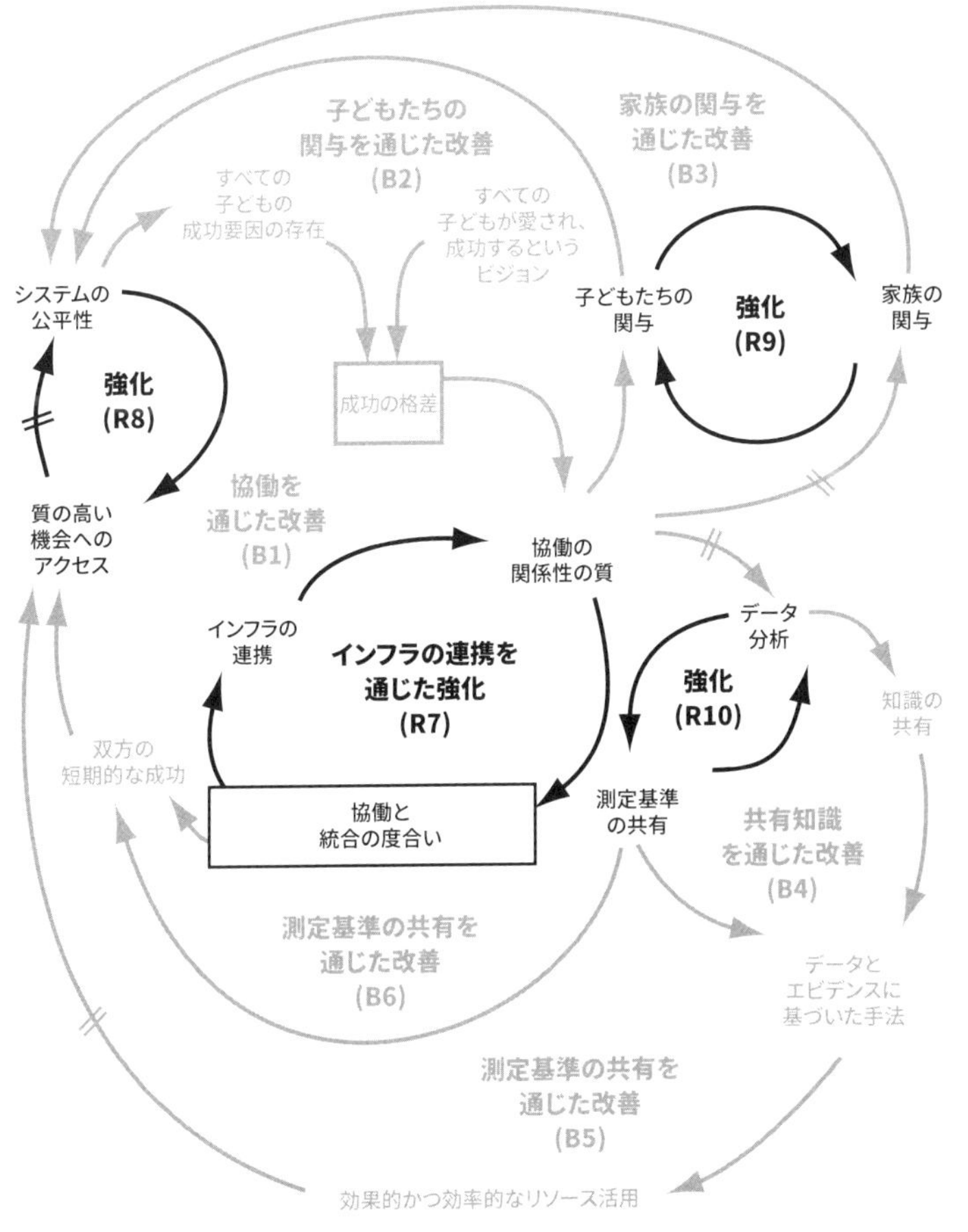

複雑になっていく様子を説明したが、そこから不必要な要素が取り除かれて、やがて単純な洞察に集約されることがよくある。インテ・グレート！の連合は後に、自分たちの理論が三つの主な考えに基づいていることに気づいた。イーグル郡学校連合の最高戦略責任者であるトレイシー・ウォドリンガーは、それを次のように要約した。

❶既存の組織とその資産《アセット》を連携させる協調的な信託制度《トラスト》によって、子どもたちにとっての機会の公平性が高まるだろう。
❷子どもたちと家族は、直接的にも間接的にもその活動に関与していなければならない。
❸継続的な改善活動を活かさなければならない。それによって、データが変化を促進し、私たちの努力とリソースの効率を最大化するだろう。

こういったループ図に描かれる変化の理論《セオリー・オブ・チェンジ》には、第2章で記したコレクティブ・インパクトに必要な要素がすべて含まれていることに留意してもらいたい。システム的な変化の理論《セオリー・オブ・チェンジ》は、共通の課題であり、共通の施策と、バックボーン組織の必要性を明確に組み込んでいる。それはまた、相互に強化し合う活動と継続的なコミュニケーションのための指針を提供する。さらに、こういった重要な成功要因は、コミュニティのリーダー同士の会話から生じたものだ。

プロジェクト全体のコンサルタントだったキャスリーン・ザーカーは、このシステム的な変化の理論《セオリー・オブ・チェンジ》を設計するプロセスから生まれた利点をいくつか報告している。

● この図は、連合が進むべき方向性を表している。人々はそれを「自分たちのロードマップ」と呼んでたびたび言及するようになった。
● 少人数による運営委員会と、このプロセスに参加した大きなグループは、ループ図を別の表現に落とし込み、自分の組織のメンバーに説明している。
● この図を作成することで、コミュニティの不平等についての理解が深まり、その問題に関する初めての正直かつオープンな話し合いが促された。
● 今では、未来へと続く基準を共有している。
● この図は、この連合がシステム的な変革に重点を置くことに役立っている。また戦略や戦術、活動が確実に合致して意図した結果になるよう貢献している。

選択を一連の流れにまとめる

これから、ある行政機関の膨大な計画と職務を管理可能な戦略にまとめるために、システム的な変化の理論《セオリー・オブ・チェンジ》を構築した事例について説明しよう。バラバラに見えそうな要素を集約して首尾一貫した戦略を生み出すことによって、組織はその責務に集中できる。そして、さまざまな職務の相対的な重要性について優劣の議論になるのを避けられる。優劣の議論は、優先順位の設定を難しくしてしまいやすい。

ある大規模な児童福祉関連機関は、事業を広げすぎていると懸念していた。予算が少なすぎて、そのプログラムのすべてを、高い効果を維持しつつ持続させることはできなかった。さらに、プログラム・マネジメントと、同機関の他の職務――とくに研究・評価部門と政策提言部門――との間で予算をめぐる競争があった。上層部は、戦略計画の再設計時に、システム的な変化の理論《セオリー・オブ・チェンジ》を構築することを決定した。その組織のさまざまな取り組みの間のつながりの意味をより深く理解することによって、プログラムを整理し、部門間の対立を減らしたいと考えていた。チームはまず、三〇以上あったプログラムを四つの分野に分類した。

- **予防**――リスクにさらされている家族が、自分の子どもに安全で愛情深い家庭を築けるように、生活の安定化を支援する。
- **安定化**――家庭から引き離されて、（地域生活への移行準備のための）一時保護施設に移動しなければならない子どもたちを安定させる。
- **発達**――一時保護施設において、子どもたちに対する愛情を込めた世話と継続的な教育を支援する。
- **あっせん**――子どもたちと親族の関係構築や、コミュニティ内での養子縁組のあっせんなどを行う。

このように分類した後に、分野間のつながりを明確にした。予防を行っても、家族が直面する数多くの外部の圧力を克服する手助けができなかった場合、その結果として安全でもなく支えにもならない家庭環境を生み出し、子どもたちは法律によってその家庭から離され、同機関が運営する一時保護施設にあっせんされる。この時点で、「子どもたちを安全で愛情にあふれた、恒久的な家庭に戻す」という目標が生まれた。具体的には、子どもの健全な発達を促し、そして親族との関係構築や養子縁組のあっせんなどを行うことによって、再生への道筋をつくり、子どもの生活を安定化させるということだ（図11－14のB1）。

四つのプログラム分野は、取り組みを維持するための持続的なリソースが必要だった。上層部は、この機関の財政的な実行可能性を確保するために、他の職務がどのように統合される必要があるかを明確にした。力のある研究・評価部門は残した。だがプログラム・マネジャーの多くは、その部門のことを、現場で自分たちが行っているひじょうに重要な仕事から予算を奪っているだけでなく、自分たちの仕事の公平な評価もできていないと考えていた。上層部はループ図を用いて、この部門が、全体で合意した明確な基準に従って評価を

図 11-14　子どもたちのために安全で愛情深い家庭を創り出す

家族に対する圧力が大きくなりすぎると、子どもは一時的に家庭から離され、まずは安定化によって、次には継続的な発達を促すことによって支えられなければならない。家庭の外にこのような基盤を提供することは、子どもにとって、家族との再統合または里親または養子縁組のあっせんにつながる強固な土台となる。

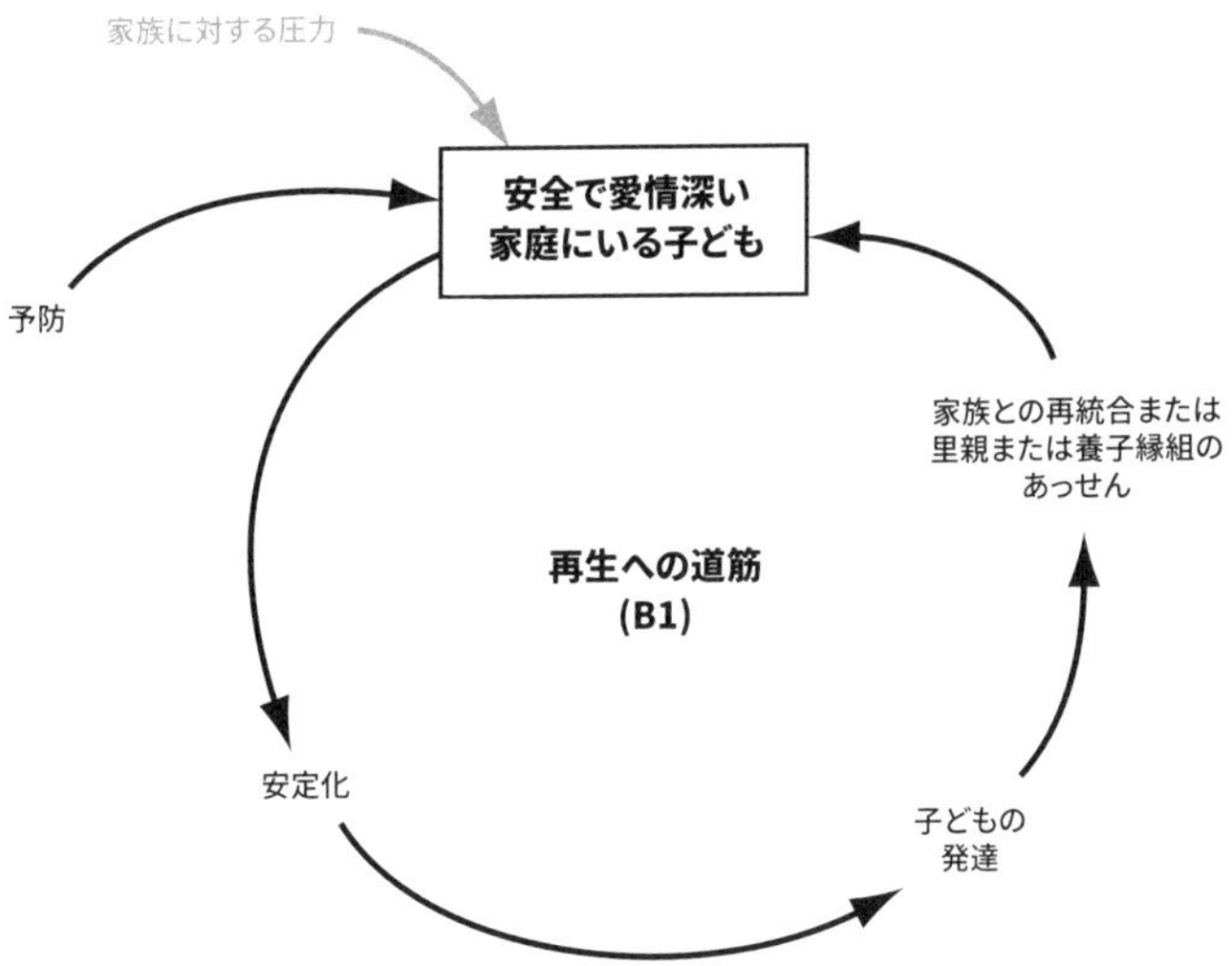

行ったときに、プログラムを強化するだけでなく、さらなる便益も生み出すひじょうに貴重な情報を同機関に提供したことを説明した。即座にもたらされた便益の一つめは資金調達の効果を直接的に高めたことだ（図11－15のR2）。二つめは児童福祉政策の改革提言に用いることができる、エビデンスに基づいた手法を実証したことだった。これによって資金調達の効果がさらに高まり、資金調達の効果が高まると、その機関のプログラム活動に継続的なリソースが提供されることになる（R3）。

同機関は、そのシステム的な変化の理論《セオリー・オブ・チェンジ》を明確に示した結果、その戦略に合致しないプログラムを特定し、廃止することができた。興味深いことに、廃止されたプログラムのマネジャーたちの勤務時の通話のほとんどが、自分たちの仕事を守る用件にあてられていた。おそらく、そのプログラムが組織にふさわしくないと感づいていたのだろう。これらのプログラムは、その運営により適した別の組織に移転されるか、現行の予算が終わった時点で段階的に廃止された。

この変化の理論《セオリー・オブ・チェンジ》によって、すべての部門が、「子どもたちが安全で愛情深い家庭に確実に住めるようにする」という目標に対して、自分たちがさまざまに寄与していることをより深く理解し、統合できるようになった。たとえば、評価部門と政策提言部門は、長期的に政策提言の質を高めるためには、短期的に評価部門により多くの投資をする必要があると理解することによって、自分たちの相対的な重要性をめぐるわだかまりを解いた。時として、**順序づけ**は優先順位の決定においてきわめて重要な側面である。なぜなら、順序づけによって、人々は、時間の経過の中におけるさまざまな仕事の相対的な重要性について考えることができるからだ。[9] それに対して、優先順位づけは、結果として、組織のエネルギーと善意を枯渇させる優劣の議論になることが多い。それは、人々が、いま自分たちの仕事の優先順位が高いとみなされないのであれば、これからもずっとそうみなされることはないと想定するからだ。時間の遅れを考慮に入れることによって、システム的な変化の理論《セオリー・オブ・チェンジ》はそういった議論を回避し、多くの当事者が時間の経過の中における自分たちの貢献を肯定できる。評価部門と政策提言部門の職務の例では、組織全体が、エビデンスに基づいた手法を運用する土台を強化するという目的において、短期的には評価部門への投資を増やし、その結果、土台が確立されれば、政策提言部門に資金を移行する必要があることに合意した。

図 11-15　長期にわたって持続的なリソースを確保する

評価と政策提言は、この機関の中核的なプログラムを支える追加的なリソースを呼び込むのに必要な、資金調達の効果を高めるカギである。

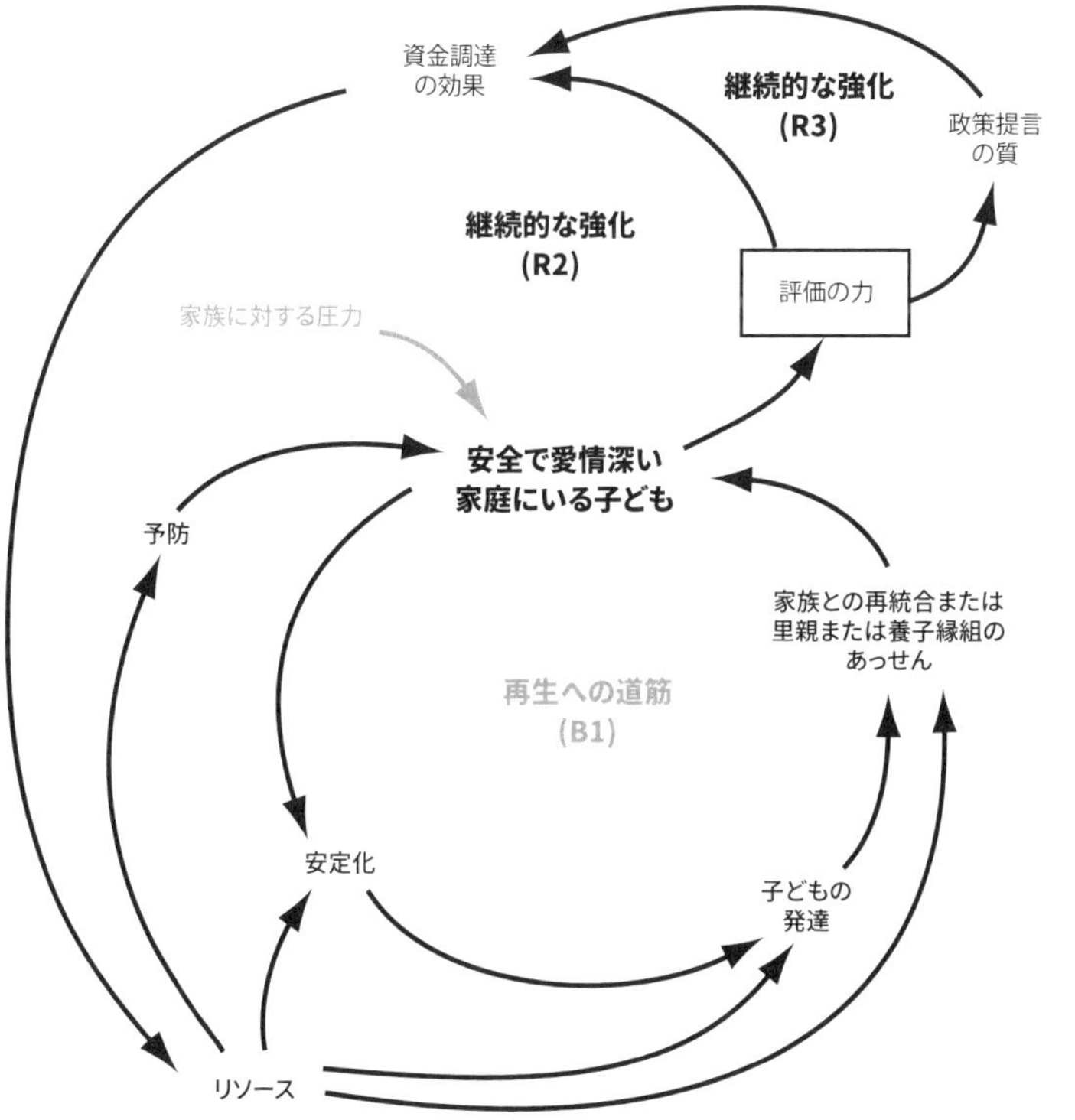

システム的な変化の理論《セオリー・オブ・チェンジ》を精緻化する方法

システム的な変化の理論《セオリー・オブ・チェンジ》は、より多くの情報が入手可能になり、行動の効果が現れ、状況が変わっていくにつれて、時間の経過とともに進化していくように設計されなければならない。あなたの変化の理論《セオリー・オブ・チェンジ》を精緻化するということは、他の利害関係者の理論を組み込み、重要な要素が時間の経過とともにどう変わっていくかをたどり、予想と実際に起こったことを比較して、理論を修正するということだ。

本章で取り上げた、コミュニティの多様な利害関係者が関与している事例のすべてにおいて、より少人数のグループによって策定された変化の理論《セオリー・オブ・チェンジ》を精緻化するために、より大人数の構成員からなるグループが招集されている。この段階での精緻化が、確実に、組織を代表したリーダーたちのグループ内だけでなく、最初は関与していなかったであろう他の主な利害関係者たちによっても行われることが重要だ。そのグループには、できるだけ最終受益者（生徒、患者、路上生活者など）と民間セクターの人が参加することが望ましい。とくに後者は、社会問題には利害関係があまりない、または近づきにくいと誤解されることが多い。こういった多様な観点を統合することは、あなたが、慢性的な問題の原因を理解するためにシステム図を作成するときと同じ課題を提示する。システム的な変化の理論《セオリー・オブ・チェンジ》は、複数の視点を組み込むだけの深さと、実施可能な洞察を提供するだけの単純さを兼ね備えていなければならないのだ。

自分の変化の理論《セオリー・オブ・チェンジ》をたどるというのは、重要な変数のそれぞれについて主な指標を見つけること、時間的な遅れを見積もること、主な成功要因や成果の指標が時間の経過とともにどう変化するかを予測する**時系列変化パターングラフ**を描くことなどだ。たどるべきもう一つの要素はメンタル・モデルだ。人々の前提が時間の経過の中でどう進化する必要があるかを特定し、（多くの場合は、長い時間的遅れを見込んで）変化が明らかになる時期を推測するのである。

　学習には時間がかかり、大きな犠牲を伴う過ちにつながることもあるので、自分が予定通りの道を進んでいるか、外れているかをよりすばやく検証するために、途中に道しるべを置くのは大切だ。さらに、自分の変化の理論《セオリー・オブ・チェンジ》について**コンピューター・シミュレーション**を行うことによって、あっという間に、実際の世界での時間的遅れを短縮でき、それによって実験と学習を加速することもできる。たとえば、気候変動や環境の持続可能性への取り組みや、代替医療を検証するためのコンピューター・シミュレーションが存在する。[10] これにはより多くの先行投資が必要であるが、結果を定量化し、さまざまな変化の理論《セオリー・オブ・チェンジ》を検証する学習曲線を短くすることができる。

　意図された変化の予想と、実際に起こっていることとを比べることによって、継続的な学習を行い、自分の前提と行動を精緻化することができる。重要な因果関係について考え直し、メンタル・モデルを改めるための戦略を変え、予想される時間枠を調整することができる。自分の変化の理論《セオリー・オブ・チェンジ》をたどり、それを修正することについては、評価について述べる次の章でもより詳細に見ていこう。

まとめ

- ループとなった変化の理論《セオリー・オブ・チェンジ》は、わかりやすく説明可能な多くの情報を、すばやく伝える図を創り出す。
- システム思考を戦略計画に適用することで、組織とコミュニティは次のようなことが可能になる。問題の根本原因を分析することによって特定された構造のツボ《レバレッジ・ポイント》を整理し、新しいことを創り出す多くの重要な成功要因を統合できるようになる。また、数が多すぎるプログラムや優先事項を精査して、一連の流れとしてまとめることも可能になる。
- システム的な変化の理論《セオリー・オブ・チェンジ》には、大きく二種類ある。「成功増幅」と「目標達成」である。
- 成功増幅の理論とは、成功の限界を予期して限界を乗り越える方法を計画することだ。
- 目標達成の理論とは、長期にわたって進歩を持続させ、進歩がさらに進歩を生み出すよう計画することだ。
- 時間の流れの中で順序づけをすることで、優先順位づけに伴うことが多い優劣の動態《ダイナミクス》を断ち切ることができる。
- システム的な変化の理論《セオリー・オブ・チェンジ》は進化する必要があり、これを実現するには、他の利害関係者の理論を組み込み、自分たちの予想に反して実際に起こることをたどり、この乖離の分析と解消方法を追求することで、変化の理論《セオリー・オブ・チェンジ》を修正することだ。

12 評価のためのシステム思考

資金提供者は、自分の投資がプラスの効果をもたらしているかどうかを知りたいし、資金受領者は、引き続き資金提供を受けられるよう、自分たちが資金提供者の目的を達成しつつあることを示したい。だが、社会問題の解決策を評価するのは容易ではない。理由の一つは、問題の複雑性そのものである。また、資金提供者も受領者も、非現実的な目標を設定しがちだ。なぜなら、資金提供者としてはすぐに結果を見たいからであり、受領者としては、志が高いからでもあり、資金提供者に良い印象を与えたいからでもある。公共セクターの政策立案者は、財源のない条例を制定し、公約の実現から遠ざかってしまうことがある。補助金の被交付者は、モニタリングと評価に抵抗する傾向がある。限られた資金をそうした仕事に割り当てたくないし、マイナスの評価が出てくるのを危惧しているからだ。そして、時間の経過とともに目標も優先順位も変わるので、成果の指標を最終的に何にすべきかを決めるのが難しい。

それでも、評価は依然として重要である。民間・公共セクターの資金提供者によく「システム思考を、評価のプロセスにどう役立てられるのか」とたずねられる。第11章で見たように、**システム的な変化の理論**《セオリー・オブ・チェンジ》には、評価にある程度活用できる要素が組み込まれている。たとえば、変化のための重要指標や、長期にわたって追跡できる測定指標などがある。また、指標に関する挙動パターンの予測は、あとで実際の結果と比べることができるだろう。

これから、システム思考を用いて評価を向上させるための、一般的な指針を見ていこう。加えて、前述の難題に対処するための方法も説明する。そして、同じく第11章で紹介した二つの変化の理論《セオリー・オブ・チェンジ》について、進捗を評価する方法を学んでいこう。

評価に関する一般的な指針

システム思考を用いて、次の五つの形で評価プロセスに有益な情報提供ができる。

- 現実的な目標を設定する。
- 明確な重要指標と測定基準を決める。
- 短期と長期を区別して考える。
- 多角的な側面から結果について探求する。
- 継続的な学習に努める。

現実的な目標を設定する

目標が非現実的なものだと、期待を寄せることも、期待に応えようとすることも難しくなる。また、有害なストレス、契約違反、関係悪化をもたらすだろう。志の高いビジョンの力に水を差しているわけではない。ヘンリー・デイヴィッド・ソローが言ったように「空中に楼閣を建てても無駄骨には終わらない。その場所こそ、楼閣を建てるべき場所だ。さあ、その下に土台を築くのだ」。

目標は土台の一部だ。ビジョンの実現に向かって懸命に努力するための、道標となってくれる。一度に設定する目標の数は、いくつかに絞り込むとよい。目安としては三つ以内だ。[1] さらに、システム的な変化の理論《セオリー・オブ・チェンジ》は、人々が自分の活動目標の範囲を定めるのに役立ち、その目標を実現する際に従うべき順序と、その過程で対処すべき**時間的な遅れ**を示す。良い理論は、人々に短期と長期の目標を区別させ、一度に何もかも行わないように思いとどまらせることができる。

人々は最初に、数を絞った現実的な目標を入念に設定するかもしれないが、長期にわたってその目標に集中しつづけるのは難しくなる。新たな条件や優先事項が現れて、私たちはいともたやすく打ちのめされたり、道からそれたりする可能性がある。仮にそうなったとしても、意識的に優先順位を変えるか、限られたリソースを考慮して既存の取り組みのスピードを落とすかやめることだ。反対に、他の仕事を手放さずに新たな仕事を担うと、非生産的になってストレスを抱えたり、戦略的ではなく反射的に対応したりするようになる。こうした過剰負荷に対処しようとすると、時間の経過とともにさらに仕事量が増える悪循環を生み出す傾向がある。こういった悪循環を避けるには、慎重かつ定期的に、仕事量と利用可能なリソースとのバランスを取りなおすことが有用だ。[2]

明確な重要指標と測定基準を決める

第10章で述べたように、選ばれた目的と合致する指標や測定基準に焦点を置き、必要ならばそれらを創り出すことが重要である。測定基準は、定量的なものでも定性的なものでもよい。むしろ、豊かな**システム図**を作成するには両方が重要なのだ。たとえば、サービス事業者間の協調のレベルも、健康状態の診断レベルも、健康的なコミュニティの構築において、追跡すべき重要な要素である。

「協調」などのより抽象的な変数を、「共通言語の使用度合い」や「共通の目標および戦略への献身」といった、より測定可能と思われる要素に分解することは有用だろう。定性的なデータを集める方法としては、主要な利害関係者《ステークホルダー》へのインタビューと世論調査の二つがあるが、さまざまな利害関係者のもつ**メンタル・モデル**も定性的なデータである。

システム思考の利点の一つは、人々が**レバレッジ**を探すのに役立つ点だ。レバレッジの一つの定義は、（時間、お金、人、その他の投入された）投資に対して、他よりも多くのリターンを生み出す行為があるということだ。絶対値ではなく比率によってリターンを測るという概念は、米国生産性品質センターの開発した、生産性《プロダクティビティ》、有効性《エフェクティブネス》、効率性《エフィシェンシー》という三種類の測定基準に欠かせないものだ。[3] 同センターは、生産性を、投入《インプット》に対する成果《アウトカム》の比率と定義した。ここで言う成果とは、意図された受益者によって達成された結果であり、投入とは使われたリソースのことである。有効性は、産出《アウトプット》に対する成果の比率で、ここでは産出とはリソースが生み出すものだ。そして効率性は、投入に対する産出の比率である。

たとえば、職業訓練プログラムの費用が五万ドル（投入）で、一〇〇時間の訓練を提供し（産出）、生活賃金を稼げる職を得て、その職を少なくとも一年間は維持している卒業生が七〇パーセントになっている（成果）とわかるだけでは不十分なのだ。その訓練の費用一ドル当たりに創出した質の高い雇用の数（生産性）や、訓練一時間当たりに創出された質の高い雇用の数（有効性）、費用一ドル当たりの訓練時間（効率性）も評価することが重要である。

ジョン・マガーと私は、州規模のある連合から、ホームレスをなくすための有意義な指標を提案してほしいと頼まれたとき、システム思考に基づいた次のような測定基準を提案した。

- 全体としての有効性＝（恒久住居に移り住んだ路上生活者数／月）－（路上生活者になった人の数／月）**⬇路上生活者数の月間正味減少に注目する**
- 予防の有効性＝（路上生活者になった人の数／月）÷（所得水準や家庭内のストレスから路上生活者になる危険性がある人の数／月）**⬇減少に注目する**
- 生活賃金を稼げる雇用創出の配当＝（居住者の支払った賃料＋居住者一人当たりが納めた所得税／年）－（職業訓練および移転の一人当たりの費用／年）**⬇雇用の創出に再投資できる年額を提示する**

短期と長期を区別して考える

第3章で述べたように、応急処置と小さな成功を区別することで、短期の改善を正しく評価できる可能性が高くなる。応急処置とは、短期的にはうまくいくが、長期的には最初の成果を帳消しにする、またはマイナスにさえする結果を生み出すもので、通常、問題の根本原因を明確に理解せずに、または長期的な戦略なしに打たれる解決策だ。それに対して、小さな成功とは、現在の問題についての深い理解に基づいた、長期戦略に向かう推進力を生み出す短期的な結果のことだ。

ある行為によって得られる短期的な結果が、長期的な改善にもつながる可能性があるかどうかを見極めるために次の六つの指針を活用できる。

- システムは**悪くなる前に良くなる挙動**を示す傾向があることを思い起こす。
- 問題の症状と根本原因を区別するようなシステム分析を参照し、あなたの改善が確実に根本原因に対処するようなものにする。
- この行動を選択するための情報を提供した、システム的な変化の理論《セオリー・オブ・チェンジ》を探求する。
- とるべき行動にたどり着いた際に、必ず時間的遅れが考慮されているようにし、人々がこういった遅れを受け入れている、またはその遅れを短縮するための戦略的な方法を見つけているようにする。
- テストの成績が悪い、健康状態が良くないといった、問題の症状をすぐに緩和する初期の成功ではなく、(関係性、洞察、組織のインフラにおける) システム全体の能力を構築する初期の成功を追求する。

- さまざまな行動の短期的な結果と長期的な結果との違いをすばやく検証するために、その問題の**コンピューター・シミュレーション**・モデルを構築する。

多角的な側面から結果について探求する

短期と長期の影響を別々に評価することに加えて、他の側面に従って結果を追求することも有用だ。第一に、意図された結果もあれば、そうでないものもある——そしてその両方が、次のステップへの価値ある情報と示唆を提供する。第二に、意図せざる結果がすべてマイナスなものというわけではないので、意図せざるプラスの結果を突き止め、そういったプラスの結果がさらにプラスの結果を生むようにすることも重要だ。第三に、開発されたか保全されたリソースは何かも調査することに加え、リソースを用いて、投資に対するリターンの全体像をつかむことも重要である。

こういった影響《インパクト》をすべて物語った、すばらしい動画がある。西アフリカのトーゴの村々で、井戸を掘って新鮮な飲み水をもたらす取り組みを紹介する、驚くべきストーリーだ。[4] 政府の技師たちによって作られたこれらの井戸は当初、村人たちに好評だった。なぜなら、それまでは水溜まりから水を得ていたからだ。水溜まりは、痛みをもたらし命を脅かすこともある寄生虫のギニア虫に汚染されているうえに、女性たちが一日に二回も三回も長い距離を歩いて水汲みに行かなければならない場所にあった。ところが設置から二年経った頃、ポンプの主要部分が壊れたために、井戸は放置された。村も政府も、それを整備するインフラを開発していなかったのだ。

トーゴの場合、技師たちが村を再訪したときに、なぜ井戸が使われなくなったのかを知った。技師らは、村人が自分たち自身でメンテナンスできるようになるための支援が必要だと気づいた。具体的には、故障の原因を突き止め、ポンプの修理資金を集め、ポンプを修理するために必要な地元のインフラとスキルを、村人と協力して開発した。政府も、村人が確実に自分たちで修理ができるように、近くの町にポンプの部品の在庫を置くようにした。村人は、自分たちが作りだしたインフラによって、井戸のメンテナンスをできるようになっただけでなく、さらに多くの食料と収入をもたらす開発プロジェクトを開始し、運営できるようにもなった。

継続的な学習に努める

システムは複雑かつ予想不可能な形で、そしてしばしば意外な形に発展するので、常に評価の活動に取り組まなければならない。次のような方法で継続的な学習を促すことができる。

- 資金提供者である場合、長期的な投資に努めよう。これによって、資金提供者も資金受領者も、失敗を軽視したり隠蔽したり、あるいは成功を誇張したりする必要性を感じなくなるので、成功からだけでなく失敗からも学びやすくなる。

- 既存の利害関係者との関与を保ちつつ、新たな利害関係者も巻き込もう。利害関係者の積極的な関与によって、長期にわたる学習と適応に不可欠なフィードバックを得られるだけでなく、より多くの人々が自分事として考える意識をもつようになる。
- 実験と利害関係者の参加から得たフィードバックを用いて、あなたのシステム分析と、時系列的な変化の理論《セオリー・オブ・チェンジ》を精緻化しよう。何が起こっているのか、そしてなぜ起こっているのかについての理解が正確になり、あなたのロードマップが前へ進めば進むほど、あなたはより効果的になるだろう。

成功増幅の道筋をたどる

成功増幅の理論には、それとわかる軌道があるので、より具体的な指標を探して、軌道から外れていないかを評価することができる。第4章の図4−6のS字曲線——後述の図12−1で少し違う形で再び登場している——は、自然な成長のパターンだ。それは、進歩が見えにくい緩やかな成長の第一段階、劇的に進歩する急成長の第二段階、成長が減速し、横ばいになる成熟の第三段階という三つの段階を経て進む。政策立案者、資金提供者、マネジャーなどほとんどの人は、このパターンではなく直線的な成長をイメージするため、理解に苦しむ（図12−1）。人々は、最初の段階では、自然で緩やかな成長ではなく、もっとわかりやすい大きな成長を期待しがちであり、第二段階では、急激な成長に圧倒される可能性があり、第三段階では、自分たちの進歩が予想を超えると現状に満足してしまう。短期間にもっと急速な改善を期待する人は、直線的な予想をする人々よりも大きな苛立ちを感じるだろう。

評価のカギは、成長プロセスの各段階で、何を予期して何を調査すべきかを知ることだ。最初の段階で育み、評価するべき重要な変化は、基盤の確立に関わるものである。つまり、共通の基盤を築く、システム全体の関係性の構築、イノベーションと成長の管理に必要な組織能力の開発だ。こういった領域の改善が、長期的な成功の推進力を築く小さな成功の構成要素となる。

「**共通の基盤を築く**」とは、共通の志を、ビジョン、ミッション、価値観の観点から定義するということだ。またそれには、第3章で紹介した**氷山モデル**を一層ずつ掘り下げて、今の現実について共通の理解を確立することと、最終的には、第11章で説明したシステム的な変化の理論《セオリー・オブ・チェンジ》に合意することも必要だ。「**関係性の構築**」は、三つの領域で評価される必要がある。自分たちの部分だけを最適化しがちなサービス事業者間の関係性、ソーシャル・公共セクターだけでなく、民間セクターも含んだ組織間の関係性、そしてこれらの関係者と変化による最終受益者との間の関係性の三つだ。とくに最終受益者については、彼らの声が、十分に考慮されなかったり、理解

図 12-1　予想と有機的成長を合致させる

線形の成長に対する人々の予想は、有機的な成長のS字パターンと一致しない。短期的には能力を開発し、小さな成功を生み出し、中期的には成果を数量化して伝え、長期的には現状への満足をイノベーションへと変容させることによって、直線的な予想と有機的な成長を一致させることができる。イノベーションが新たな成長のエンジンの動力源となり、パフォーマンスの好転へとつながる。だが、この時点でイノベーションを起こせないと、時間が経つうちにパフォーマンスが横ばいになったり、下落したりすることになる。

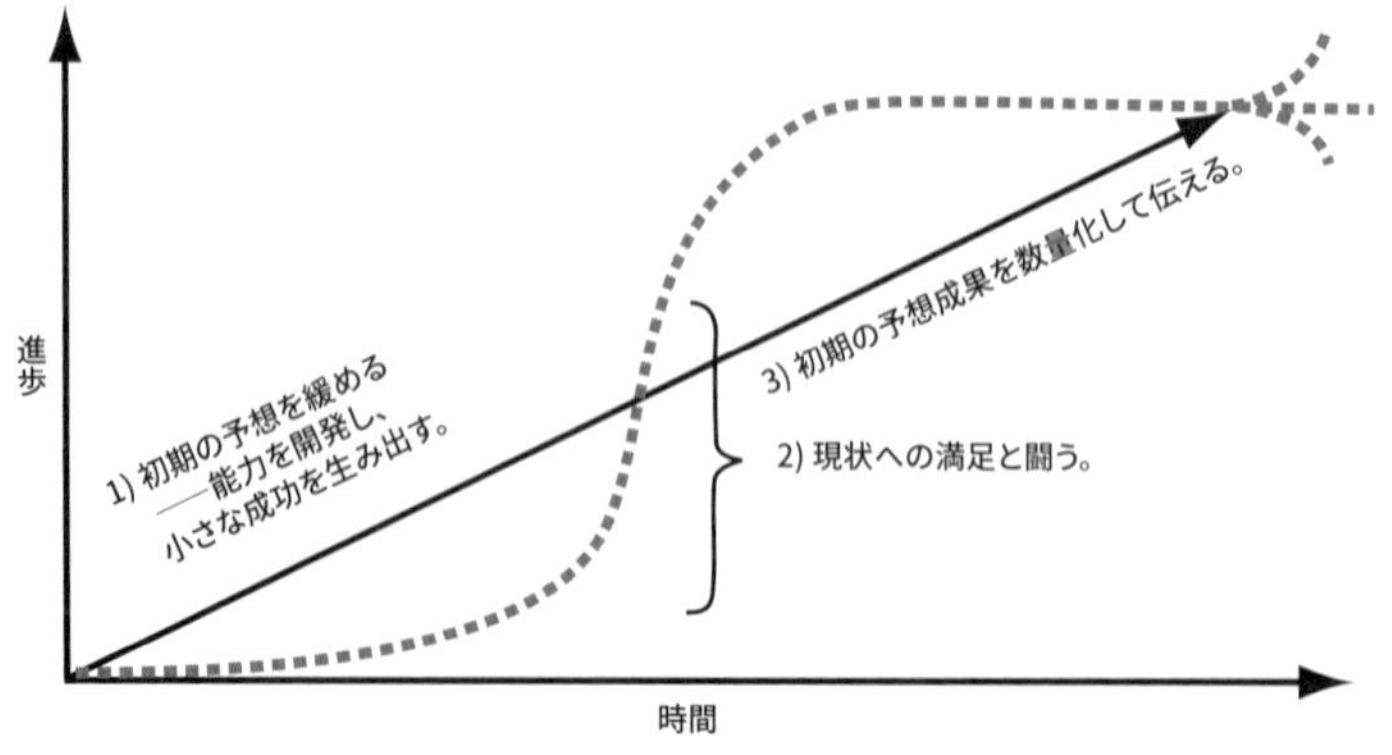

されなかったりすることが多い。この段階では、評価者は次のように質問するべきである。「利害関係者が集まって、新たな関係を作る場がありますか?」「システム思考を用いた協働能力の開発に関わろうとする関係者たちは、生産的な会話に参加し、自分たちの部分だけでなくシステム全体のパフォーマンスに対する責任を負っていますか?」

また、とくに、プログラムの実施に関する間接費をできるだけ低く抑えることが常に期待されている非営利組織においては、**組織の能力を構築する**ことも不可欠だ。ニコラス・クリストフとシェリル・ウーダンは、『道は開ける』（未邦訳／*A Path Appears*）の中の「援助の方法を改革する」という章で、非営利組織のインフラとビジネス・スキルへの投資不足が、そういった組織の影響力を大きく低下させていると指摘している。コンピューターおよび情報システム、マーケティングおよび顧客対応、組織・人材開発、評価といった組織の能力に投資することによって、非営利組織がより効果的になれるよう支援することが重要である。[5]

第一段階で前述の基盤を築くことで、システムは、第二段階で予想される急激な成長により効果的に対応する準備を整える。ここでは成果《アウトカム》を測定し、その成果を、生み出された産出《アウトプット》および投資した投入《インプット》と比較することが意味を成す。また、何もしないことのコストに対して、受益者の便益とより生産性を高めることの便益を測るのも有用である。

第三段階の始まりは、横ばいへの変化、つまり成熟だ。この段階では、過去の成功に満足しそうになる傾向を軌道修正することが大切だ。全力を挙げてイノベーションに取り組み、新たな成長方法を見つけよう。第4章で確認したように、**成長の限界**にはぶつかるだろう。しかし、古い成長のエンジンをひたすらいっそう強く回すのではなく、この段階で新たな成長のエンジンを見つけることによって、成長の限界を乗り越えることも可能だ。このような転換に成功できそうかどうかを評価するには、パフォーマンスの横ばいやゆるやかな下降に身を委ねるのではなく、異なる発展の手法への種を撒いているかという観点から判断できる。

目標達成の道筋をたどる

目標達成の理論も、それとわかる軌道をたどる。「**修正**」（または改善）と「**強化**」という二つの特徴的な段階だ。評価者は、各段階の成功可能性を測るいくつかの指標に注意を払うとよい。

修正の指標については、多くの点で**成功増幅**の第一段階の指標と近い。たとえば、共通基盤の確立、関係性の構築とそれに役立つスキルの開発、組織の能力開発などだ。一方で異なる点もあり、ここでは特別な注意を払う必要がある。たとえば、今の現実を説明するのに必要となる、しばしば追加的に行われる投資である。修正行動を決定する際は、まずは人々が解決しようとしている複雑かつ慢性的な問題の根本原因を明らかにすることがとくに重要だ。つまり「なぜ私たちは、最善を尽くしているにもかかわらずこの目標を達成できていないのか？」という問いに答えることだ。同じくらいに重要なのが、人々が期待通りに前進していない場合に、この問いに対する理解の度合いを再測定することである。

明らかに前進しているときは、人々の意識を高め、勢いを維持できるように努めることがきわめて重要だ。具体的には、次のような努力が必要となる。実際のパフォーマンスに応じて、目標を高める。また、その目標を達成するために必要な成長行動を特定し、それに投資する。さらに、その投資の財源としては、当初の改善から得られた配当を振り向けるようにする、といったことだ。

評価についてシステム的に考えることの本質は、評価には成果の測定だけでなく、もっとはるかに多くのことが含まれる、ということである。たとえば、現実的な目標を設定すること、選ばれた目的と合致するさまざまな定量的・定性的な指標と測定基準を明確にすること、行動の短期的影響と長期的影響を区別して考えること、多角的な側面から結果について探求すること、継続的な学習に努めることなどだ。**成功増幅**と**目標達成**の理論において、最初の段階の成功指標は共通しているが、長期的な指標は、どんな時系列的変化パターンを見るべきかによって異なってくる。

まとめ

- システム思考は、評価における難題のいくつかに役立ちうる。複雑性は、その一つにすぎない。
- 明確な変化の理論《セオリー・オブ・チェンジ》は、効果的な評価のための強力な土台となる。
- 肯定的な評価の可能性を高めるためには、プロジェクト開始時には組織が現実的な目標を設定し、時間が経ったときには、業務量とリソースのバランスを意識的に取りなおすことを心がけよう。
- 定量的な指標と定性的な指標、両方のデータを追跡しよう。

- 六つの指針を用いて、応急処置と短期の成功とを区別しよう。
- 意図した結果やプラスの結果だけでなく、意図せざる結果やマイナスの結果も探そう。さらに、リソースを使い果たす結果だけでなく、リソースを生み出す結果も探そう。
- 継続的な学習を支援しよう。
- 成長の三つの異なる局面を区別することによって、今の成功の増幅に向けた進捗を評価しよう。
- 改善の二つの異なる局面を区別することによって、今の現実とシステムの目標との乖離がどの程度解消されているかを評価しよう。

13 システム思考家になる

熟練を極めたシステム思考家になるには時間がかかるが、間違いなくそれは可能だ。本書において、システム思考は、ある意味で子どもの遊びと同じだと触れた。人は生まれながらに、つながりを見出したり、時間的遅れを（必ずしも我慢できるわけではないが）理解したりする能力をもっている。また、システム思考のツールや手法を適用するという作業そのものが、その能力を磨くだけでなく、自分が誰であり、世界をどう見るのかを形作るということも述べた。このような姿勢を培うことで、今後私たちがシステム思考のツールや手法を適用する際の効果が倍加される。

この最終章では、あなたがより効果的なシステム思考家になるための三つの方法を紹介する。第一に、私が「**システム的な姿勢**」と呼ぶものを培うのに役立つ方法を説明する。私たちは、私たちが理解し、影響を及ぼそうと努めるシステムの一部なので、そのためのあり方を身につける必要があるし、新たな物事の行い方も学ぶ必要がある。ピーター・センゲが「ディシプリンの本質」と呼ぶもの――システム思考家としてのあなたの取り組みに浸透するあり方、つまり人生への姿勢――を理解する必要があるのだ。[1] システム的に考えるというのは、皮肉なことに、単に認知的なディシプリンであるだけでなく、感情的で物理的なものでもあり、そして究極的には精神的なディシプリンでもある。

第二に、システム思考を社会変革に応用するやり方を効果的に身につける方法を説明する。アクション・ラーニング*の手法によって、本書で述べた変革マネジメントの枠組みにシステム分析のツールを組み込むことができるし、自分の組織やコミュニティにおける真の変革課題にその枠組みとツールを応用する方法も学べるだろう。

最後に、他の人たちが——視覚的に考える人であろうとなかろうと、自分で**システム図**を描けようと描けまいと、またはこういった図の読み取り方を以前に学んだことがあろうとなかろうと——システム的に考えられるようになるための重要な問いを紹介する。

システム的な姿勢を培う

ドネラ・メドウズは、「社会システムは、文化的な思考パターンや、根底にある人間のニーズ、感情、強さと弱さが外に現れたものだ」と述べた。[2] つまり、命令したからといって変えることはできないし、さらには、良いアイデアをいくつか導入したところで変えられるわけでもない。私たちが社会変革の担い手としてどれだけ効果を上げられるかは、私たちの能力や性格に加え、変化を及ぼしたいと思う人々の、さまざまな振る舞い方や経験によっても左右されるのだ。

システム思考を単なる認知的なディシプリンとみなしてしまうと、この手法の豊かさと幅広さを十分に認識できていないことになる。システム思考には、感情的・物理的・精神的な側面も含まれるのだ。これらの側面をすべて組み込むことで、組織や社会システムが直面している複雑な課題に

* アクション・ラーニング：現実の問題に対して、学習者が自ら解決策を考え、実行し、検証し、行動とその結果の振り返りを通じて、個人および組織として学習し、組織能力の向上へつなげるプロセス。

対処するときの効果を高められる。これから、四つの側面を一つずつ見ていこう。

認知的な側面

システム思考は、私たち全員がその構成要素であるシステムが、実際にどのように作用するかについて、私たちの考えを浮き彫りにするよう意図された言語であり、一連のツールである。この言語に組み込まれているのが、システムの機能に関わる重要な中心原則である。

- **フィードバック**——組織やシステムのパフォーマンスは、主に網目状に互いにつながり合った、（線形ではなく）ループ状の関係性によって決まる。
- **成長と安定性**——フィードバックは、システムがどのように成長したり、安定した状態を保ったりするのかを理解するのに役立つ。
- **多様性とレジリエンス**——システムは、多様性を通じて成長したり、イノベーションを起こしたりするし、変化に直面した際には、レジリエンスがあるために安定した状態を保つ。
- **時間的遅れ**——人々の行動がもたらす結果には、即座に起こるものと、遅れを伴って起こるものがある。そして、私たちは遅れを常に考慮するとは限らない。
- **意図せざる結果**——昨日の解決策が今日の問題になっている。
- **気づきの力**——システムをありのままに見て理解すれば、システムに内在する強みを活かせるし、短所によってコントロールされるのを避けられる。

- **レバレッジ**——システムの改善は、いくつかの重要な変化がからみ合い、長期にわたって持続する結果として実現する。

システムの言語と原則は、しばしば組み合わさって、認識可能なパターン、つまり典型的なパターンを生み出す。その基本的なストーリーは、最善を尽くしているにもかかわらずなぜ望んでいる結果を実現できないのかを説明する。**システム原型**はすべて、こうしたストーリーを表したものだ。目標を実現できないのは、人々の前提や行動が原因かもしれないし、人々の関心を奪い合う目標が複数あり、ときに対立を生んでしまうことが原因かもしれない。システム原型はそれらを説明するものだ。

感情的な側面

あなた自身の考えや行動がどのようにして、自分が解決したい問題の原因になっているかを受け入れるのは、とても難しいことかもしれない。ありがちなのは、物事が計画通りにうまくいかないときに、責任を引き受けるのではなく、他者のせいにするというパターンだ。システム思考は、他者を責める姿勢から責任を引き受ける姿勢に転換し、そして自身の現実の手綱を握り自らの選択を行う力を取り戻すのに役立つツールの一つなのだ。[3] 別のありがちな傾向として、システムと協調するのではなく、それをコントロールしようとすることによって、無力感を補おうとすることがある。しかし自ら選択する力をもつと、システムの中で働いている力に無意識のうちに逆らって往々にして事態を悪化させてしまうのではなく、その力とより協力して、そのシステムに関してうまくいっていることを正しく評価し、うまくいっていないことには敬意をもって対処することができるようになる。

自分の信念と前提にどれだけ限界があろうと、私たちは、「自分が誰であるか」と「自分が何を考えているか」を同一視するので、その信念と前提に感情的に執着しやすい。さらに、多くの場合、自分の信念を強く主張することで得るものがある。したがって、自分の考え方を変えるには、謙虚さと好奇心、そして、自分が間違っているかもしれないと認め、新たな前提や挙動を試し、他者から学ぶといった感情的なリスクを負う勇気が必要になる。すべての人の考え方が自分自身の理解を助ける可能性があるので、それに対して心を開いていることは重要である。また、どんな人であろうと、自分自身の物の見方は限られたものなので、すべての人の考え方に対して思いやりをもつことが大切だ。[4]つまり、感情的に成熟し、社会的知性を育むことが大切なのだ。

物理的な側面

システム思考はチーム・スポーツだ。多様な視点をもった利害関係者《ステークホルダー》が集まって、それぞれの考えを共有し、理解を広げ、全員が直面する現実をより完全に把握しようとするので、効果を発揮する。システムを図に描くことのいちばんの目的は、洞察と責任の共有につながる触媒的な会話を促すことである。それが、その後の**協調行動**の土台となる。

協調行動は物理的な世界で実現する。「**システム全体から招集する**（多様な利害関係者を集めて、志、視点、経験を共有する）」と「**システム的に考える**（複雑なシステムを、その部分同士のつながりという観点から理解する）」、この両方を組み合わせることによって、協調した行動が可能になる。システム全体から招集するだけだと、人々はむしろ、システムの全体を犠牲にして自分たちの部分を最適化するように振る舞ってしまうし、システム的に考えるだけだと、人々が一体感をもてない、または支援したがらない洞察を生み出しがちだ。

精神的な側面

システム思考は、精神的な実践である。なぜなら、以下のような見方を醸成するからだ。

- すべてのことがつながっている。
- 有用なつながりを促進するか、または機能しないつながりを増大させるかを選ぶのはあなた自身である。
- 建設的な選択をするためには、そのための性格特性を発達させるのが有用だ。

つながりを理解する方法、良い選択をする方法、性格特性を養う方法を学ぶことは、すべて精神的な実践である。

つながりを見る

多くの宗教的な教えが、「すべてのことがつながっている」という信条に基づいている。西洋の三大一神教の根源には、「私たちの生命の源は皆同じであり、それゆえすべての人がつながっている」という信条がある。仏教では、因陀羅網《いんだらもう》が、あらゆる物事の間で無限に繰り返される相互関係が存在する世界を象徴している。ヒンズー教では、本当の真実は内なる精神的な原理である梵我《ぼんが》であり、それが万物に命と存在を与える。

私たちが自分と周りの世界の間にある本質的なつながりを認識し、育むことができないと、自分自身と周りの世界を傷つけてしまう。「宗教（religion）」という言葉そのものが、ラテン語の**religare**を語源とし、この語は一般的には「結びつける」と訳される。つながりを作ることがすべてなのだ。この観点から、システム思考を、「人々が、全体に寄与するつながりを作るのを可能にすること」とみなすことができる。全体に寄与することは、道徳的にも実用的にも有益だ。私たちは、すべての人の利益を尊重することによって、自分自身を含めた、より大きな善に寄与し、変化をもっと強く後押ししようと努力する。私たちが生み出すつながりには、人々の間の感情的なつながりだけではなく、人々が一体感をもつシステムの、要素同士をつなぐ論理的なつながりもある。システム思考によって私たちは、より複雑な問題の一部を、より大きな問題の共通理解へと変容させることができる。また、さまざまな取り組みに明確な方向性を与えて、一つの航行可能なロードマップにまとめることができる。

良い選択をする

すべてがつながり合っているからといって、すべてのつながりがプラスになるものとは限らない。私たちは、良くも悪くもつながりうる。たとえば、私があなたを尊重することであなたも私をさらに尊重するようになったり、私があなたを軽視することで、あなたも私をさらに軽視するようになったりする。別の状況では、住宅建設ブームに拍車をかけた市場の動態《ダイナミクス》が、二〇〇八年の深刻な不況も生み出した。

良いつながりとは、次のようなつながり方である。

- 長期にわたって全体に寄与する目標に向かって、あなたの行動を方向づける。
- システムの——自分の部分だけを最適化しようとするのではなく——要素同士の関係性を最適化する。
- あなたが責任を感じるシステムの境界を明確にし、広げる。

目標を明確にし、プラスになる関係性を育み、システムの境界を定めることは、すべて選択だ。その好例が、シンシナティ小児病院に外傷科を創設した、小児科医のヴィクター・ガルシアである。ガルシアの患者の中に、都会での暴力行為に巻き込まれた幼い子どもがいた。ガルシアが医師として最善を尽くしたにもかかわらず、そのすべての命を救うことはできなかった。ある日、亡くなってしまった幼い男の子の両親が、慰めを求めて、わが子を救うために最善を尽くしてくれたかと尋ねてきた。その瞬間、ガルシアは、答えはノーだと悟った。自分の仕事を病院の内側に限定することで、その男の子の死につながった暴力の原因から自分を切り離していたのだ。その結果、ガルシアは、「最善を尽くす」を、「自分の患者が住むスラム街の危険かつ不健康な状況に、病院を超えて対処する」に再定義することを選んだ。貧困と、それがこのような子どもたちに及ぼす影響へのシステム的な解決策を生み出すために、〈コアチェンジ〉というＮＰＯを創設したのである。[5]

性格の強みを育む

プラスのつながりを生み出す選択をするためには、私たちの中にある性格特性を育むことが重要だ。

- **好奇心**——とくに、自分が本当に大切に思うことを実現できない状況において、学習を受け入れる柔軟性をもつ。
- **敬意**——誰もがその時にもっている知識で、できる限りの最善を尽くしているのだと考える。
- **思いやり**——人々は自分がもたらす害に気づいていないところがあり、その視野の狭さゆえに彼らが苦しんでいることを認識する。
- **気づき**——あなた自身を知り、自分が一部を構成する全体像をもっと注視する。そして、自分

コアチェンジ：CoreChange

自身が、変えたいと願っている状況そのものを、どのように無自覚に生み出している可能性があるかを理解する。

- **ビジョン**——何があなたを突き動かすのか、身辺の世界から何を求められているのかに耳を傾ける。あなたが心から大切に思うことのために働き、ヴァーツラフ・ハヴェルの言うように、「希望とは、結果がどうあろうと、そのことを納得できるという確信である」ことを覚えておこう。
- **勇気**——より都合がよいように思える選択肢に直面した際には、全体性と全体の持続可能性に賛成の立場を取る。さらに踏み込んで「システム全体がうまくいくには、私（たち）は何をあきらめなければならない可能性があるだろうか」と自問する。
- **忍耐**——不確実性と時間的遅れに直面した際には、最後までやり遂げる忍耐と粘り強さを養う。
- **柔軟性**——道からそれずにやりつづける能力と、新たな情報に直面した際に調整する柔軟性とのバランスをとる。

実践から学習する

慢性的かつ複雑な問題に直面すると、最初はひるんでしまうかもしれないが、第一歩を踏み出すときからその問題解決の専門家である必要はない。システム思考家としてのあなたの能力は時間の経過とともに高まり、実践することで学習できる。

グループが支援を求めることはよくある。マイケル・グッドマンと私は、参加者たちが、本書で紹介した原則とツールをすぐに適用して、自分自身の組織で大きな変化を実現できる手法を開発した。私たちは、広範囲の利害関係者――財団、NGO、公的機関、民間企業――と仕事をする際にこの手法をとる。このプロセスは、さまざまな問題を解決したり、システム的な変化の理論《セオリー・オブ・チェンジ》を構築したり、システム思考の能力を開発したりするために設計することができる。平均三～六カ月にわたるミーティング、研修、リアルタイムでのコーチングの組み合わせが有益だ。

　また、システム思考の基本的な言語、原則、ツールを組織やコミュニティの人々――この手法から利点を得られるものの、自分はそれに熟達したいわけではない人々――に紹介したいと思うこともあるだろう。そんな人には、マイケルが開発したオンライン学習コース「組織の問題に対するシステム思考と原型の適用」が役立つだろう。[6]その他にも、公開されている情報源はたくさんある（付録Dを参照）。

　最後に、あなたが関心のある慢性的かつ複雑な問題を――気候変動でも、政治におけるお金の影響力の拡大でも、恋人との不和でも――一つ取り上げ、それをより深く理解するために、第3章、4章、7章で述べたツールを用いて、自分で実際に**ループ図**を描いてみることをお勧めする。自分が情熱を感じる問題を扱うことで、新しいことを学ぶ際の最初のぎこちなさを乗り越え、より深い洞察とともに得られる満足感を経験することができる。新しい言語を学ぶときと同様、システム思考には訓練が必要だ。本書の事例があなたのやる気を引き出し、やがては、あなたが大切に思う人や問題について、あなた自身が同様の結果を生み出せることを願っている。

システム的な問いを立てる

システム思考家になるための最も効果的な方法の一つが、効果的な問いを考えることだ。視覚的に物事を考えるかどうか、ループ図を描くかどうか、他の人にもループ図を読んでもらいたいと思うかどうかは関係なく、問いを考えることは誰でもできる。覚えておくとよいのは、図は**触媒的な会話**を生み出すための大きな刺激となるが、良い問いをすることでも、新たな考え方、コミュニケーションのとり方、理解の仕方への扉が開かれる。

本書を振り返って、あなたができる最も有用な問いのいくつかをここに挙げておこう。

- 私たちが最善を尽くしていることは、私たちが本当に大切にしていることをどうやって損ねているのだろうか？
- 最善を尽くしているにもかかわらず、なぜ望んでいるようにはうまくいかないのだろうか？
- 直面している障害や目標を達成できない現実に対して、私たちはどんな責任を負っているだろうか？
- 私たちと同様の志を共有するものの、問題の性質や解決策について大きく異なる考え方をもっている人はいるだろうか？　もしいるとしたら、その人たちを私たちそれぞれの取り組みにより効果的に合致させるために、何ができるだろうか？

- 私たちは、私たちの問題に関連する具体的な出来事、根底にある傾向や時系列変化パターン、より深いシステム構造の検討などを事前に探求することで、何を学べるだろうか？
- 時間的遅れ、原型、バスタブの概念は、システム構造に対する理解をどのように深める可能性があるだろうか？
- 私たちはどの利害関係者を巻き込みやすいと感じているのだろうか？　そして彼らの変化への動機づけとなるものは何だろうか？
- 反対に、私たちが最初に巻き込むことをためらうのは、どの利害関係者だろうか？　そしてそれはなぜか？　最初に彼らを巻き込まないことで、私たちは何を逃す可能性があるだろうか？
　そして長期にわたって彼らを巻き込むために、どんな戦略があるだろうか？
- 私たちがいま巻き込んでいる利害関係者間で、どのように共通の基盤を築くことができるだろうか？
- 多様な視点の豊かさと行動に必要な単純さが共存するような形で、どのようにその問題について人々に理解を深めてもらえるだろうか？
- 伝えるのが難しそうな分析や、人々の根底にある信念や前提に対立するような分析に対する支持を得るには、どうすればよいだろうか？
- 現状を支持する議論はどうなっているだろうか？
- 全体がうまくいくためには、私たちは何をあきらめなければならないだろうか？
- どのような介入策ならば、持続可能で画期的な変化を実現できるだろうか？

- 私たちの解決策は、どんな意図せざる結果をもたらしうるだろうか？
- どのようにして、継続的な学習と波及を確実にすればよいだろうか？
- 私たちのシステム的な変化の理論《セオリー・オブ・チェンジ》とはどのようなものだろうか？
- 私たちのビジョンに向けての進捗を、システムのレンズを用いてどのように評価すればよいだろうか？
- よりよいシステム思考家になるために、どのような行動をとれるだろうか？
- 私たちは次に何をするつもりだろうか？

米国国立公園局のあるマネジャーがこう語った。「私は以前、組織のことを機械だと思っていました。がけ崩れや交通渋滞のような事象が、その機械の機能停止を引き起こすのだと。でもいまは、組織は生き物だと考えています。そういったことは単なる出来事で、機能停止の本当の原因は、自我《エゴ》、**メンタル・モデル**、コミュニケーション不足や関係性のまずさだと思っています」。より効果的なシステム思考家になるためには、人生の――認知的な側面だけでなく――感情的・物理的・精神的な側面を統合する姿勢とあり方を培うことが欠かせない。それには時間がかかるし、現実の世界の課題を扱う訓練が必要だ。そして、覚えておいてほしい。たとえあなたが自分では決してシステム図を描かないとしても、あなたや他の人たちがシステム的に考える機会を与えてくれる、効果的な問いを立てることは、いつでもできるのだ。

まとめ

- システム思考は、あなたが考えていること（だけ）ではない。
- より効果的なシステム思考家になるとは、あなたの――認知的な能力だけでなく――感情的・物理的・精神的な能力を培うことである。
- 最良の学習方法は実践することであり、その助けとなる情報源がたくさんある。
- 次に何をすればよいかわからないときは、システム的な問いを立ててみよう。

謝辞

本書の執筆へとつながった考えは、四〇年近くにわたる多くの人々の貢献から生まれたものだ。まずは長年の同僚であるマイケル・グッドマンに感謝したい。マイケルはシステム思考の第一人者であり、私と同じ情熱を抱いている。それは、組織やリーダーたちがシステム思考の原理とツールを、容易に使える形で現実世界の問題に適用できるようにするということだ。マイケルと私は第5~10章に登場する変革プロセスの枠組みや、「システム的な変化を主導する（Leading Systemic Change）」というワークショップを共に創り上げてきた。後者は、私たちがさまざまな組織や会合において、二〇年近くにわたって実践してきたものだ。また、マイケルは、〈イノベーション・アソシエイツ〉（現イノベーション・アソシエイツ・オーガニゼーショナル・ラーニング）におけるシステム思考の指導者として、システム原型や本書で用いられているツールの多くを開発し、システム思考の実践家を生み出すことにも貢献してきた。また、親切にもこの原稿全体を読んで、貴重な改善をもたらしてくれた。

それから、本書に記した考え方を開発し検証するにあたって、緊密な協力をしてきてくれた、さらなる二人の同僚にもとくに感謝したい。全国的な非営利組織である〈ギブ・アス・ユア・プア〉の創設者であるジョン・マガーは、多様な利害関係者《ステークホルダー》が目下の自己利益を超えて、ホームレスの撲滅にベスト・プラクティスを適用する意欲をもてるようにするために——とくにそういった事例が従来の考え方に異議を唱えるものであるときに——システム思考を用いることの利点を強く裏づけた。

キャスリーン・ザーカーは、コミュニティによるシステム的な変化の理論《セオリー・オブ・チェンジ》の展開を支援することへと私を駆り立て、多くの機会をくれた。キャスリーンはまた、W・K・ケロッグ財団の前最高学習責任者として、財団の仕事にシステム思考を適用することの価値を説明する方法の開発においても、私と協力してくれた。

組織学習のディシプリンを培い、その発展を促す機会を私に与えてくれた、イノベーション・アソシエイツの共同創設者である仲間たちに心から感謝している。チャールズ・キーファーは、イノベーション・アソシエイツ創設者の中心人物であり、組織学習分野の開拓者だ。彼は、人々の志を実現する手段となるような組織を創造することに力を尽くしている。チャールズは、従来の組織開発とシステム思考、自己マスタリーを統合して、強力な方法論に落とし込んだ。後に、仲間である共同創設者のピーター・センゲは経営書の古典である『学習する組織』などの著書を世に出し、システム思考そのものや、他の学習のディシプリンとシステム思考とのつながりの普及に貢献した。ロバート・フリッツもイノベーション・アソシエイツの共同創設者であり、その創造的なプロセスの達人である。そのプロセスは、すべての取り組みに、個人、組織、そして組織が尽くす人々の生活を豊かにするための原理とツールを浸透させるものだ。

さらには、イノベーション・アソシエイツの他の二人の同僚がしてくれた貢献にも感謝したい。

オ気あふれるジェニファー・ケメニーは、私がマイケル・グッドマンと共に最初の「システム的な変化を主導する」ワークショップを開発するのを手伝ってくれた。シェリー・イメディアトは、環境衛生や保健の問題にシステム思考を適用する道を開いてくれた。

他の同僚たちも、本書の執筆に重要な役割を果たしてくれた。ジョー・ラウルとセイラ・スライは私に、〈アフター・プリズン・イニシアティブ〉に関わることを勧めてくれたし、カーティス・オグデンは、〈ライト・フロム・ザ・スタート〉において彼と協働することを勧めてくれ、ダニエル・キムはマイケル・グッドマンと私をW・K・ケロッグ財団に紹介してくれた。この財団は、「システム的に考える」と「システム全体から招集する」を結びつけた最初のプロジェクトの多くに資金を提供してくれた。ピーター・ウッドロウは、ブルンジ共和国での連携に誘ってくれ、ダイアナ・シガスとロブ・リシグリアノと協力して、システム思考を平和構築に適用しつづけている。バチャ・カルスは私に、「補助金の効果を高める」ワークショップの第一回を設計・主導するよう勧めてくれた。アンドリュー・ジョーンズ、ドン・セヴィル、ジョージー・ビショップは、さらなる事例の材料を提供してくれた。リンダ・ブース・スウィーニーは多くの励ましと、他の同僚たちが「システム・ダイナミクスを促進する」ために何をしているかについての洞察を提供してくれた。

執筆期間を通して貴重な意見をくれたキャロル・ゴアリックにも、原稿の各部に目を通して改善してくれたマイケル・ヘリテッジ、R・スコット・スパン、リサ・スピナリにも感謝したい。

進んで関わってくれたクライアントの皆さんがいなければ、本書が書かれることにはならなかった。クライアントと、そのクライアントの活動対象である人たちこそが、本書が書かれた究極の理由だ。世界をよりよいものにするそれぞれの活動にシステム思考を適用することを、ひじょうに広い心で受け入れてくれた、ジョー・バートマン、ジェニファー・ベントレー、ジャクリーン・クローンチ、ベス・デイビス、マーク・ドレイパー、ナンシー・フリーズ・ファウンテン、ジェイソン・グラス、ティム・ジェンキンス、カレン・コーネマン、シンシア・ランバース、ナンシー・レナード、ジェニファー・ルドウィック、アン・マンスフィールド、アン・ミスキー、デイヴィッド・ニー、ジョン・サリスキー、ブレット・スミス、デイヴィッド・ティリー、スーザン・タッカー、ジョーン・ウォレス・ベンジャミン、ジョン・ウォルツ、トレイシー・ウォドリンガーなどの皆さんに感謝したい。

また、さまざまな場で行われた「システム的な変化を主導する」や「補助金の効果を高める」のワークショップへの参加を通じて本書の考えを受け入れ、貢献してくれた多くの人々にも感謝したい。私は皆さんの洞察や探求しがいのある問いの一つひとつから学んできた。

本書の前身となる考えを発表し、慈善事業におけるその価値を宣伝してくれた『ファウンデーション・レビュー』誌のテリー・ベーレンス編集長には特別な感謝を捧げたい。また、チェルシー・グリーン社の担当編集者であるジョニー・プラディードには、本書の執筆を私に勧めてくれて、最初から最後までひじょうに貴重な意見を提供してきてくれたことを感謝している。辛抱強く、そして粘り強く、千の言葉に匹敵する価値のある図を描いてくれたナンシー・ドーアティにも感謝したい。

最後に、自身も熟達した書き手であり、この仕事に揺るぎない信念をもっている妻のマリリン・

ポールの愛情に満ちた支えがなかったら、本書は書かれることがなかっただろう。妻は長年にわたって最も身近な相談役として、私が自分のしていることについて考え、説明するのを助けてきてくれたし、本書の原稿にも多くの貴重なアイデアを提供してくれた。息子のジョナサン・ストローにも感謝している。ジョナサンの人生に対する熱意が、日々私を鼓舞してくれる。

二〇一五年六月

カリフォルニア州オークランドにて

監訳者による解説

システム思考の実践と研究

私が本書の著者デイヴィッド・ストローと、彼の相棒であるマイケル・グッドマンの二人に出会ったのは、〈組織学習協会（ＳｏＬ）〉コミュニティの会議でのことでした。彼らは私にとって、システム・ダイナミクス学派の兄弟子です。二人は後輩やシステム思考の初学者に対してとても面倒見が良く、真摯な態度で、難しい質問にも思慮深く、そして愛情をもって答えてくれます。社会や自然に対して共感と愛情を抱き、他者に対しては信頼を基本として接している人物たちであると尊敬の念を抱いていました。

この二人の貢献の中でも著名なのは、本書でも中心に取り上げられている「システム原型」のビジネス分野への応用です。システム原型とは、さまざまな分野で共通して現れることの多い、問題の構造の基本となる型です。もともと、環境・開発分野で数多くの功績を上げたドネラ・メドウズが、一般の市民にもシステムの構造を理解してもらうために発案しました。このシステム原型が示す有用な知恵の一つは、その汎用性です。セクターや業界や規模にかかわらず、現実の問題をシステムのフィードバック構造に落とし込むことができれば、根本原因の掘り下げや解決のためにとるべきアプローチの手がかりを得られるのです。デイヴィッドとマイケルがこの考え方をビジネスや職場の場面に応用し、実践を積みながら練り上げていきました。彼らのこの貢献は、一九九〇年に出版されたピーター・センゲの『*The Fifth Discipline*（邦題：学習する組織）』の中で大きく取り上げられています。システム原型を用いることで、難易度が比較的高い作業が多かったシステム思考の実践を、身近な職場やビジネスの問題へ適用することがしやすくなったのです。このシリーズの書籍の発行部数は全世界で三〇〇万部以上にものぼり、世界各国の組織や地域で「学習する組織」の考え方が広がっています。

社会変革とシステム思考

学習する組織とシステム思考の広がりは、ビジネス分野だけにとどまりません。行政セクター、市民セクター、社会起業家たちの間でもその実践が広がっていきました。本書は、社会変革（ソーシャルイノベーション）と呼ばれる分野において、システム思考および関連する手法が、どのようにして社会変革の効果的な触媒として活用し得るかを示すために書かれました。

社会変革の目指すところは、重大な社会問題に対して、十分に大きなプラスの変化をもたらすことです。この変化を「インパクト」ないし「ソーシャルインパクト」とも呼びます。ソーシャルインパクトとは、「組織あるいはプログラムによる介入がもたらした、広範で長期的な受益者にとっての追加的な成果《アウトカム》であり、意図したものも意図しなかったものも、あるいはプラスの変化もマイナ

『学習する組織――システム思考で未来を考える』（ピーター・M・センゲ著、枝廣淳子ほか訳、英治出版、2011年）

スの変化も含んだ正味の変化」と定義されます。

例えば、若者への就業支援、省エネの推進、食品ロスの削減運動、低栄養によって発育阻害のおそれのある子供たちへの食事提供、日本向け商品の生産段階における児童労働撲滅など、さまざまなプログラムによって、対象とする受益者や周辺の利害関係者たちに、さまざまなプラスとマイナスの影響が生ずることでしょう。

望ましい未来を実現するために、実に多くの利害関係者や似たテーマの社会課題に取り組むプレイヤーが関わります。一つの組織が単独で成果を出すケースもありますが、多くの場合は、数多くの組織の活動の集合体として成果が現れます。こうした成果は、自組織がモノやサービスを産出《アウトプット》しても他の組織の成果達成の前提条件を満たさないこともあるし、むしろ他組織の活動が意図せずに自組織の成果を阻害する場合もあるでしょう。また、似たテーマに取り組むプレイヤーたちが、限られた資金や人材を奪い合うことも考えられます。

社会変革の取り組みは高度な複雑性が特徴です。まず、あるテーマの社会問題に対して、さまざまな個人やグループ、コミュニティが関わっており、それぞれの文脈が違う場合が多いという意味の複雑さです（詳細の複雑性）。そして、短期的な成果を出す施策は長期的にはマイナスの成果をもたらし、逆に長期的に成果を出す施策は短期的にはマイナスの成果をもたらすことがしばしばあります（ダイナミックな複雑性）。また、同じテーマの社会問題に関わる人たちの間でも、現状はどのようになっているのか、何が問題なのか、何がその原因か、何が目指す姿か、何が解決策か、どのような資源配分や順序立てがなされるべきかなど、さまざまな点で、違った認識や意見を持っていることは当たり前のようにあります（社会的な複雑性）。さらに、仮に「正しい解決策」があったとしても、それを誰が、どのように伝えるかによって効果が異なり、しばしば介入者自身の態度や行動が「システムの抵抗」と呼ばれる逆効果を生み出すこともあります（適応を要する課題）。

コレクティブ・インパクト

このような文脈の中で、井上英之さんの「まえがき」および本書第2章で示された、「コレクティブ・インパクト」への注目が高まります。コレクティブ・インパクトは、「異なるセクターから集まった重要なプレイヤーたちのグループが、特定の複雑な社会課題の解決のために、共通のアジェンダに対して行うコミットメント」を指します。コレクティブ・インパクトを進めるうえで必要となる重要な要素は「共通のアジェンダ」「共通の測定方法」「相互に補強し合う活動」「継続的なコミュニケーション」「バックボーン組織」です。

本書の第1部では、コレクティブ・インパクトを実現するための大きな二つの要素として、「システム全体から関係者たちを招集すること」と、「システム的に考えること」を提唱したうえで、後者のシステム的に考えることに必要なシステム思考の基礎を紐解いています。

第2部では、具体的にシステム全体から招集された関係者たちによって進める一連のプロセスとして「4段階の変革プロセス」が紹介されています。

第3部では、社会変革の実務面からの補足として、「変化の理論《セオリー・オブ・チェンジ》」「評価」「システム思考家の心得」という三つのテーマが紹介されます。

「変化の理論《セオリー・オブ・チェンジ》」は、関係者たちによる「共通のアジェンダ」を構築し、また「相互に補強し合う活動」の青写真となります。

組織・プログラムのインパクトの評価体系は、関係者たちに「共通の測定方法」を設定すると共に、社会全般および主要な関係者たちに成果《アウトカム》を的確に伝え、関係者たちの学習を促すための「継続的なコミュニケーション」の基盤となります。バックボーン組織は、こうした多様な関係者たちの活動をコーディネートするうえで重要な役割を担う組織です。

最後に、ファシリテーターや社会起業家に欠かせないリーダーシップ資質としてシステム思考家（システムシンカー）としての「あり方」を培うことを奨めています。

まさに、コレクティブ・インパクトを進めるためのエッセンスが凝縮された一冊と言えるでしょう。

そして、たとえあなたやあなたの組織が、他の利害関係者とあまり関わっていない場合でも、本書のプロセスは大いに役立つでしょう。組織内で理念、戦略、中長期計画を策定する際、新しいプログラムの立案する際、あるいは節目を終えて評価を行う際などに活用できるでしょう。そして、組織内の経営陣、スタッフ、理事会の中で、あるいはさらに広げて、資金提供者やサポーター、ボランティア、そして受益者などの関係者を呼び集める機会があれば、共にシステム的に考えることの価値を実感できることでしょう。

社会価値創出に貢献するビジネスの役割

　これまでは公的機関や非営利組織が社会変革を主に担ってきましたが、企業などの民間セクターにも期待が高まっています。グローバル化や経済開発の陰で、環境の破壊、温暖化問題、社会コミュニティの崩壊など、企業はともすると社会問題を生み出す原因であるという見方が、社会・環境問題の活動家の間には根強くありました。しかし、ここ二〇年ほどで機運は変わり、「企業は社会問題の解決に携わる重要な利害関係者である」との見方が生まれ、期待が寄せられているのです。

　そうした背景もあって、企業の評価において「ESG」や「CSV（Creating Shared Value）」などのキーワードが注目されています。ESGとは、環境（Environment）、社会（Society）、ガバナンス（Governance）の三つの側面から見た企業のパフォーマンス評価であり、世界的な投資対象基準として採用され、近年日本でも、とくに企業評価の分野で注目されています。またCSVとは、政府・市民セクターと協働し、社会価値と事業価値の双方を創出する活動のことを指します。企業の立場からも、新たなビジネスの創出を見据えて、社会問題へ関心を寄せるようになっています。

　日本では、以前から「三方よし」「論語と算盤*」と言われるように、社会道徳を前提にした経済を志向する考え方がありました。社会的な活動を単なるかけ声倒れに終わらせずに、企業理念と合致した現実の変化を創り出すうえでも、この社会価値創出についての実践的なアプローチが求められるところです。

　実際、海外では、環境問題や社会問題に対する社会変革を他のセクターと連携することで、新規

＊　三方よし：近江商人が「商の菩薩道」を提唱したことに始まり、1970年代にその思想を紐解いて「買い手よし、売り手よし、世間よし」の三方にとって価値を生み出すことの重要性を説くにいたった。
論語と算盤：渋澤英一の著書にあるように、商売の基本には道徳倫理が必要であるとする商業理念。

事業を創出し、企業の評判を高め、財務的にも優れた成果を残す企業がたくさん現れています。それらの社会変革に成功する企業では、担当者たちが、本書にあるような実績のある手法とプロセスを用いていることも見逃せないポイントです。

コレクティブ・インパクトの実践に向けて

このような背景の中で、デイヴィッド・ストローのこの著書は極めてタイムリーだと言えるでしょう。「VUCA（脆弱、不確実、複雑、あいまい）」時代と言われる今日、システムそのものの変容とそのためのシステム横断のコラボレーションが、ますます求められるようになっています。しかし、システム横断のコラボレーションは、「言うは易し、行うは難し」の最たるものです。十分な関係者たちの意志と、個人および集団としての能力が備わらなければ為し得ません。事実、コラボレーションの失敗のほとんどは、招集時点あるいは変化の基盤づくりの段階で起こります。

本書は、コレクティブ・インパクトあるいはシステム横断のコラボレーションの構築を念頭に、システム思考だけでなく、「学習する組織」他の四つのディシプリン（「メンタル・モデル」「チーム学習」「自己マスタリー」「共有ビジョン」）を統合したプロセスを紹介しています。実務上のプロセスの経験を積んだ方や学習する組織の方法論に通じた方にとっては、本書は過不足なく情報を提供してくれています。一方、なじみの薄い方にとって、実際にどのように始めるのか疑問が残る方もいらっしゃるでしょう。

以下、この解説では、システム全体から招集することと、システム的に考えることのそれぞれについて、実務的なプロセスを紹介します。また、最近国際的に公的資金や助成金を得る際に求められる変化の理論《セオリー・オブ・チェンジ》について、本書と実務の関連を紹介します。

システム全体から関係者を招集する

本書の事例では、デイヴィッドたちはファシリテーターとして呼ばれており、招集者が別にいることが多いようです。招集段階について世界各地で成功と失敗の双方の経験がもっとも豊富なファシリテーターは、カナダ人のアダム・カヘン氏です。南アフリカやコロンビアで多様な利害関係者たちのコラボレーションをファシリテーションし、それぞれマンデラ大統領、サントス大統領のノーベル平和賞受賞に貢献しました。彼の著書『社会変革のシナリオ・プランニング』と『敵とのコラボレーション』では、このシステム全体から関係者を招集することに関して具体例と共に描いています。ここではその要点を紹介します。

まず、会合そのものの参加者を決める招集チームを結成します。さまざまなセクターから関係者たちを呼び集めるには、各方面にネットワークをもち影響力をもつキーパーソンたちが必要となります。ファシリテーターを含めて3〜7名程度で構成されるこのチームが、関係者の人選を進め、参加を呼びかける役割を担います。参加者を決める際には、地域システムや社会システムを代表する小宇宙《ミクロコスモス》を形成することを目指します。各セクターや業界の有力なリーダーを含めることが多いですが、本書にあるように声なき多くの一般市民や受益者を代表できる人や、全く異なる視点を提供

『社会変革のシナリオ・プランニング——対立を乗り越え、ともに難題を解決する』（アダム・カヘン著、小田理一郎監訳、東出顕子訳、英治出版、2011年）
『敵とのコラボレーション——賛同できない人、好きではない人、信頼できない人と協働する方法』（アダム・カヘン著、小田理一郎監訳、東出顕子訳、英治出版、2018年）

できる人を含めることが大切です。

理想的には、数ヶ月〜二年間にわたって、合計で一〇日〜二〇日のプロセスを設計することが望ましいでしょう。南アフリカの事例では、忙しすぎる各党の代表ではなく右腕となっている中堅若手を集めたことで、その後の国づくりの人材育成の場にもなりました。物理的にそれだけの日数の参加がかなわない場合には、さまざまな視点や声を集めるために、参加者たちが現地を訪問する、会場へゲストスピーカーとして知見を共有してもらう、インタビューするなど、さまざまな方法を組み合わせることが出来ます。いわゆるアンケートや、複数人同時にインタビューするフォーカスグループなどの情報も役立つでしょう。ただし気をつけておきたいのは、統計とプロファイリングによって過度に抽象化すると、人間性やリアル感がどうしても失われがちですので、実在する人物に関する記録や証言あるいはストーリーとして提示するのがよいでしょう。

また、「全体から関係者を集めたい」とする招集者の意図を一方的に押しつけるのは逆効果です。アダム・カヘンは『敵とのコラボレーション』の中で、協働は必ずしも最善の選択肢ではない、として、参加者の立場からどのような選択肢があるかについて解説しています。本書でデイヴィッドが記述することと重なりますが、協働以外にも、「対立」「適応」「離脱」の選択肢があり、これらと意識的な比較を行ったうえで、参加者自らが選択するように働きかける姿勢を持つことも大切です。

多様な参加者の対話のファシリテーション

さて、多様な関係者たちが集まったところでどのように話し合いを進めればよいでしょうか。

共通の社会課題のもとに集まったとしても、その役割、目的、方針、立ち位置、信念や価値観には大きな違いがあることは珍しくありません。そのような人々が生産的な会話を行うためには、力強く安全な「器」が欠かせません（本書では第3章で簡単に言及されています）。器とは、日本でいうところの「場」の概念と類似していますが、さらに踏み込んで囲いや蓋がしっかりあることが特徴です。囲いの例として、物理的に日常と違う場所で開催することや一連の会合の期限を決めておくことのほか、このプロセスに参加する全員が、組織内外の批判や攻撃から守られるような手立てを打つことが含まれます。また囲われた場に蓋があることで、器の中でエネルギーや感情が発散され、ぶつかり、やがて気圧（プレッシャー）が高まる中で調和していく一つの大きな流れが形成されるように器を保持できる機能が形成されます。

この安全な器の中で、参加者間の意見、感情、エネルギーが相互に交わされるプロセスを設計し、遂行するのがファシリテーターの重要な役目であり、そのために必要な学習する組織のディシプリンが「チーム学習」です。本書では、チーム学習の基盤となるメンタル・モデルと対処法としての「推論のはしご」および「主張と探求のバランス」が紹介されていますが、これは参加者一人ひとりが理解して身につけられるような学習の場を設けると効果的です。

チーム学習を進めるうえで重要なフレームワークとして、オットー・シャーマーの発案した四つの話し方・聴き方（聞き方）がとりわけ役に立つでしょう（図1）。

最初の会合では、よそよそしく丁寧に話したり、場合によっては互いに警戒したりするかもしれません。また、主催者チームや有力者が一方的に話すばかりで、それ以外の人があまり話せないような状況も起こりがちでしょう。このレベル1の状態を「儀礼的な会話（ダウンローディング）」と呼び、丁寧さや恐れに満ちた話し方となり、自分の経験と照らし合わせて過去のパターンに沿うかどうかを考えながら会話する予測的な聞き方になります。この状態では、既存のシステム構造を反映するだけで、変容は何も起こりません。

ファシリテーターが心がけるのは、まずそれぞれシステムの部分を構成する人やグループが、それぞれの考えをはっきりと述べるような状態にすることです。立場によって異なる意見が出され、意見の相違や衝突がはっきりしてくると、レベル2の「討論（ディベート）」の状態になります。ここでは、意見が衝突する話し方となり、どの意見が妥当か判断しようとする聞き方が中心になります。

さらに、異なる意見をもつ他者に対して共感的な聴き方をし、そして、システムの中で自身の知らないことや問題へ加担しているかもしれないことに対して内省的な話し方が組み合わさると、レベル3の「内省的な対話（ダイアログ）」と呼ぶ状態に場がシフトします。未来に向けての方向転換が始まるときでもあります。

そこからさらに俯瞰が進み、自他を分けていた境界を越えて、そこにいる人たちが分かたれない一つの全体であると悟る境界のない聴き方と、

図1 「話す」と「聴く（聞く）」4つの方法

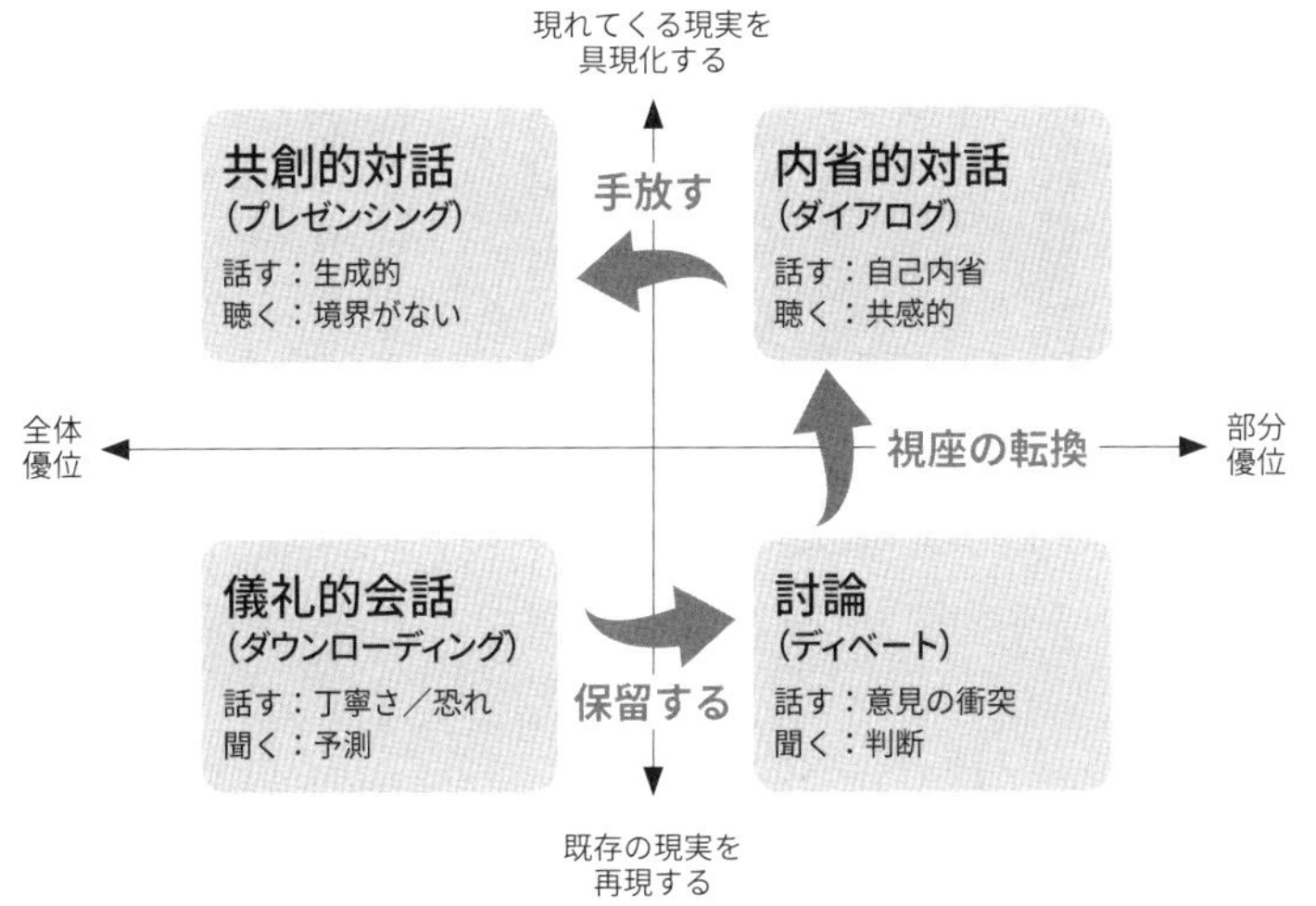

出典：レオス・パートナーズ提供

場から生まれる叡智に委ねる生成的な話し方ができるようになると、レベル4の「共創的な対話（プレゼンシング）」と呼ばれる状態に場がシフトします。

ファシリテーターは、このような場のシフトを意図することはできますが、実際に場を構成するのは参加者たちです。参加者たちが、自分たちで場のシフトを進めていくために、ファシリテーターは対話のグラウンドルールを定め、メンタル・モデルを保留すること、視座を転換すること、目的にそぐわないメンタル・モデルを手放し、出現しつつある未来を形にすることを推奨し、場が動くのを待ちます。

実は、本書で書かれているシステム思考の世界観およびプロセス自体が、こうした場のシフトを支援してくれます。

システムに関するストーリー、時系列変化パターングラフ（後述）、システム図の変数出しなど、それぞれの立場から見えやすいシステムの構成要素や側面を出し合うことで、それぞれが意見を述べて場に貢献する機会を作ります（レベル1→2）。また、変数が別の変数に対してどちらの方向に影響を与えるのか、どんな仕組みなのかについて、正しさの判断は保留してさまざまな意見を一つの平面上に書き込んでいきます（レベル2）。

システム思考の重要な原則は、構造が挙動を作り出すことです。従って、責任者や担当者が代わっても繰り返し起こる問題や挙動に対して、人を責めるのではなく、どのような構造がその挙動につながるかを考えます。具体的には、人が置かれた物理的および人的な環境、意思決定をする際に入手できる情報、目に見える目標・ルール・インセンティブ・罰則などです。システム図の中でもっとも重要な着眼点の一つは、関係者の認知や行動にあります。ある特定のプレイヤーが認知・行動する際に置かれた文脈に身を置いてみることで、相手の立場に立ち、同意はしなくとも行動や発言の背景や理由を理解し、共感することがしやすくなります。さらには、自分自身の置かれた環境が全体から切り離されていたり、あるいは、自身の行動が意図せぬ結果をもたらしたりしていることもあるでしょう。また、他者と対峙するのではなく、隣り合ってシステム図を眺めることも、相手や自分を責めるのではなく構造を客観的に見やすくする構図をつくります（レベル3）。

そして最後に、固定観念の枠組みを超えて、より広い視野で全体像を捉えたシステム図を俯瞰することで、いかに互いがつながっているか、それぞれが全体の一部になっているかを見えやすくすることができます。一人ひとりが全体の俯瞰図の作成に関わり、オーナーシップを持って話をしたならば、共創的な対話は起こりやすくなるでしょう（レベル4）。

ピーター・センゲは、システム思考と対話（チーム学習）はあざなえる縄のようなものだと言います。システム思考は、システム全体から招集された関係者たちの対話を助けます。同時に、より開かれた深遠な対話は、システムの深い理解、共感と内省、新たな意図とビジョンの生成を助けるのです。

しかし、システム思考のプロセスが、対話を助けやすい構造になっている一方で、それだけでは場のシフトが起こるとは限りません。システム思考を実践する者はチーム学習のディシプリンにも通じることでその大きな相乗効果を生み出しやすくなります。個人として両方を使いこなすことが難しい場合、システム思考に強い人と対話ファシリテーションに長けた人とチームを作り、ファシリテーションするのもよいでしょう。

システム的に考える実践上の一〇のコツ

システム思考は、「なぜシステムはその挙動を示すのか」、そのシステムの構造を理解し、また「システムの挙動を望ましいものにするために、どのように構造へ介入すればよいか」について探求するプロセスです。

本書では第3章、第4章でその基本を紹介し、また、第2部において、社会システムを代表する関係者たちとどのようにシステム的に考えていくかというプロセスについて説明しています。これから、関係者たちと共同でシステム的に考えるための実践上の一〇のポイントをご紹介します。

なお、システム思考の実践プロセスについてより詳細に関心のある方には、初学者であれば『なぜあの人の解決策はうまくいくのか』あるいは『「学習する組織」入門』、より深く学ぶにはジョン・スターマン著『システム思考』をお勧めします。

❶課題は、焦点を絞る問いの形で設定する

システム思考と言えば、「木だけでなく森も見る」と表現されるように、全体像を理解しようとします。教育問題、環境問題、貧困問題、少子高齢化問題、過疎問題など、漠然とテーマだけを掲げ、たくさんの変数を書き出し、また、その変数間の因果関係をつなごうとすると、散々議論したあげくにスパゲッティのような図ができあがります。しかし、解決策を導き出すうえで「スパゲッ

『なぜあの人の解決策はいつもうまくいくのか？――小さな力で大きく動かす！ システム思考の上手な使い方』（枝廣淳子、小田理一郎著、東洋経済新報社、2007年）
『「学習する組織」入門――自分・チーム・会社が変わる 持続的成長の技術と実践』（小田理一郎著、英治出版、2017年）
『システム思考――複雑な問題の解決技法』（ジョン・D・スターマン著、枝廣淳子、小田理一郎訳、東洋経済新報社、2009年）

ティ図」はほとんど役に立ちません。

ループ図を描く前に、必ずシステム図を描こうとする目的、システム的に考えようとしている課題を明らかにします。課題とは、達成したい目的・目標や解決したい問題に関する重要な論点であり、さらに、答えを見いだすことによって大きな前進が期待できるような「問い」のことを指します。

本書では、「焦点を絞る問い」として紹介されていますが、「なぜ善意にもかかわらず、目標が達成されていないか」「なぜ努力にもかかわらず、結果が出ていないのか」といった、「なぜ」を深掘りする問いは有効です。

また、本書では示されていませんが、期限をつけた目標レベルを設定するのも有効です。「いかにして三年以内に全ての児童・生徒が自主的に学ぶ文化を築くか?」「いかにして二〇三〇年までにA市で発生する温室効果ガス排出量を三〇%削減するか?」「いかにして一〇年以内に人口の減少を反転させるか?」など、具体的な目標設定と時間軸があることによって、システムの中で見るべきポイントが明確に浮き上がってきます。

課題の設定は，大海原で海底にアンカーを打ち込むような役割をします。システム図を描くときに思考が拡散してどんどん範囲が広がっていったときに、課題に照らし合わせてそうした変数やつながりを考えるのが妥当かどうか、問い直すようにしましょう。もし課題の問いから横道にそれていたら、アンカーのあるところへ戻ります。しかし、もし多くの人が、そもそも課題の設定が違っていたと理解したならば、課題を書き直し、新しいアンカーを打ち直してもよいでしょう。

❷ システム図に取りかかる前に、時系列変化パターングラフを用意する

システム図を描くプロセスは、課題として設定した問いへの答えを導くためですが、できあがったものを見ても、抽象的な表現に留まっているのではないかと思われるかもしれません。具体的にシステム図は何を説明するのか、あるいは、どこまで描けば十分描けたことになるのでしょうか？

もしシステム原型のテンプレートに当てはめるレベルを超えて、ループ図、ストック&フロー図やシミュレーションモデルを築く場合、実践家が必ず行うことは「時系列変化パターングラフ」を描くことです。時系列変化パターングラフは、横軸には十分遡った過去から目標を達成したいと考える未来までの時間軸を設定し、縦軸にはシステムの重要な指標を設定して、折れ線グラフを描きます。システムの重要な指標とは、目標として達成したい短期・中期・長期の成果《アウトカム》、組織の活動への投入・活動・産出の量や質などです。過去から現在は今まで実際に起こったパターンを、未来に関してはなりゆきパターンに望ましいパターンを加えるなど、複数のシナリオで描くとよいでしょう。

私たちは、投入《インプット》、活動《アクティビティ》、産出《アウトプット》、成果《アウトカム》、インパクトの間で多少のリードタイムの遅れがあっても線形に進むとイメージしがちです。しかし、現実のシステムはもっと複雑で線形ではないことがしばしばです。例えば図2の右側のグラフのように、実際にパターンを描いてみると、短期的には投入に対してプラスの成果を示しても、ある時点からマイナスの成果を示している、という洞察を得られることもあります。

財務や生産などデータが存在する指標ではデータを活用する一方で、データが一部しかなかった

り、まったく存在しない指標では参加者の主観的な評価を集めてそのバラツキや差異について話し合ってみてもよいでしょう。「動機付け」や「帰属意識」など定性的な指標であっても、参加者が重要だと考えていることはグラフにしましょう。多様な関係者が集まっている場合では、それぞれの人が気になる指標についてグラフを描いてストーリーを語ってもよいでしょう。グラフの動きに緩急の変化があるときや反転するときに何が起こっているか、平時だけでは見えないさまざまなシステムのストーリーが現れてくるでしょう。ドネラ・メドウズ曰く、「システムのビートを白日のもとにさらす」のです。システム図が完成したかの目安は、時系列変化パターングラフに描かれた「今まで」のパターンと「なりゆき」のパターンを説明できているかどうかを基準にします。もし自己強化型ループやバランス型ループ、インフローとアウトフローの組み合わせが、パターンに現れる動態《ダイナミクス》を説明しきっていればそれ以上無理に広げる必要はありません。

❸「正しい」図を描こうとするのではなく、「役に立つ」図を描く

先ほどシステム図完成の目安を述べましたが、そこに描かれた変数やそのつながり、あるいはループに関して、本当に正しいのかと悩むこともあるでしょう。もちろん妥当性や根拠は必要です。工場の生産システムの問題やビジネス向けの部品設計など、比較的閉じられた、複雑性や不確実性の少ないシステムでは、

図2　時系列変化パターン

一部コントロール度合いの高い状況を除けば、複雑な現実のパフォーマンスを見ると線形となることはきわめて稀である。

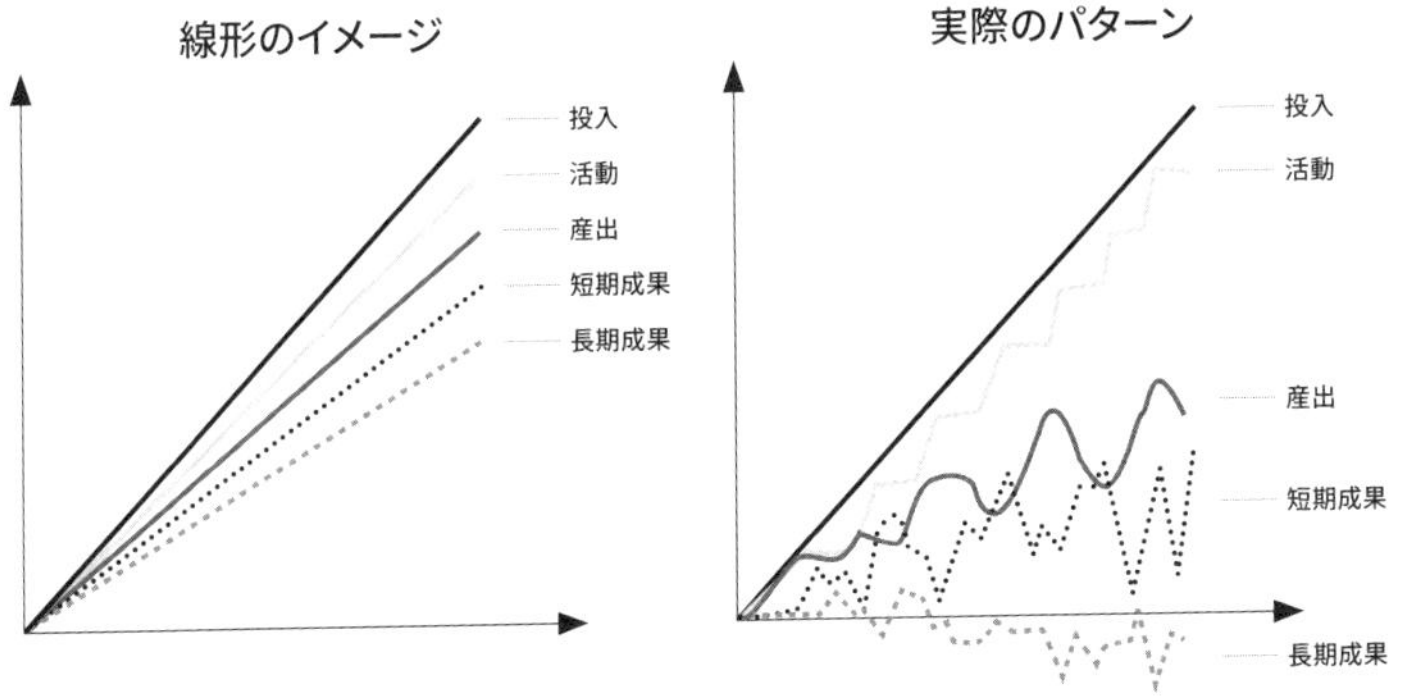

「正しい答え」も存在するでしょう。そうした課題については、モデルを定量化し、統計的な分析などを加えて、過去のパターンを十分に再現し、堅牢性の高いモデルを築くことができるかもしれません。

しかし、社会システムの複雑な課題においては、「正しさ」や「正解」にこだわりすぎることによって、課題解決がかえって難しくなることもありえます。そもそも、描き出されたモデルは、世の中をある視点から単純化したものに過ぎません。統計学の大家ジョージ・ボックスは、「すべてのモデルは間違っている。一部のモデルは役に立つ」という格言を残しました。

意見の食い違いが見られるときには、それぞれ自分が正しいと主張する人たちがいたとしましょう。システムではどちらも正しい可能性があり、それでも、自分以外の意見を間違いだと言い張る場合には、部分しか見てない可能性があります。その大きな理由の一つは、何が正しいかについては、そのシステムの境界と目的をどのように定義するかによって異なるからです。何かを「正しい」と主張する際、その背景には正しさの判断基準となる目的、前提、境界が存在します。さまざまな価値観を持つ人たちで構成された社会の中では、それぞれが見ている立場によって目的、前提、境界が異なり、さらに何が望ましい行動かを判断するにあたっての価値観や基準が異なるものです。このような違いに無自覚のまま自分の主張や解決策にこだわってしまうと、せっかくの協働の機会を逃してしまうことにもなりかねません。

「正しいか」ではなく、「役立つか」という視点でモデル化に取り組めば、気づきや洞察、新たな問いが生まれやすくなります。そして、人々が自分たちの前提を振り返り、目的達成に向けて今まではない探求や思考実験を行いだしたら、それは「役立っている」ことの証左です。

そのため、本書でも強調されているように、できるだけ異なった視点や意見を持つ人たちを集めることが重要になります。システム図を描き始める初期段階では、できるだけ多くの変数や因果関係の仮説を出せたほうが後々役立ちます。このとき、その変数は関係ない、その因果関係は間違っているといった議論にならないように注意しましょう。できるだけさまざまな見方を仮説として受け容れて、それを俯瞰しながらどのループや経路のダイナミクスが支配的かを、過去、現在、未来などいくつかのフェーズに分けて整理することで、役に立つ洞察が現れやすくなります。

また、それでもより整ったシステム図がほしいという場合には、システム思考の専門知識をもった人たちに後日整理を任せることにしてもよいでしょう。

❹ 関係者たちで一緒に描くだけではなく、一緒に俯瞰して振り返る

システム図を描き上げたら、すぐに解決策を見出す議論に進みたいという誘惑に駆られるかもしれません。それでも一度立ち止まって、作成したシステム図を参加者全員で俯瞰して、内省・対話をする時間を設けるのが有意義です。そして、本質的な洞察や問いをできるだけ多く出しましょう。利害関係者が集まる時間が限られているのであれば、持ち時間をシステム図作成だけに使い切ることはせず、ある程度描いた段階で振り返りの時間を設けるとよいでしょう。

うまく描けていてもいなくても、できあがったシステム図はそこに集まった関係者たちのメンタル・モデルを反映したものです。出てきた変数や関係性には偏りがないでしょうか？　見逃して

いる領域はないでしょうか？　もしかしたら、その段階で初めてその場に招集すべきだった関係者の存在に気づくこともあるかもしれません。

システム図のもっとも有用なポイントは、その中にいる当事者がどのような環境下にあるために、ある意思決定や行動をとり続けるのか、という洞察を得ることです。情報フィードバックの欠如、遅れ、ゆがみなど、システム図の中にその洞察がすでに現れているかもしれませんし、あるいは、行動をとる当事者の内面のメンタル・モデルに由来することもあるでしょう。他者の立場で共感的にシステム図をたどると共に、自分自身の行動にも目を向けましょう。

❺ 構造のツボ《レバレッジ・ポイント》を見出す「公式」や「魔法の杖」はない

小さなリソースで大きな成果を得やすい場所、すなわち「構造のツボ《レバレッジ・ポイント》」とはなんとも魅力的な概念です。しかし、システム図が描けたからといって、何が構造のツボ《レバレッジ・ポイント》であるかを導出する方程式があるわけではありません。また、仮に見つけたとしても、システム・ダイナミクスの創始者ジェイ・フォレスター曰く、ほとんどの人は、構造のツボ《レバレッジ・ポイント》を反対の方向に押してしまうこともしばしばあるそうです。

システム思考の先達たちが言うには、結局問題に取りかかる当事者たちが、一緒に頭に汗をかいて、探求し、見出していくものだということです。ちょっとがっかりする方もいらっしゃるかもしれませんが、重要な洞察を得るための近道はないのです。

しかしながら、どのように探求すればよいか、先人たちが残したヒントも存在します。

構造のツボ《レバレッジ・ポイント》の探し方について、特にシステム原型の罠にはまっている場合の抜け出し方は詳細に本書に書かれています。それ以外にも要点をついた説明がありますが、もっと学びたいという方には「レバレッジ・ポイントを見出す場所」について記した、ドネラ・メドウズ著『世界はシステムで動く』第6章を参考にすることをお勧めします。メドウズは、構造のツボ《レバレッジ・ポイント》を探す一二の手がかりを示しています*。

「レバレッジ」というと、物理的な「てこの作用」や、財務上のレバレッジなどを思い浮かべるかもしれませんが、システム思考、とりわけ社会問題におけるレバレッジのほとんどは、つながり、波及、循環、蓄積など、要素同士の作用です。具体的に構造のツボ《レバレッジ・ポイント》を探る際は、今まで行われているどんな働きかけが、システムが機能するためのさまざまな条件を損ない、関係者たちの力を奪っているのか、逆にどんな働きかけが、システムが成果を発揮するための最適な条件を整え、関係者たちを力づけているのかを探求します。また、複雑な社会課題においては、どれか一つだけの要素や構造のツボ《レバレッジ・ポイント》に働きかけるだけではうまくいきません。全体的に良い循環が生まれるような、複数の働きかけをデザインしていくことが大切です。さらに、それらの中で優先順位付けを行うのではなく、どのような順序（短期、中期、長期など）で行うべきかを検討します。

❻ 打ち手に詰まるときには「クライアント」の範囲を広げる

システム図の描き始めに変数を列挙するとき、どれくらいの粒度で出せばよいか、という

* レバレッジ・ポイントを探す場所（番号が小さいほどレバレッジが大きい）

12 「数字」：補助金、税金、基準などの定数やパラメーター
11 バッファー：フローと比較したときの安定化させるストックの大きさ
10 ストックとフローの構造：物理的なシステムとその結節点
9 時間的遅れ：システムの変化の速度に対する時間の長さ
8 バランス型フィードバック・ループ：そのフィードバックが正そうとしている影響に比べてのフィードバックの強さ
7 自己強化型フィードバック・ループ：ループを動かす増幅の強さ
6 情報の流れ：「誰が情報にアクセスでき、誰ができないか」の構造
5 ルール：インセンティブ、罰則、制約
4 自己組織化：システム構造を追加、変化、進化させる力
3 目標（ゴール）：システムの目的または機能
2 パラダイム：そこからシステム（目標、構造、ルール、時間的遅れ、パラメーター）が生まれる考え方
1 パラダイムを超越する

疑問がよく生まれます。全体的には、一般的な要因分析に比べてやや粗めに始め、セグメント分け、種類分けは最低限にします。あえて種類分けを行うのは挙動の動態《ダイナミクス》が違う時に限定します。

ここで基準となるのが「クライアントの範囲」の考え方です。クライアントとは、システム図のユーザーであり、一緒にその社会課題に取り組もうとする「私たち」と言えるグループの範囲です。自身、自部署、自組織だけがクライアントになることもあれば、部署横断、組織横断、あるいはセクター横断のチームがクライアントとなる場合もあるでしょう。

クライアントにとって「内因性」の問題、つまりクライアント自身が打ち手を講じることができる範囲の問題であれば、変数の粒度はある程度細かくてもよいでしょう。一方で「外因性」の問題、つまりクライアント以外の他者の挙動に左右される範囲では、クライアントがとるべき打ち手が探せないため、細かい粒度の変数を設定することはあまり意味がありません。

また、有効な打ち手が見つからない場合もあるでしょう。そのようなときは、クライアントの範囲を広げるのも一手です。大きなシステム構造を目のあたりにして、自分だけ、自部署だけで無力ではないかと感じる場合、他の人や他部署を巻き込んでいくと、打ち手の幅が広がります。社会問題に取り組むときにはなおさら、一つの組織単独での影響力や打ち手の幅は限られやすいものとなります。だからこそ、コレクティブ・インパクトを目指して、組織横断・セクター横断で取り組む意義が大きいのです。

❼ 洞察からプロトタイプをつくり、新しいシステムの挙動をすばやく見出す

多様な関係者を集めてシステム分析を行い、構造のツボ《レバレッジ・ポイント》を見出すだけで、うまくいく打ち手は講じられるのでしょうか？　既存のシステムを大きく変えるのではなく、継続的に改善していこうとするならば、システム分析だけでも改善につながることが多くあるでしょう。

しかし、複雑な問題を抱えるシステムにおいて、当初決めた戦略通りにものごとが進む保証はないため、不確実性について考慮する必要があります。特に、新しい領域や地域での取り組みや、イノベーションにつながるような新しい施策を探る際には、多くの関係者たちを集めたとしても、そもそもシステムがどのように変容していくかという知見が限定的にしか得られないことがままあります。

そこで有用なのは、想定外の状況が起こっても適応できるように、どんな行動や結果をモニターしていくかについて取り決め、定期的に振り返りを行って軌道修正を行う「適応マネジメント」の仕組みをあらかじめ組み込んでおくことです。振り返りを行う頻度は、チーム単位であれば数週間ごと、全体では数ヶ月ごとなど、組織やシステムの規模に応じて設定します。

また、革新的な手法を実施するのであれば、想定されるリスクやコストについて引き受けられる範囲の小規模なプロトタイプをつくり実験を行うようにします。こうした実験や進捗のモニタリングが、システムに関しての有用な知見を提供します。

❽ 継続的な学習の文化と能力を育む

システム思考の実践において欠かせないのは「システムそのものの継続的な改善*」です。

＊　システムそのものの継続的な改善*：優れたシステム思考家であるエドワーズ・デミングが提唱したトータル・クオリティ・マネジメント（TQM）の根幹の考え方。

振り返りを通じて進捗を確認し、効果をモニタリングしながら、適宜リソースを投入したり、施策を調整したりすることによってシステム全体の改善を図っていきます。この学習プロセスを通じて、システムの構造やその前提に関する新たな知見が得られれば、その知見について探求を深めることは有用です。なぜなら、以前から継続している戦略を見直したり、新たな戦略がうまくいくために必要なことを検討したりするのに役立つからです。とりわけ、顧客や受益者や彼らを取り巻くコミュニティにおいてどのような変化が起きているか、といった「現場の情報」を迅速にフィードバックすることが、迅速な学習サイクルを回すのに欠かせません。

また、説明責任は社会変革を担う組織にとっても重要な要素です。しかし、できるなら「説明責任のための場」と「学習のための場」を切り分けて進めるほうがよいでしょう。学習とは、自分たちに知らないことがある、もっと改善できる余地がある、といった具合に、無知や不完全であることを認めて初めて起こるものです。まして、リソースをとりあう他の組織や、評価する立場の組織の人たちと一緒の場で、深く内省し、今までの当たり前を疑い、新しい発想を生み出すには、安全な場が欠かせません。学習を最大化するために、参加者たちの心身の安全を確保することが協働の招集者の重要な務めとなります。

❾他のシステムに施策を広げる際には文脈の違いに注意する

プロトタイピングや新しい施策がうまくいけば、規模の拡大（スケールアップ）や、別の地域に広げる水平的な展開（スケールアウト）を目指す施策へと進むことができるでしょう。

ここで注意したいのは、ある場所でうまくいった施策を、そのままの形で他のコミュニティや地域に適用しようとしていないか吟味することです。実際、多くの社会変革の取り組みがこのパターンで失敗しています。

その理由の一つめは、問題の前提となるボトルネックの組み合わせが異なる場合です。たとえば、ある市場でうまくいった優れた技術や製品があったとしても、別の場所ではそもそも電気へのアクセスや道路・水路などインフラが整っていなかったり、設置された装置のメンテナンスを行える技師や技術的知識がなかったりします。その場合、何の付加価値も生みだせないかもしれません。二つめの理由として、水の問題に見られるように、同じテーマの問題でも場所によって背景や状況が大きく異なる場合もあるでしょう。そして第三の理由として、社会問題の多くは技術的には解決できない「適応を必要とする課題」であることが挙げられます。介入者を含めた関係者たちが、どのように学習し、変化に適応するかが問われるのです。

このような失敗を避けるための処方箋は、現実をありのままに見ることです。また、後述する変化の理論《セオリー・オブ・チェンジ》を構築できていれば、そこにはビジョンの実現に必要な、さまざまな前提条件が明示されていますので、そうした前提条件が展開したい場所でどのようになっているかを吟味するのもよいでしょう。

個別のテクニカルな施策を流用する代わりに、本書で示されるような組織学習プロセスをそれぞれの地域に活用することは重要でしょう。人や組織間のコミュニケーションや学習は文化に依存するものの、そのパターン認識も踏まえ、実績ある参画型メソッドを活用することは、結果的にプログラム展開のスピードを速めるであろうと考えます。

❿システム思考家としての「心のあり方」を磨く

システム思考や組織学習に造詣の深いビル・オブライアンは、システムへの働きかけの成否は、システムに介入する者たちの「心のあり方」に大きく左右されると言いました。一部の権力者や意思決定者が、自らのエゴのみで動いたり、あるいは、関係者たちの受容を促すような関与や包摂（インクルージョン）のプロセスを経ずに進めたりすると、後になって大きなシステムの抵抗を招いたり、あるいはシステムの崩壊を導くことすらあります。自分はエゴにとらわれていないと思っていても、先ほど述べたように「自分がすべてを知っている」と考えてしまうと、落とし穴があったりするものです。システムへの働きかけを通じて社会変革を志すなら、自らが常に学習者であるという姿勢が必要だと考えています。

人の性質は簡単には変わるものではありません。まずシステム思考を実践する者が、自らのあり方を見つめ、継続的に学んでいく必要があります。システム思考家は、人そのものを変えることができなくとも、何を見るか、どのように考えるか、どのような行動がとりうるのかについて新たな可能性を知らせることができます。第13章「システム思考家になる」で述べられていることは、実践者がどのように自らを磨き続けるかの手引きとなることでしょう。

今後注目される変化の理論《セオリー・オブ・チェンジ》

近年、多くの基金、財団、資金助成団体などが、プログラム申請の際に「変化の理論《セオリー・オブ・チェンジ》」の作成添付を必須条件とするケースが増えてきています。また、ソーシャルインパクトを計測するための指標設計や、インパクトを生み出す際の費用対効果を測るSROI認証などでも変化の理論《セオリー・オブ・チェンジ》が求められるようになっています。今後、企業関連の資金や投資資金がソーシャルインパクトを生み出そうとする事業に流れるに従い、このトレンドはますます強まっていくでしょう。

変化の理論《セオリー・オブ・チェンジ》とは、社会問題に関わるプログラムの計画、評価、そして利害関係者たちによる参画の方法論です。具体的にはある文脈の中で望ましい変化が、なぜ、どのように起こるかを包括的にわかりやすく描写した理論です（学術的な意味の理論や一般的な法則を示すものではなく、特定の文脈における特定のビジョン実現に向けたプロセスとして現場で共有・実践される理論を指します）。変化の理論《セオリー・オブ・チェンジ》の主体は、しばしば政府、企業や非営利団体などの単体の組織という枠組みを超えて、顧客や受益者を含めた関係者全般となります。それぞれの関係者にとって、どのような条件が整うことで変化が起こるのか、また、その条件を満たすために、それぞれの関係者たちがどのような介入を行うかを明示し、互いの組織やプログラムの関係性を明らかにします。

本書の11章では「成功増幅」と「目標達成」という二つのシステム的な変化の理論《セオリー・オブ・チェンジ》が説明されています。詳細については本書を参照にしていただければと思いますが、ひとたび、変化の理論《セオリー・オブ・チェンジ》が明らかになれば、それを見せるべき相手によってシステム図の抽象度を調整することが有用です。たとえば意思決定者や一般市民向けには、シンプルに作り直した好循環のモデルのほうがわかりやすいでしょう。また、実務者向けには、より詳細なシステム図のほうが、自分たちがそれぞれの介入で求められるアクションに、どんな文脈や条件があるか、あるいは、どのような状況やKPI＊をモニターする必要があるのか、などを明らかにしてくれます。

ちなみに、本書で紹介するシステム的な変化の理論《セオリー・オブ・チェンジ》以外に、さまざまな形の変化の理論《セオリー・オブ・チェンジ》が運用で用いられています。英語で「Theory of Change」と検索をしてみると、実にさまざまな解釈や運用がなされています。

古くから社会課題分野においてプログラムの目的や活動を定義する際に使われてきたのが「ロジックモデル」です。ロジックモデルとは、ある施策がその目的を達成するに至るまでの論理的な因果関係を明示したものであり、それを以て「変化の理論《セオリー・オブ・チェンジ》」になりうると主張する団体も多くあります。典型的には、「投入《インプット》→活動《アクティビティ》→産出《アウトプット》→成果《アウトカム》」という一連の流れを図で表して表現されます（図3参照）。

ロジックモデルのメリットは、組織内から見えやすい「投入《インプット》→活動《アクティビティ》→産出《アウトプット》」の枠組みを超えて、その先にある顧客や受益者にとっての成果《アウトカム》を明示的に考えられることです。現場は目の前の活動や産出に目を向けがちですが、ロジックモデルによって、活動や産出が、どのような成果あるいはその先にある究極の目標《ゴール》や生み出したい影響《インパクト》につながるのかを理解し、より上位の目的を意識しながら行動することが期待できます。また、反対に経営陣や行政機関などは、最終的な目標にばかり焦点を当てがちですが、ロジックモデルによってどのようなプロセスが目標とする長期的成果に至るか

＊ KPI：鍵となるパフォーマンス指標（Key Performance Indicator）のこと。

図3　ロジックモデル型の変化の理論（セオリー・オブ・チェンジ）

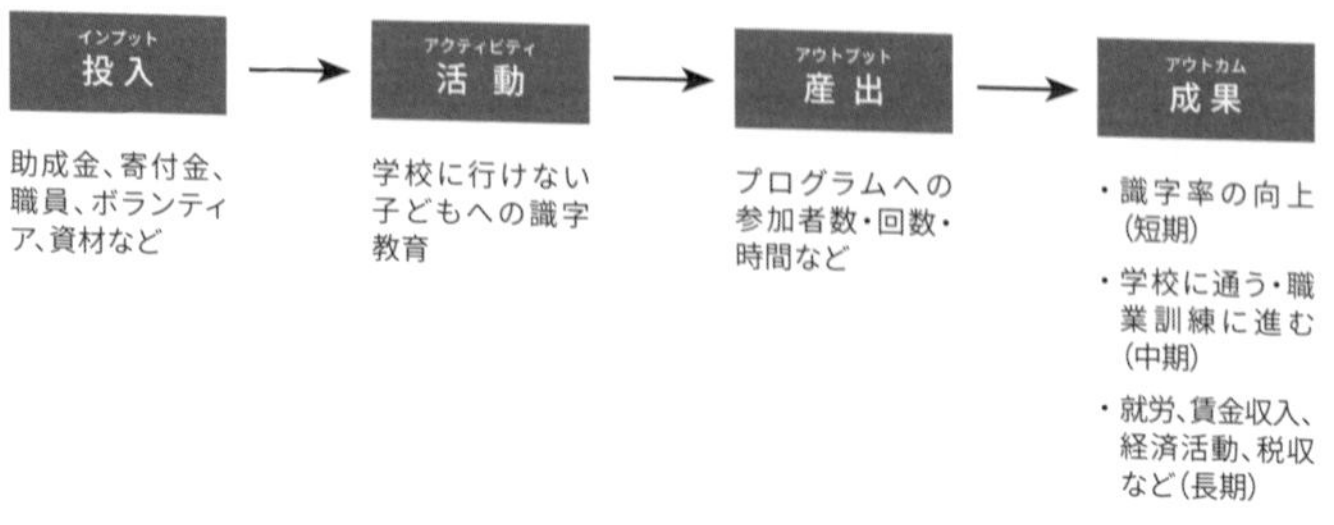

を認識することで、より適切な時間軸で期待を設定すると共に、当面現れる成果や先行指標の重要性を理解するでしょう。

ロジックモデルにはメリットがある一方で、現場の運用においては問題があるとの声がよくきかれます。それは、ものごとを線形に考えているため、現実の社会システムの姿や現場の実態を捉えきれないからです。計画をする組織が自組織の活動を起点に産出、成果を順次考えていくと、成果や究極の目標に資する結果につながることを意識しすぎるあまりに、自組織の活動以外に必要となる諸条件や、自組織が意図せずつくってしまうマイナスの影響を軽視しがちです。しかし、システム思考が示すとおり、現実の社会システムというものは、フィードバックによる循環構造や蓄積の構造、さまざまな変化における時間的遅れなどがありますが、これらのシステム的な構造がどのように活動や成果に作用しているか、ということはロジックモデルに反映されていません。こうした作用をふまえないロジックモデルは、予期せぬ結果や副作用、リソースの浪費ばかりを生み出し、本書に示しているように意図する問題解決や目標達成がままならない状況を生み出しがちです（図4参照）。

ロジックモデルは経済開発や社会問題の分野で広く普及しているものの、現実的な観点から、モデルのとおりにことが運ぶ可能性が低いという欠点のため、多くの国ではシステム思考のアプローチなどで補完することが要求されて

図4　現実のシステムにしばしば見られる構造

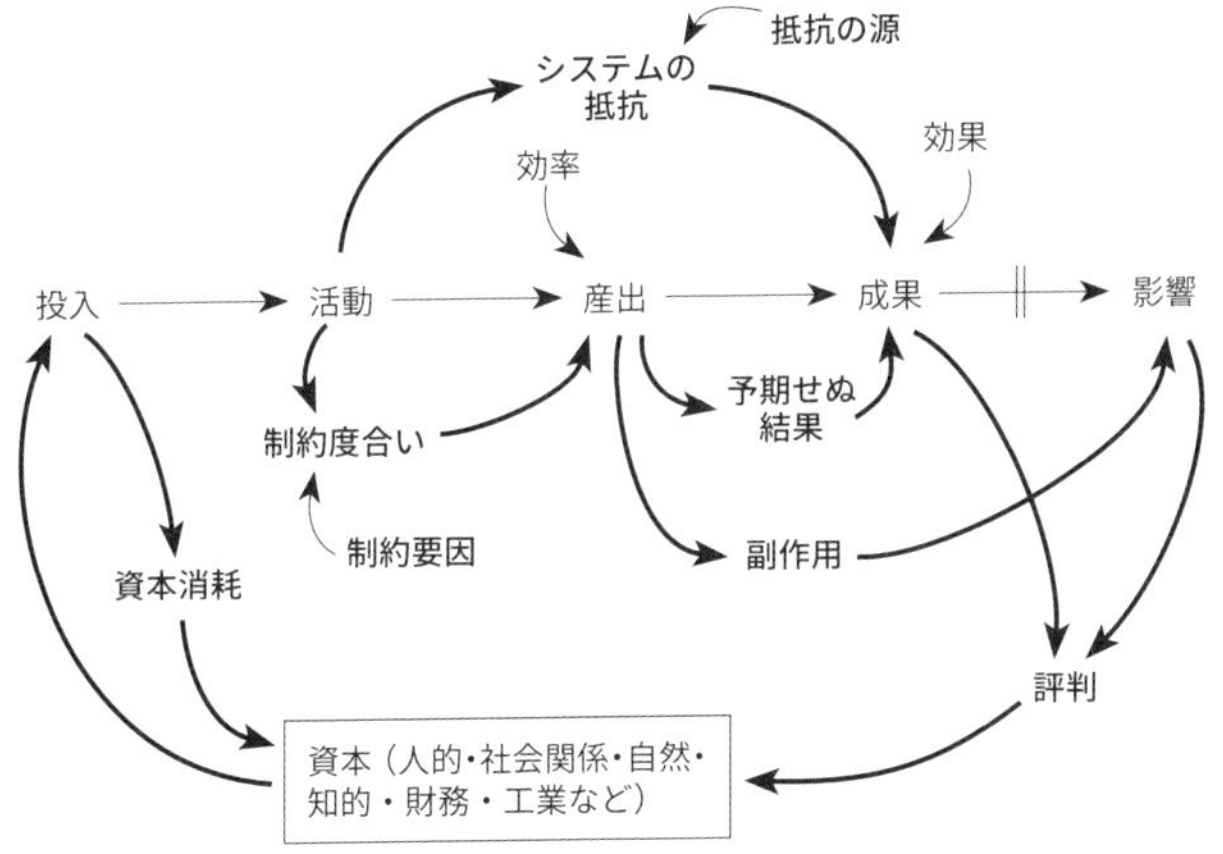

います。つまり、まずはシステム思考を用いて「As Is（今の現実の構造）」と「To Be（望ましい構造）」を描き、そのあとに必要なエッセンスを抽出してロジックモデルに落とし込んでいけば、より現実的なモデルとなることが期待されているのです。しかし、現実の重要な要素の多くを除外してしまっている線形のモデルの限界は認識しておく必要があるでしょう。

「変化の理論《セオリー・オブ・チェンジ》」は、実のところ、ロジックモデルの問題を克服し、より効果的な方法論を確立するために、リーダーシップ開発や社会的事業の研究を行う〈アスペン・インスティテュート〉における専門家たちの対話によって開発された方法論です。この方法論で作成するのは、ロジックモデルよりも包括的な「アウトカム・パスウェイ」と呼ばれる図です。

アウトカム・パスウェイでは、社会課題に関わる利害関係者たちを集めた参画プロセスを通じて、まず最終的に創出したい数年〜数十年先の未来における具体的な社会の変化（ビジョン）を策定し、未来のビジョンを起点として何が変化しなくてはならないかを遡る「バックキャスティング」のアプローチが特徴です。長期的な目標《ゴール》を具体化した長期成果を定め、そして中期、短期にそれぞれどのような成果が生ずる必要があるのか、どのような前提条件が必要となるか、を明示した図を作成します（図5参照）。

アウトカム・パスウェイを作った後に、それぞれの成果を挙げるためにどの

図5　アウトカム・パスウェイ型の変化の理論（セオリー・オブ・チェンジ）

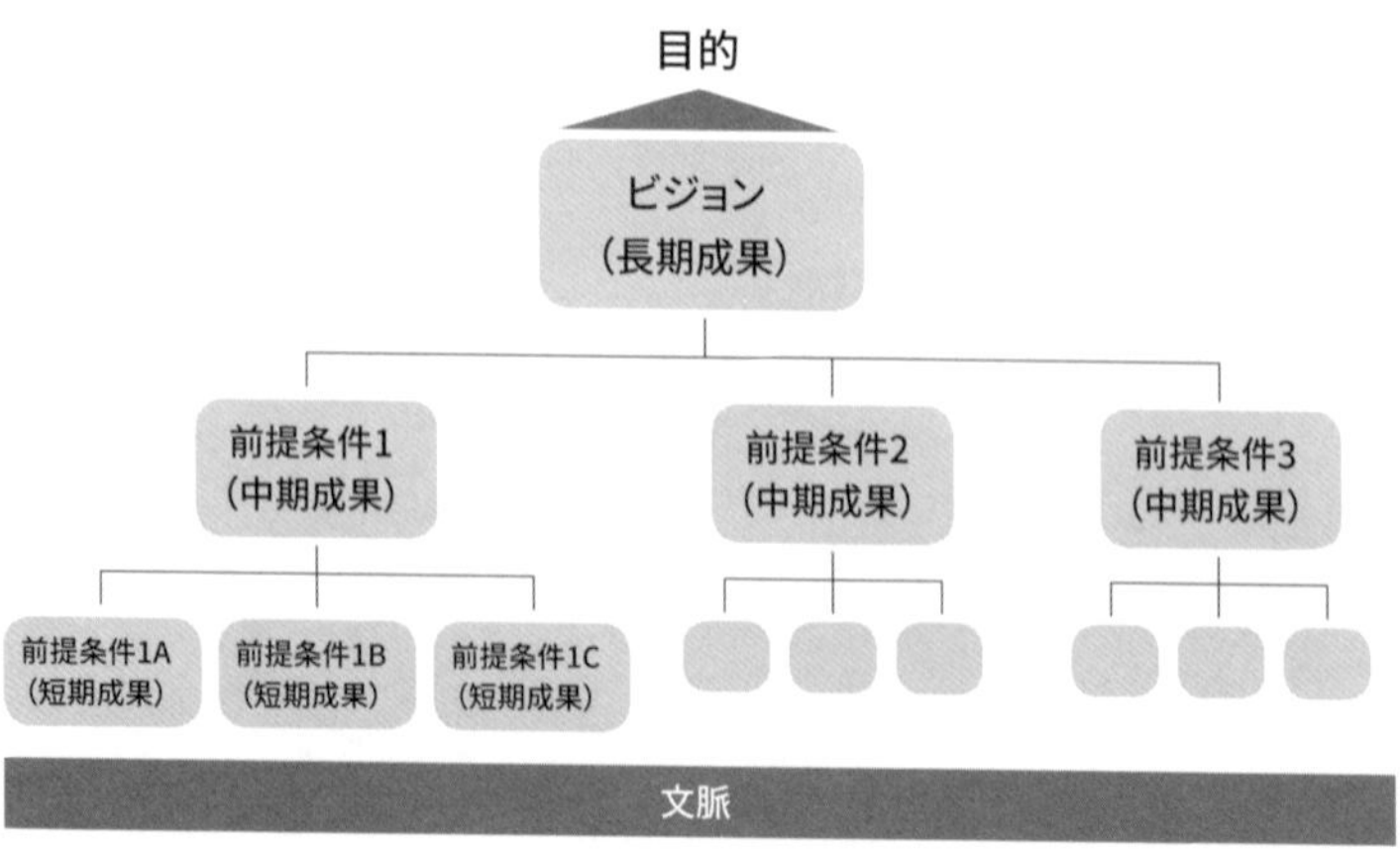

ような促進要因や阻害要因があるのか、また、関係する諸組織・団体がどの成果を生み出すことをミッションとして掲げ、そのミッション達成のためにどのような投入、活動、産出を行うのかについて、集まった人たちで話し合います。最終的には、諸関係者たちの介入によって、なぜ、どのように変化が起こるかの物語を書きあげます。

線形の思考では該当プログラムによる貢献を過大に見積もり、他の必要条件を過小に見積もる我田引水のような思考になりがちです。しかし、アウトカム・パスウェイのように長期、中期、短期の成果の始点から遡って、自組織のミッションや活動内容を検討することで、望ましい変化が起きるための前提や他組織の成果について必要となる条件を包括的に捉えやすくなります。

変化の理論《セオリー・オブ・チェンジ》を作成する際に最も重要なのが、多様な利害関係者たちの参画による学習プロセスです。それによってシステムに関わるさまざまな関係者や要素を表現できるため、より現実的な変化の理論を描きやすくなるでしょう。

個人や組織がそれぞれ単独で考えると、「当然他の利害関係者が前提条件を整えてくれるだろう」「自分たちの焦点を当てるべきはこの範囲だけで十分だろう」と狭い視野になりがちです。しかし、利害関係者たちが集まって互いにどのような前提条件をもっているか、期待しているかなどを明示しながら話し合うことによって、何がボトルネックかについての理解を深めることができます。また、意図せず他者の抵抗を招き入れ、自らの成果にとっても前提条件となる要因に悪影響を与えることを避けられるようにもなるでしょう。このようにして、同じ社会問題に関わる複数の組織やプログラム間において、その関係性や位置づけが明らかになります。

変化の理論《セオリー・オブ・チェンジ》は、単に計画や評価のための方法論にとどまることなく、透明性ある包摂（インクルージョン）とエンゲージメントによって、社会の中の組織・個人間の適切なパワー・ダイナミクスを整えるプロセスでもあります。

あなたの組織に求められる変化の理論《セオリー・オブ・チェンジ》が仮にロジックモデルの形式をとっていたにしても、ここに紹介したアウトカム・パスウェイの形式であったにしても、本書にあるシステム全体から招集すること、そしてシステム的に考えることによって、より多くの関係者たちの共通理解や調和した行動をもたらし、望ましい成果を実現する可能性を高めることができるでしょう。

よりよい未来に向けて

システム思考を実践することは、事業、職場、家族、そして個人の諸課題にも応用可能です。日々の出来事レベルのさまざまな問題にただ反応的に対処するのではなく、大局、全体像、根本まで考えて取り組むことによって、よりよい成果と豊かな人生をもたらしてくれます。

同時に、視野が広がることによって、自分自身の行動や身の回りにも存在する、社会や環境の問題に気づきやすくなります。ジェイ・フォレスター、ドネラ・メドウズ、ピーター・センゲ、デイヴィッド・ストローはじめ多くのシステム思考家たちは、社会・環境問題への貢献に人生の多くの時間を投じました。まさに、「義を見て動かざるは勇なきなり」、気づいたことから自分自身や身の回りの変化に取り組むことは可能なのです。

「世界を変える」と言うとき、一人で八〇億もいるすべての人類の行動を変えようとするのはもちろん現実的ではありません。自分の身の回りの現実の世界を考えてみるのはいかがでしょうか。あなたが心血を注いで変えたいと思う「世界」の範囲は、どれくらいの範囲でしょうか？ 自分の家族や友人など数人かもしれないし、数十〜数百人いるコミュニティや職場かも知れません。あるいは人によってはもっと広い範囲で数多くの人を対象にするかも知れません。それぞれの世界がよくなり、また、その世界を包み込むさらに大きな世界の中でそれぞれの世界が互恵的な関係を紡いでいければ、その周りに変化が広がっていきます。一〇〇〇人いる組織やコミュニティのシステム構造を改善する変化の担い手が、八〇〇〇万人集まれば、結果的に世界が大きく変わります。

目の前にいる一人ひとり、そして一つひとつの課題にじっくりと向き合うこと、そしてシステム思考家としてのあり方を探求する道を歩み続けることは、人生をとても意義深いものにしてくれると実感しています。より多くの人の人生を豊かにしながら、社会や環境の問題も解決される世の中となっていくことに、本書が役立つことを願っています。

本書を上梓するにあたり、システム思考や学習する組織の恩師であるデニス・メドウズ氏、故ドネラ・メドウズ氏、ピーター・センゲ氏ら数多くの方たちに感謝の意を表します。また、世界各地で環境・社会問題に取り組む実践者と研究者の国際ネットワーク〈バラトン・グループ〉の仲間たちにはさまざまな問題構造の理解を助けてくれました。また、日本でそれぞれの分野・地域で取り組み、システム思考や学習する組織を導入線とする実践家たちとの議論や行動によって、日本で展開するうえでの実践的な智慧をいただきました。冒頭にまえがきを加えてくれている井上英之さんも、そうした同志の一人です。

捉えづらいシステム思考の文章を何度も練り直すのに、翻訳を一緒に進めた中小路佳代子さん、編集の下田理さんにも大変お世話になりました。

そして、この本を手に取り、読んで下さった読者の方に感謝申し上げます。この本が何らかの気づきにつながり、ものごとの見方や考え方について考えるきっかけになればうれしく思います。自分が生まれたときよりも、よりよい社会を後世に残す連鎖が続くことを、心より願っています。

二〇一八年一〇月

小田理一郎

ウェブサイト

Applied Systems Thinking　www.appliedsystemsthinking.com

マイケル・グッドマンとデイヴィッド・ピーター・ストローによって開発された応用システム思考に関する情報を提供するウェブサイト。

Bridgeway Partners　www.bridgewaypartners.com

デイヴィッド・ピーター・ストローとマリリン・ポールが提供する、人々が解決困難な問題──さまざまな社会問題や、個人や組織の過剰負荷の課題──を見直し、解決するのに役立つ資料やサービス。

Climate Interactive　www.climateinteractive.org

気候変動やクリーン・エネルギー、災害リスク緩和、レジリエンスなどのテーマを対象とするコンピューター・シミュレーションやその他の学習教材を提供する。

Creative Learning Exchange　www.clexchange.org

ジェイ・フォレスターが創設した、幼稚園から高校までの学校カリキュラムにシステム思考を導入するための非営利組織。

Funders Together to End Homelessness　www.funderstogether.org

システムの手法を用いてホームレスを撲滅し、未然に防ぐことに力を尽くす資金提供者たちの全国的なネットワーク。

ReThink Health　www.rethinkhealth.org

地域の保健医療提供の改善に、全国的に認められたリシンク・ヘルス・ダイナミクス・モデルなどを通じて熱心に取り組むリーダーたちを支援するために、実用的な情報、ツール、手法を開発し、まとめている。

System Dynamics Society　www.systemdynamics.org

システム・ダイナミクスとシステム思考の発展と活用に専心する国際的な非営利組織。

The Systems Thinker　www.thesystemsthinker.com

システム思考に関わる知識、イベント、人々をつなぐ。ペガサス・コミュニケーションズ社の広範なアーカイブを含む。

Donella Meadows:

The Limits to Growth, Universe Books, 1972.〔ドネラ・H・メドウズほか著『成長の限界』大来佐武郎監訳、ダイヤモンド社、1972 年〕ローマ・クラブのために開発されたシステム・ダイナミクスのモデルが、抑えの利かない人口増加と経済成長がもたらしうる環境への影響を物語る。

The Limits to Growth: The 30-Year Update, co-authored with Jorgen Randers and Dennis Meadows, Chelsea Green, 2004.〔ドネラ・H・メドウズ、デニス・L・メドウズ、ヨルゲン・ランダース著『成長の限界　人類の選択』枝廣淳子訳、ダイヤモンド社、2005 年〕30 年後の続編は、最初の報告でなされた予想の多くを基に書かれたもので、環境破壊を防ぐ方法を提言している。

Thinking in Systems, Chelsea Green, 2008.〔ドネラ・H・メドウズ著『世界はシステムで動く』枝廣淳子訳、小田理一郎解説、英治出版、2015 年〕この分野の先駆的指導者による秀逸なシステム思考の紹介書。

C. Otto Scharmer, *Theory U: Leading from the Future as It Emerges*, Berrett-Koehler, 2009.〔C・オットー・シャーマー著『U理論――過去や偏見にとらわれず、本当に必要な「変化」を生み出す技術』中土井僚ほか訳、英治出版、2010 年〕本書で紹介されている枠組みを補完する、複雑で深遠な変化に対処するための包括的な枠組みを説明する。

Peter Senge, et al.:

The Fifth Discipline, Doubleday, 1990, second edition published in 2006.〔ピーター・M・センゲ著『学習する組織――システム思考で未来を創造する』枝廣淳子、小田理一郎ほか訳、英治出版、2011 年〕本書で紹介した考え方の多くの基礎となっている先駆的な枠組み。システム思考は「第 5 のディシプリン」である。

The Fifth Discipline Fieldbook, co-authored with Art Kleiner, Charlotte Roberts, Richard Ross, and Bryan Smith, Doubleday, 1994.〔ピーター・センゲほか著『フィールドブック　学習する組織「5 つの能力」』柴田昌治、スコラ・コンサルト監訳、日本経済新聞出版社、2003 年〕『学習する組織』の原理を、読者が組織の学習のディシプリンを適用できるような、ひじょうに利用しやすい戦略やツールに落とし込んだ書。

The Necessary Revolution, co-authored with Bryan Smith, Nina Kruschwitz, Joe Laur, and Sara Schley, Broadway Books, 2008.〔ピーター・センゲほか著『持続可能な未来へ』有賀裕子訳、日本経済新聞出版社、2010 年〕組織学習の 5 つのディシプリンを持続可能な世界の構築に応用している。

Schools That Learn (Updated and Revised), co-authored with Nelda Cambron-McCabe, Timothy Lucas, Bryan Smith, Janis Dutton, and Art Kleiner, Crown Business, 2012.〔ピーター・M・センゲほか著『学習する学校――子ども・教員・親・地域で未来の学びを創造する』リヒテルズ直子訳、英治出版、2014 年〕幼稚園から高校までの教育の課題対処に、組織学習の 5 つのディシプリンを適用している。

付録 D　補足的な情報源

以下の書籍とウェブサイトは、「システム的に思考し行動することへの多様なアプローチ」「都市の再生や平和構築、持続可能な開発、幼稚園～高校の教育、保健医療、ホームレスの撲滅などの課題へのシステム思考の適用」「世界中でシステム思考の活用に取り組む人々のネットワークと資料のアーカイブ」をまとめたものである。

書籍

Linda Booth Sweeney:

When a Butterfly Sneezes, Pegasus Communications, 2001. あらゆる年齢層の子どもたちが、好きな物語を通してこの世界にある相互のつながりを探求できるようにするための手引き。

The Systems Thinking Playbook, co-authored with Dennis Meadows, Chelsea Green, 2010. 学習とシステム思考の能力を伸ばし開発する実験的な演習ゲームを紹介するハンドブック。

Peter Checkland and Jim Scholes, *Soft Systems Methodology in Action*, Wiley, 1999.〔ピーター・チェックランド、ジム・スクールズ著『ソフト・システムズ方法論』妹尾堅一郎監訳、有斐閣、1994 年〕ループ図という視覚的な言語を基盤としない、システム思考の代替的な方法論を提示する。

Glenda Eoyang and Royce Holladay, *Adaptive Action: Leveraging Uncertainty in Your Organization*, Stanford University Press, 2013. ループ図という視覚的な言語を基盤としない、システム思考のさらに別の方法論を提示する。

Jay Forrester, *Urban Dynamics*, Pegasus Communications, 1969.〔ジェイ・フォレスター著『アーバン・ダイナミックス』小玉陽一訳、日本経営出版会、1970 年〕1960 年代の米国の貧困との闘いにおける都市の再生戦略の欠陥を説明するシステム・ダイナミクス分野の古典。

D. Korppen, N. Ropers, H. J. Giessmann (eds.), *The Non-Linearity of Peace Processes*, Barbara Budrich Publishers: Farmington Hills, MI, 2011. 平和構築という課題に対して、システム的に考えるさまざまな方法論を適用している論文を集めたもの。

図 C-3　アイデンティティに基づく対立――バラバラの目標

どちらの側にも、完全な勝利を望むサブグループだけではなく、平和的な共存を通じて対立を解決しようとするサブグループがある。だが、時間が経つうちに、完全な勝利を好むほうが支配するようになりがちだ。なぜなら、そのグループの攻撃的な戦術が生み出す恐れと怒りの感情は、平和の感情よりも本能的に人を惹きつけるからだ。

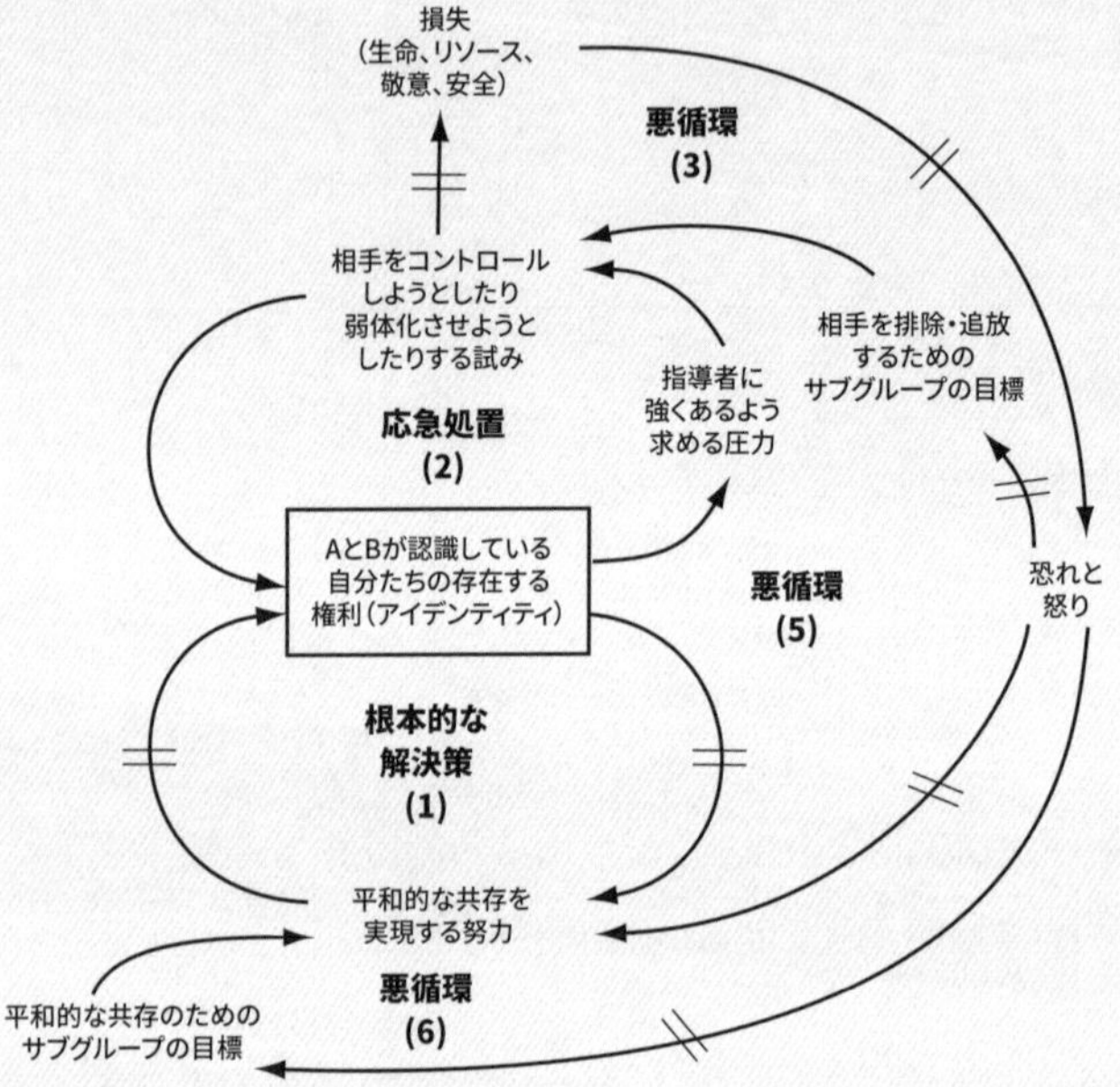

出典：Stroh, "The System Dynamics of Identity-Based Conflict"

図 C-4　アイデンティティに基づく対立――エスカレート

犠牲者の立場から圧力をかけることは、より正当であると思われる場合が多いため、双方の当事者が支配も迫害も求めて終わりなき競争に陥るようになる。そのため、問題は悪化する。

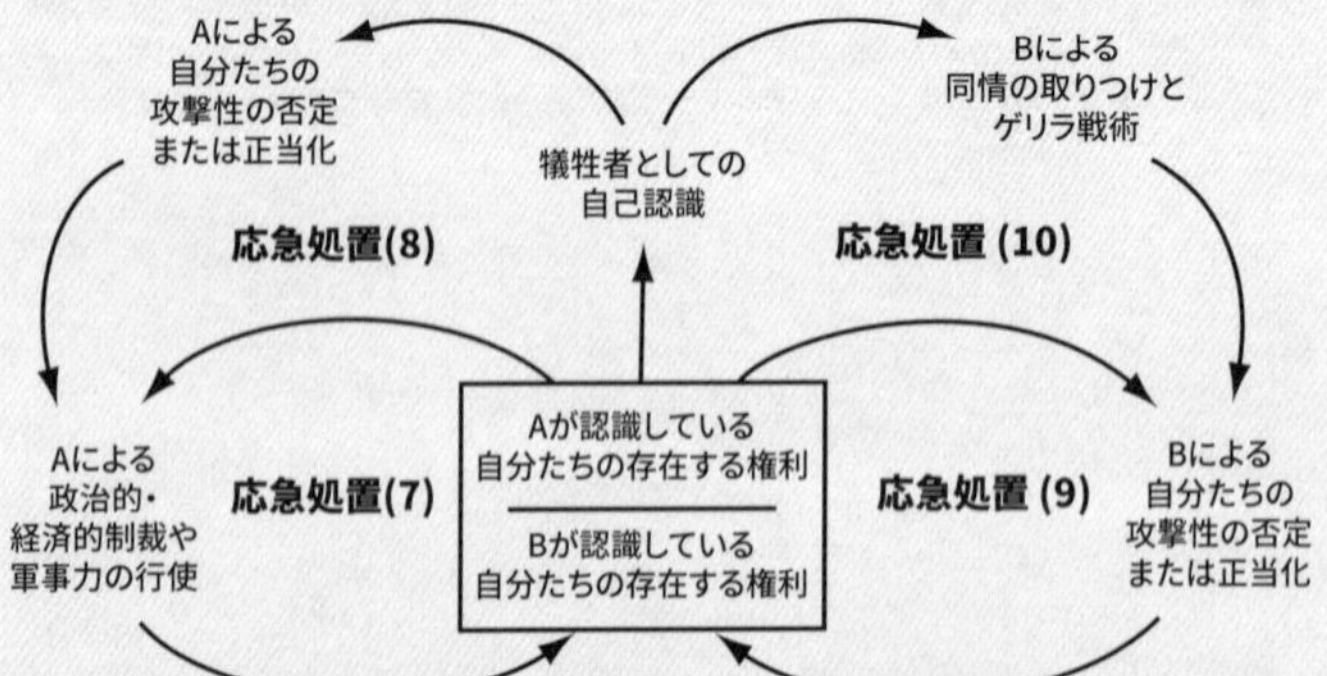

出典：Stroh, "The System Dynamics of Identity-Based Conflict"

図 C-2 アイデンティティに基づく対立――問題のすり替わり

アイデンティティに基づく対立における双方の当事者は、自分たちそれぞれの存在する権利を示すために、相手側をコントロールしようとしたり弱体化させようとしたりすることに執着しやすくなる。強い当事者（A）は、経済的にも軍事的にもコントロールしようとする一方で、弱いほうの当事者 (B) は強い当事者を弱体化させようとする。

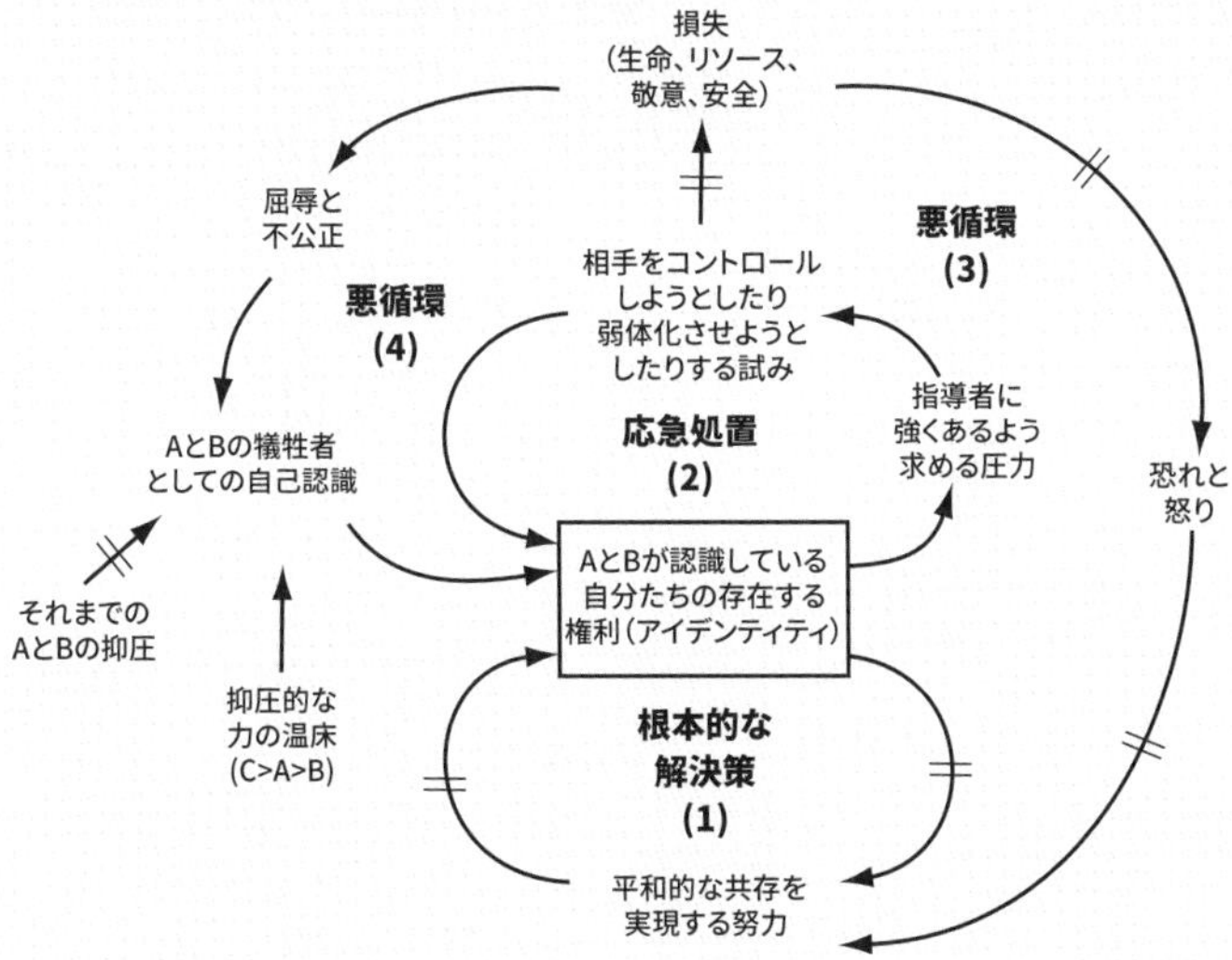

出典：David Peter Stroh, "The System Dynamics of Identity-Based Conflict," in D. Korppen, N. Ropers, and H. J. Giessmann (editors), *The Non-Linearity of Peace Processes* (Barbara Budrich Publishers, 2011)

付録 C　複数の原型が含まれるループ図

以下のループ図は、複数の原型がどのように一つの複雑な問題を浮き彫りにできるかを示す。

最初の図 C－1 は、図 7－1 と 7－2 で示した、大量投獄による**うまくいかない解決策**の動態（ダイナミクス）に、**問題のすり替わり**が加わって補完しているものだ。

図 C－2 ～ 4 は、アイデンティティに基づく対立――両方の当事者が、自分たちの存在する権利そのものが脅かされていると信じている対立――に深く根ざした問題の、さまざまな側面を示している。図 C－2 は、こういった対立の根底にある**問題のすり替わり**の原型を描いたものだ。図 C－3 は、**バラバラの目標の難題**を浮き彫りにしている。最後に図 C－4 は、こういった対立が**エスカレート**の動態（ダイナミクス）を通じて、どのようにさらなる対立を根づかせていったのかを示す。アイデンティティに基づく対立のシステム・ダイナミクスや、その対立を解決するために推奨される介入策について学習を深めたい読者は、各図に記載してある出典を参照してほしい。

図 C-1　刑務所施策への中毒

「犯罪者と直接関わらない人々」の恐怖を減らすために大量投獄に依存すると、社会が、コミュニティ開発や社会復帰といった、より根本的な解決策を実施する能力が損なわれる。刑務所の高い運営費によって、こういった対策に使える資金が減る（R8）。収監歴のある人々が不利な状況を経験することが再犯の可能性を高め、コミュニティをいっそう不安定にする（R9）。こういった人々は、たとえ再び罪を犯さないとしても、コミュニティのリソースに対する「純粋な貢献者」になるのは難しい（R10）。

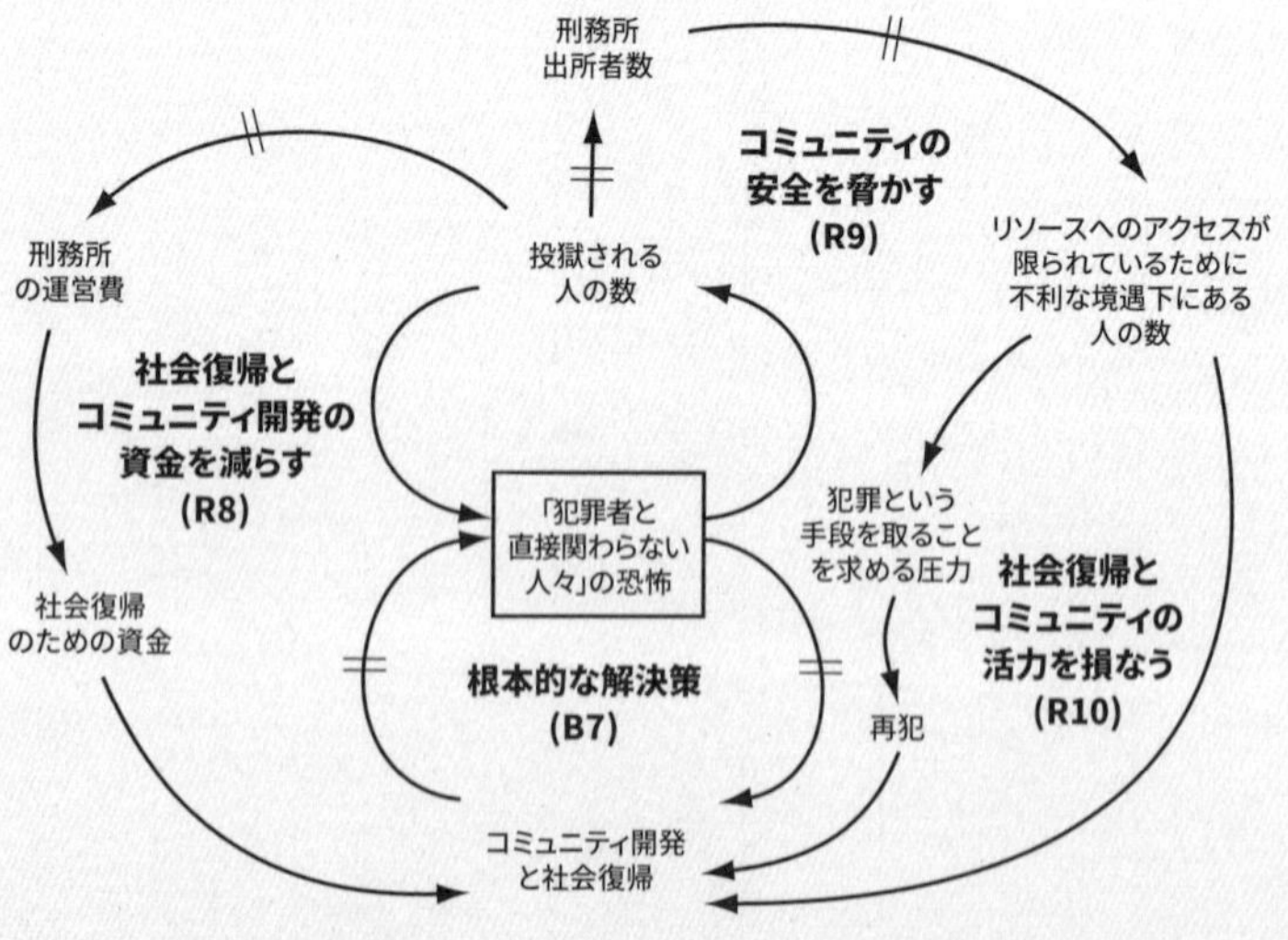

出典：Seed Systems for Open Society Institute によって作成された図を修正。

B－4〈コラボレイティング・フォー・アイオワズ・キッズ〉に関する質問

協力関係の展望を明らかにするための質問

1 あなたは州教育局の成功をどのように定義しますか？　州教育局独自の貢献はどのようなことであるべきでしょうか？

2 あなたは地域教育局システムの成功をどのように定義しますか？　地域教育局独自の貢献はどのようなことであるべきでしょうか？

3 州教育局の成功は、地域教育局システムの成功にどのように貢献するでしょうか？

4 地域教育局システムの成功は、州教育局の成功にどのように貢献するでしょうか？

予期せぬ敵対者の関係を明確にするための質問

1 州教育局は、結果をなかなか出せないとき、正しい軌道に戻すために何を行っていますか？

2 こうした行動は無自覚のうちに、どのようにして地域教育局システムの成功を阻害しうるでしょうか？

3 地域教育局システムは、結果をなかなか出せないとき、正しい軌道に戻すために何を行っていますか？

4 こうした行動は無自覚のうちに、どのようにして州教育局の成功を阻害しうるでしょうか？

B－3　農村の住宅供給改善に関する質問

1　新たな住宅開発のために、あなたのコミュニティではどんなことがうまく機能していますか？

2　住宅開発をさらに広げるために、あなたにはどんなことができますか？

3　適切で手頃な価格の住宅を開発するにあたって、これまでどのような制約にぶつかってきましたか？

4　いま、そのような制約にあなたはどのように対処していますか？　今後どのように対処できうるでしょうか？

5　今後、あなたはどのような制約にぶつかる可能性があるでしょうか？

6　住宅改善やコミュニティ開発の領域で、改善が見られるまでに他の課題に比べてより多くの時間がかかることがあるかもしれません。あなたのコミュニティで、最も時間の遅れが著しいことは何ですか？　関係者がこういった遅れを短縮する、または辛抱強く最後までやり遂げるのを、あなたはどのように支援することができますか？

7　当然ではありますが、一世帯向け一戸建て住宅を欲する傾向があります。複数世帯向け共用住宅、または（タウンハウスのような）隣接する一世帯住宅に果たせる役割があるとしたら、どんな役割でしょうか？

B－2 〈ホームレスをなくすための10年計画〉の策定に関する質問

1 過去10～20年に、カルフーン郡であなたが目にしてきたホームレス問題のパターンは、どんなものですか？

2 この問題の根本原因は何だと思いますか？

3 ホームレス状態が引き起こす結果はどんなことですか？　その問題はどれくらい深刻ですか？　それに対処するために何もなされなかったとしたら、やがて何が起こるでしょうか？

4 その問題に対処するためにあなたの組織は何を行いましたか？　うまくいっているのはどんなことですか？　取り組みを続けてきたにもかかわらず、望んだほどにうまくいっていないのはどんなことですか？　うまくいかない状況が起こったのはなぜだと思いますか？

5 今後どのように、今までとは違う行動がとれるでしょうか？　それはなぜですか？　今までその実施を妨げてきたことは何ですか？

6 ホームレス状態が持続するのを望んでいる人はいません。それがなくならないのはなぜだと考えますか？

7 あなたの組織ができることに加えて、郡全体のホームレス撲滅のために、ほかに何がなされる必要がありますか？

8 ホームレスの撲滅に寄与するために、州レベルと地元レベルの誰を巻き込む必要があるでしょうか？　その人たちはどのような貢献を行う必要があるでしょうか——政治的リーダーシップでしょうか、資金でしょうか、技術的リソースでしょうか？

付録B　具体的なプロジェクトにおけるインタビューの質問例

多くの利害関係者（ステークホルダー）を巻き込んだシステム思考のプロジェクトの初めに、参加者にインタビューを行うことが望ましい。そこで集めた情報を用いて、チームでの議論やインプットに使える最初の**ループ図**を描けるだろう。以下は、本書の事例で用いられたインタビュー項目である。

B－1　〈アフター・プリズン・イニシアティブ〉に関する質問

1　この問題のどの分野に焦点を置いていますか？　それはなぜですか？

2　この問題で、他に認識している変化の取り組みとしては、どんなものがありますか？　それはどのようにあなた自身の助けになる、または妨げになるでしょうか？　また、あなたの取り組みは、どのようにその他者の取り組みを助ける──そして妨げる可能性がある──でしょうか？

3　参考文献には、社会復帰を妨げる障害がたくさん書かれています。あなたの考える最も重要な障害を三つ挙げてください。なぜこういった障害が存在するのでしょうか？

4　こういった問題に取り組むにあたり、他の利害関係者──とくに、関連分野の関係者や、新たなリソースを利用できる関係者──をどのように巻き込みますか？

5　社会復帰について、どの程度まで構造的な人種差別をめぐる、より大きな問題として取り組みますか？　たとえば、収監歴のある人たちの社会復帰だけでなく、公権付与という観点や、社会の主流から取り残されたコミュニティ全体を社会に統合する、という観点から考えますか？　また、最終的にどのような結果を目指していますか？　こういったより大きな観点から考える場合、あなたはどれだけこうした意図を明確にしていますか？

付録 A　気候変動の悪循環

地球の大気中にある二酸化炭素（CO_2）などの温室効果ガス（GHG）が増えると、自然の中に、地球の気温をさらに上昇させる可能性がある悪循環をいくつか生み出す。図 A－1 にこういった悪循環が描かれている。ここでは、複数の悪循環が働いていることを示す図の読み方の例として見てみよう。

図 A－1 の自己強化型の「加速する放出」ループが示すように、GHG 濃度と気温が上昇すると、土壌と海洋が放出する CO_2 がともに増える。森林面積が減少すると、木が保持（つまり隔離）する CO_2 の量が減るので、それによって大気中に放出される CO_2 の量が増える（「森林」ループ）。

さらに、気温が上昇すると北極と南極の氷が解け、それが他の増幅するマイナスの影響をもたらす。北極と南極の氷が減ると、地球が太陽の光を反射する量が減り、それによって吸収される太陽の熱が増え、気温が上がる（「アルベド効果」ループ）。

また、氷が解けると永久凍土が露出することになり、CO_2 よりもさらに有害な温室効果ガスであるメタンが放出される（「メタン」ループ）。

さらには、両極の氷が減ると、氷全体の平均高度が低くなり、それによって氷の温度が上がり、氷の解けるスピードがさらに速くなる（「氷の高度」ループ）。

最後に、氷の融解が及ぼす影響が比較的小さい可能性があるものとして、融氷の生み出す水の流れがあり、これも氷の解けるスピードをいっそう加速させる（「融氷による水流」ループ）。

図 A-1　気候変動の悪循環

大気中の CO_2 濃度の上昇が、時間の経過とともに、地球の気温を上昇させる可能性のある悪循環を自然界に生み出した。

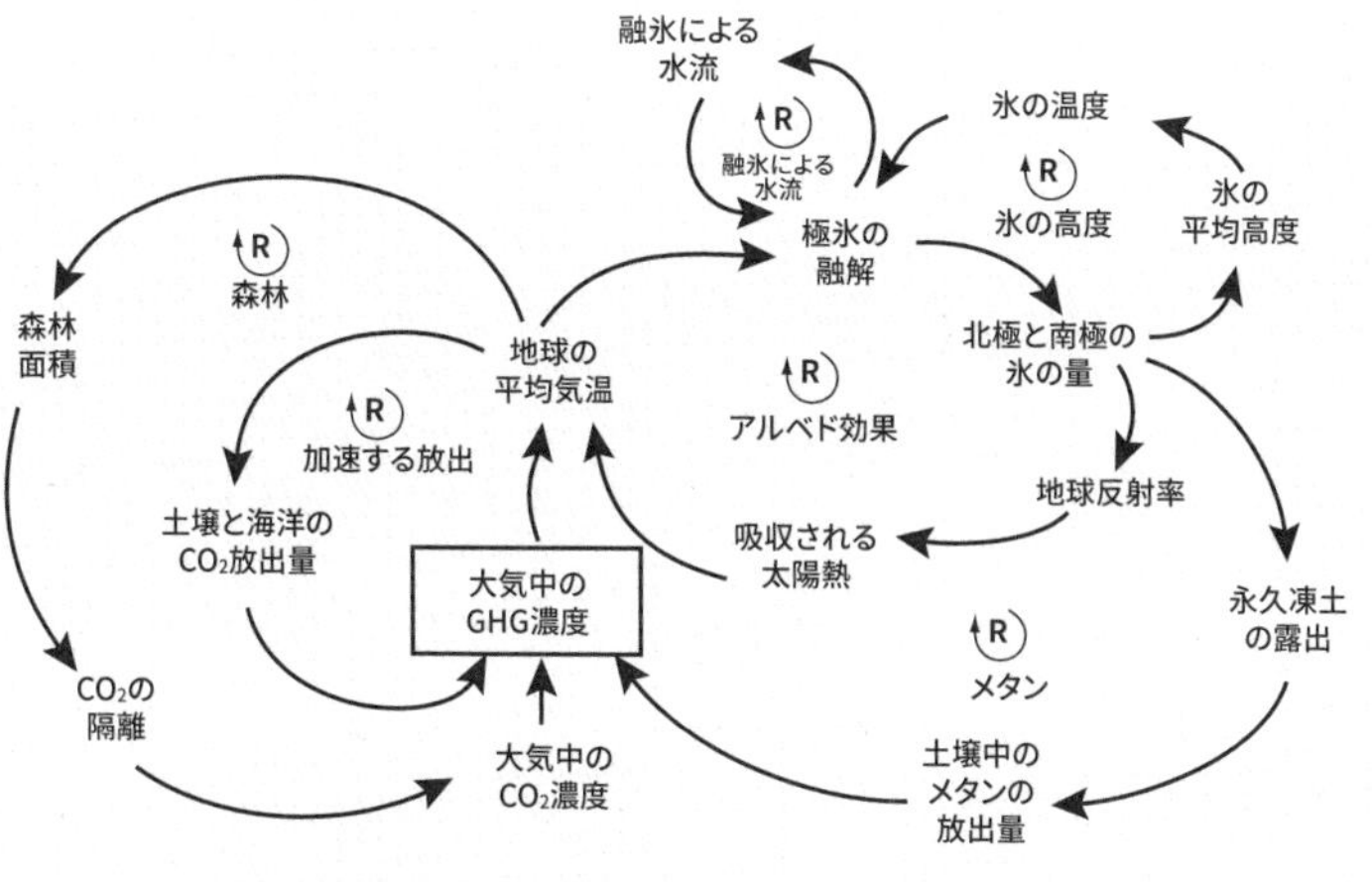

出典：Andrew Jones, Climate Interactive, 2015 を改変。

第 12 章

1 Stroh and Paul, "Is Moving Too Fast Slowing You Down?"

2 同上.

3 American Productivity and Quality Center, *White Collar Productivity Improvement* (APQC, 1986).

4 Sandra Nichols の監督によるビデオ『Water of Ayolé』．以下で入手可能．この 27 分のビデオは，従来の思考とシステム思考の違いについてもうまく説明している．前半（13:43）が従来の思考，後半がシステム思考の例を示している．http://vimeo.com/6281949.

5 Kristof and WuDunn, *A Path Appears*, pp. 167–231.

第 13 章

1 Senge, *The Fifth Discipline*, pp. 374–75.〔センゲ著『学習する組織』〕

2 Meadows, *Thinking in Systems*, p. 167.〔メドウズ著『世界はシステムで動く』〕

3 Marilyn Paul, "Moving from Blame to Accountability," *The Systems Thinker* 8, no. 1 (1997).

4 David Peter Stroh, "The Systems Orientation: From Curiosity to Courage," *The Systems Thinker* 21, no. 8 (2011).

5 詳細については以下を参照．https://www.corechangecincinnati.org.

6 オンライン・プログラムの詳細については以下を参照. 視聴もできる. https://www.iseesystems.com/store/training/applying-systems-thinking.

10 Leung, *Pine St. Inn's Bold Move to End Chronic Homelessness*.

11 ホームレスをなくすことに専心する全国的な資金提供団体である Funders Together to End Homelessness のために，David Peter Stroh と John McGah が作成したケーススタディ．入手したい場合，Funders Together の連絡先は，www.funderstogether.org．この組織に関する情報提供については，コミュニティ・シェルター・ボード（CSB）の事務局長 Michelle Heritage がとくに力になってくれた．

12 Kania and Kramer, “Collective Impact.”

13 これらのツールは，他のバージョンも存在するが，ここで定義されているものは Innovation Associates 社によって生み出されたものである．

14 Meadows, *Thinking in Systems*, p. 164.〔メドウズ著『世界はシステムで動く』〕

15 Reflecting on Peace Practice Program, *Key Principles in Effective Peacebuilding* (CDA Collaborative Learning Projects, 2014).

16 より詳細な情報は，Wilhelms Consulting Group の Pamela Wilhelms まで． http://wcgsite.weebly.com/about.html.

17 Grantmakers for Effective Organizations, *Pathways to Grow Impact: Philanthropy's Role in the Journey* (GEO Resource Library, January 29, 2013).

18 Reflecting on Peace Practice Program, *Lessons from Program Effectiveness*.

19 Kristof and WuDunn, *A Path Appears*.

第 11 章

1 Michael Goodman and Art Kleiner, “The Archetype Family Tree,” in Peter Senge et al., *The Fifth Discipline Fieldbook*.〔センゲほか著『フィールドブック 学習する組織「5 つの能力」』〕の中の「The Archetype Family Tree」より．

2 ソーシャルイノベーションのための計画策定手法のもう一つの例は，以下に要約されているデザイン思考である．Tim Brown and Jocelyn Wyatt, “Design Thinking for Social Innovation,” *Stanford Social Innovation Review*, Winter 2010.

3 たとえば以下を参照．Cooperrider and Whitney, *Appreciative Inquiry*; and Pascale, Sternin, and Sternin, *The Power of Positive Deviance*.

4 システムのビジョンについて一致させるのが難しい状況においては，第 9 章を読み直すことをお勧めする．

5 拡大のための指針は第 10 章にまとめられているが，以下も参照のこと．Grantmakers for Effective Organizations, *Pathways to Grow Impact*.

6 Massachusetts Housing and Shelter Alliance による調査に基づいた概算．

7 David Peter Stroh and Kathleen Zurcher, “Leveraging Grant-making—Part 2: Aligning Programmatic Approaches with Complex System Dynamics,” *The Foundation Review*, Winter 2010.

8 Daniel H. Kim, *Organizing for Learning* (Pegasus Communications, 2001).

9 David Peter Stroh, “What to Do When You Have Too Many Goals,” blog post, http://www.bridgewaypartners.com/Blog/tabid/67/entryid/17/What-to-Do-When-You-Have-Too-Many-Goals.aspx.

10 気候変動や持続可能性に対処するコンピューター・シミュレーションの詳細については，www.climateinteractive.org の C-ROADS シミュレーションや http://millenniuminstitute.net の the Threshold 21 (T21) モデルを参照．保健医療の実施のためのコンピューター・シミュレーションの詳細については, Gary Hirsch の研究を参照のこと．まずは以下の論文を参照のこと．Bobby Milstein, Jack Homer, and Gary Hirsch, “Analyzing National Health Reform Strategies with a Dynamic Simulation Model,” *American Journal of Public Health*, May 2010.

4 Kristof and WuDunn, *A Path Appears*.

5 同上.

6 公共政策に関するシステム・ダイナミクスのモデリングについての詳細は，the Rockefeller College of Public Affairs and Policy, University at Albany, SUNYの発行した白書である以下を参照．"How Small System Dynamics Models Can Help the Public Policy Process" by Navid Ghaffarzadegan, John Lyneis, and George P. Richardson. http://www.albany.edu/~gpr/SmallModels.pdf. で入手可能.

第 8 章

1 ループ図にメンタル・モデルを書き込むというのは，Innovation Associates Organizational Learning 社によって生み出された手法である.

第 9 章

1 Robert Kegan and Lisa Laskow Lahey, *How the Way We Talk Can Change the Way We Work* (Jossey-Bass, 2001).〔ロバート・キーガン，リサ・ラスコウ・レイヒー著『あの人はなぜウンと言わないのか――自分を変える。組織を変える。』松井光代，岡本さだこ訳，朝日新聞社，2002 年〕

2 この洞察は，ダートマス大学ガイゼル医科大学院のポール・バタルデン名誉教授，米国医療の質改善研究所の元会長兼 CEO で米国保健福祉省メディケア・メディケイド・サービス・センターの前長官であるドン・バーウィック，品質管理運動の創始者エドワーズ・デミングなど多くのシステム思考家によるものだ.

3 Peter Stroh and Wynne Miller, "Learning to Thrive on Paradox," *Training and Development*, September 2014.

4 Leung, *Pine St. Inn's Bold Move to End Chronic Homelessness*.

5 Scharmer, *Theory U*.〔シャーマー著『U 理論』〕

6 Everett M. Rogers, *Diffusion of Innovations*, 5th edition (Free Press, 2003).〔エベレット・ロジャーズ著『イノベーションの普及』三藤利雄訳，翔泳社，2007 年〕

第 10 章

1 David Peter Stroh and Marilyn Paul, "Is Moving Too Fast Slowing You Down? How to Prevent Overload from Undermining Your Organization's Performance," *Reflections: The Society for Organizational Learning Journal* 13, no. 1 (Summer 2013).

2 Meadows, *Thinking in Systems*.〔メドウズ著『世界はシステムで動く』〕

3 Barbara W. Tuchman, *The March of Folly* (Random House, 1984).〔バーバラ・W・タックマン著『愚行の世界史』大社淑子訳，朝日新聞社，1987 年〕

4 Claudia Dreifus, "A Chronicler of Warnings Denied," *New York Times*, October 27, 2014.

5 Leung, *Pine St. Inn's Bold Move to End Chronic Homelessness*.

6 Pathways to Housing のウェブサイト.

7 David Peter Stroh, *A Systems Approach to Improving Environmental Public Health*, 2013. 疾病管理センターのために書かれた未発表の報告書．著者から入手可能.

8 David Cooperrider and Diana Whitney, *Appreciative Inquiry: A Positive Revolution in Change* (Berrett-Koehler, 2005); Richard Pascale, Jerry Sternin, and Monique Sternin, *The Power of Positive Deviance* (Harvard Business Press, 2010).

9 David Peter Stroh and Marilyn Paul, "Managing Your Time as a Leader," *Reflections: The Society for Organizational Learning Journal*, Winter 2006.

28 Terrence Real, *The New Rules of Marriage* (Ballantine Books, 2007).

29 Elinor Ostrom, *Governing the Commons: The Evolution of Institutions for Collective Action* (Cambridge University Press, 1990).

30 *National Geographic*, "The Carbon Bathtub," December 2009.

31 Levitt, "Understanding Why Crime Fell in the 1990s."

第 5 章

1 David Peter Stroh and Michael Goodman, "A Systemic Approach to Ending Homelessness," *Applied Systems Thinking Journal*, October 2007.Download from: https://www.appliedsystemsthinking.com/supporting _documents/TopicalHomelessness.pdf.

2 数字の出典は，Calhoun County 2013–2014 Report Card, The Coordinating Council, http://www.tcccalhoun.org/CRC/2013-14%20CC%20Report%20Card.pdf.

3 Marvin Weisbord and Sandra Janoff, *Future Search*, 3rd edition, Berrett-Koehler, 2011〔初版はマーヴィン・ワイスボードほか著『フューチャーサーチ——利害を越えた対話から、みんなが望む未来を創り出すファシリテーション手法』香取一昭ほか訳，ヒューマンバリュー，2009 年〕; Harrison Owen, *Open Space Technology*, 3rd edition, Berrett-Koehler, 2008〔初版はハリソン・オーエン著『オープン・スペース・テクノロジー——5 人から 1000 人が輪になって考えるファシリテーション』ヒューマンバリュー訳，ヒューマンバリュー，2007 年〕; Juanita Brown et al., *The World Café*, Berrett-Koehler, 2005.〔アニータ・ブラウンほか著『ワールド・カフェ——カフェ的会話が未来を創る』香取一昭ほか訳，ヒューマンバリュー，2007 年〕

4 Ram Nidumolu et al., "The Collaboration Imperative," *Harvard Business Review*, April 2014; Scharmer, Theory U〔シャーマー著『U理論』〕; Zaid Hassan, *The Social Labs Revolution*, Berrett-Koehler, 2014.

5 Senge, *The Fifth Discipline*, pp. 150–55. センゲ著『学習する組織』

6 Scharmer, *Theory U*, p. 134.〔シャーマー著『U理論』〕

第 6 章

1 Kathleen Zurcher and Timothy Grieves, "Collaborating for Iowa's Kids," Iowa Department of Education and Iowa Area Education Agencies, August 17, 2012.

2 Shirley Leung, "Pine St. Inn's Bold Move to End Chronic Homelessness," *Boston Globe*, July 16, 2014.

3 チーム学習を促進する他の多くのツールと同様に，「主張と探求のバランスをとる」ことについては，Peter Senge et al., *The Fifth Discipline Fieldbook*.〔センゲほか著『フィールドブック 学習する組織「5 つの能力」』〕に書かれている.

4 Cliff Barry, Shadow Work Seminars によって策定された流れを改変.

5 Scharmer, *Theory U*.〔シャーマー著『U理論』〕

6 Real, *The New Rules of Marriage*.

第 7 章

1 Durose, Cooper, and Snyder, "Recidivism of Prisoners Released in 30 States in 2005."

2 Charles M. Blow, "Crime and Punishment," *New York Times*, Novemnber 30, 2014.

3 Ilya Somin, "Conservatives Rethinking Mass Imprisonment and the War on Drugs," *Washington Post*, January 26, 2014. この転換の興味深い例の一つは，刑事司法制度を修正するために，最近，政治的に右寄りである組織と左寄りである組織の両方を含めたきわめて意外な連合が形成されたことだ．この新たな組織 Coalition for Public Safety についての詳細は以下を参照．www.coalitionforpublicsafety.org.

6 G. Kelling and J. Q. Wilson, "Broken Windows," *The Atlantic* 249, no. 3 (March 1982).

7 C. Johnson, "Study Backs Theory That Links Conditions, Crime," *Boston Globe*, February 8, 2009.

8 J. A. Fox, "Ganging Up," *Boston Globe*, December 1, 2003.

9 E. Moscowitz, "Just Say 'In the Know,'" *Boston Globe*, December 22, 2008.

10 Institute on Education and the Economy, "Using What We Have to Get the Schools We Need: A Productivity Focus for American Education," IEE Document No. Bk-5 (Teachers College, Columbia University, October 1995). この事例に取り組み，私に関心をもたせてくれた同僚のジェニファー・ケメニーとシェリー・イメディアトに感謝したい.

11 システム原型を体系化し，使えるようにするという仕事において先駆的な役割を果たしたのは，イノベーション・アソシエイツのマイケル・グッドマン，ジェニファー・ケメニー，チャーリー・キーファーだった．その大部分は，William Braun, *The System Archetypes*, 2002, にまとめられている．以下からダウンロードできる．http://www.albany.edu/faculty/gpr/PAD724/724WebArticles/sys_archetypes.pdf.

12 S. Friedman, "When Heroin Supply Cut, Crime Rises, Says Report," *Boston Globe*, April 22, 1976.

13 Linda Polman, *The Crisis Caravan translated by Liz Waters* (Metropolitan Books, 2010).〔リンダ・ポルマン著『クライシス・キャラバン――紛争地における人道援助の真実』大平剛訳，東洋経済新報社，2012 年〕

14 William Easterly, *The Tyranny of Experts* (Basic Books, 2014).

15 ピューリッツァー賞受賞ジャーナリストのニコラス・クリストフとその妻シェリル・ウーダンの近著 *A Path Appears* (Knopf, 2014) は，ボトムアップ型の開発の優れた事例を数多く提供している.

16 John R. Ehrenfeld, "The Roots of Sustainability," *Sloan Management Review*, 46, no. 2 (Winter 2005).

17 Peter Buffett, "The Charitable-Industrial Complex," *New York Times*, July 26, 2013.

18 Peter Senge et al., *The Fifth Discipline Fieldbook*: *The Dance of Change* (Doubleday Currency, 1999)〔センゲほか著『フィールドブック 学習する組織「5 つの能力」』〕は，「成長の限界」の原型を用いて，組織の変化にとっての障害と，それを乗り越えるためにできることについて説明している.

19 Meadows et al., *The Limits to Growth*. メドウズほか著『成長の限界』

20 Thomas Piketty, *Capital in the Twenty-First Century*, translated by Arthur Goldhammer (President and Fellows of Harvard College, 2014).〔トマ・ピケティ著『21 世紀の資本』山形浩生ほか訳，みすず書房，2014 年〕

21 Peter Stroh, "The Rich Get Richer, and the Poor . . ." , *The Systems Thinker*, March 1992.

22 Keith Lawrence and Terry Keleher, *Structural Racism* (Race and Public Policy Conference, 2004).

23 Nicholas Kristof and Sheryl WuDunn, "The Way to Beat Poverty," *New York Times*, September 12, 2014.

24 著作権保護された "The Leadership Dilemma in a Democratic Society," を改変．Public Sector Consortium の許可を得て作成および複製．詳細は以下を参照． http://www.public-sector.org/file/The-Leadership-Dilemma-in-Democratic-Society.pdf.

25 Peter Stroh, "Conflicting Goals: Structural Tension at Its Worst," *The Systems Thinker*, September 2000.

26 David Peter Stroh, "A Systemic View of the Israeli–Palestinian Conflict," *The Systems Thinker*, June–July 2002.

27 David Peter Stroh, "The System Dynamics of Identity-Based Conflict," in Korppen, Ropers, and Giessmann (editors), *The Non-Linearity of Peace Processes*.

3 さらなる情報については，D. Korppen, N. Ropers, and H. J. Giessmann (editors), *The Non-Linearity of Peace Processes* (Barbara Budrich Publishers, 2011) の中の David Peter Stroh, "The System Dynamics of Identity-Based Conflict," を参照.

4 John Kania and Mark Kramer, "Collective Impact," *Stanford Social Innovation Review*, Winter 2011.

5 Paul Schmitz, "The Real Challenge for Collective Impact," *Huffington Post*, September 27, 2012.

第 3 章

1 OSI はその後，オープン・ソサエティ・ファウンデーションズ（OSF）と名称を改めた.

2 Jonathan Simon, "Governing Through Crime: How the War on Crime Transformed American Democracy and Created a Culture of Fear," *Studies in Crime and Public Policy*, 2009.

3 バックミンスター・フラーなどは，世界が直面している根本的な問題は，リソースが限られていることではなく，十分なリソースが効果的に分配されていないことだと述べている.

4 Marvin Weisbord, *Productive Workplaces: Dignity, Meaning, and Community in the 21st Century* (Jossey-Bass, 2012).

5 Alfred Blumstein and Joel Wallman, *The Crime Drop in America* (Cambridge University Press, 2005).

6 Steven D. Levitt, "Understanding Why Crime Fell in the 1990s: Four Factors That Explain the Decline and Six That Do Not," *Journal of Economic Perspectives* 18, no. 1 (Winter 2004).

7 Wikipedia, http://en.wikipedia.org/wiki/Abracadabra.

8 名詞がすべて変数であるとは限らないので，ある要素が変化するかどうかを確かめるには，その要素に「～のレベル」と付け加え,「再犯のレベル」というようにしてみるとよい．たとえば,「収監される人の数」は，時間の経過とともに増えたり減ったりしうるので，変数である．だが「戦略」は変数ではなく，一方で「改革よりも処罰に重点を置く相対的な度合い」は，時間の経過とともにこの重点は変わりうるので，変数である.

9 Peter Woodrow, "Conflict Analysis of Burundi" (CDA Collaborative Learning Projects, 2004).

10 たとえば，「同」のつながりは緑色，「逆」のつながりは赤など，最終形のループ図で色分けしてもよい.

第 4 章

1 Meadows, *Thinking in Systems*.〔メドウズ著『世界はシステムで動く』〕

2 Jim Collins, *Good to Great* (HarperCollins, 2001)〔ジム・コリンズ著『ビジョナリーカンパニー 2 ―― 飛躍の法則』山岡洋一訳，日経 BP 社，2001 年〕and *Good to Great and the Social Sectors* (monograph; HarperCollins, 2005).『ビジョナリーカンパニー【特別編】』山岡洋一訳，日経 BP 社，2006 年〕

3 David Peter Stroh, "A Systems View of the Economic Crisis," *The Systems Thinker* 20, (February 2009).

4 P. Ball, *Critical Mass: How One Thing Leads to Another* (Farrar, Straus and Giroux, 2006); Malcolm Gladwell, *The Tipping Point* (Little Brown, 2000).〔マルコム・グラッドウェル著『ティッピング・ポイント ―― いかにして「小さな変化」が「大きな変化」を生み出すか』高橋啓訳，飛鳥新社，2000 年〕

5 D. H. Meadows et al., *The Limits to Growth* (Universe Books, 1972).〔ドネラ・H・メドウズほか著『成長の限界』大来佐武郎監訳，ダイヤモンド社，1972 年〕

原注

はじめに

1　たとえば以下を参照．Peter Senge, *The Fifth Discipline* (updated and revised; Doubleday, 2010)〔ピーター・センゲ著『学習する組織――システム思考で未来を創造する』枝廣淳子ほか訳，英治出版，2011 年〕and Peter Senge et al., *The Fifth Discipline Fieldbook* (Doubleday, 1994).〔ピーター・センゲほか著『フィールドブック 学習する組織「5 つの能力」―― 企業変革をチームで進める最強ツール』柴田昌治，スコラ・コンサルト監訳，牧野元三訳，日本経済新聞出版社，2003 年〕

2　Harvard Business Review staff, "You Can't Be a Wimp: Make the Tough Calls" (interview with Ram Charan), *Harvard Business Review*, November 2013.

3　たとえば以下を参照. Peter Checkland and Jim Scholes, *Soft Systems Methodology in Action* (Wiley, 1999).〔ピーター・チェックランド，ジム・スクールズ著『ソフト・システムズ方法論』妹尾堅一郎監訳，有斐閣，1994 年〕

4.　たとえば以下を参照．Otto Scharmer, *Theory U: Leading from the Future as It Emerges* (Berrett-Koehler, 2009)〔C・オットー・シャーマー著『U理論――過去や偏見にとらわれず、本当に必要な「変化」を生み出す技術』中土井僚，由佐美加子訳，英治出版，2010 年〕; John Kania and Mark Kramer, "Collective Impact," *Stanford Social Innovation Review*, Winter 2011; and Zaid Hassan, The Social Labs Revolution (Berrett-Koehler, 2014).

5　この洞察は，ダートマス大学ガイゼル医科大学院のポール・バタルデン名誉教授，米国医療の質改善研究所の元会長兼 CEO で米国保健福祉省メディケア・メディケイド・サービス・センターの前長官であるドン・バーウィック，品質管理運動の創始者エドワーズ・デミングなど多くのシステム思考家によるものだ.

第 1 章

1　Matthew B. Durose, Alexia D. Cooper, and Howard N. Snyder, "Recidivism of Prisoners Released in 30 States in 2005: Patterns from 2005 to 2010," U.S. Department of Justice, Office of Justice Programs, Bureau of Justice Statistics, April 2014.

2　Lewis Thomas, *The Medusa and the Snail* (Viking, 1979).〔ルイス・トマス著『歴史から学ぶ医学――医学と生物学に関する二九章』大橋洋一訳，思索社，1986 年〕

3　Donella Meadows, *Thinking in Systems* (Chelsea Green, 2008).〔ドネラ・メドウズ著『世界はシステムで動く――いま起きていることの本質をつかむ考え方』枝廣淳子訳，英治出版，2015 年〕

4　システム思考のさまざまな流派について，また，どのような場合にどの方法論を適用するかについてより深く理解するには，Michael C. Jackson, *Systems Thinking: Creative Holism for Managers*, Wiley & Sons, 2003. を参照.

5　Senge, *The Fifth Discipline*〔センゲ著『学習する組織』〕および Senge et al., *The Fifth Discipline Fieldbook*〔センゲほか著『フィールドブック 学習する組織』〕. ループ図はもともと, 私の同僚のマイケル・グッドマンがその先駆的な教科書 *Study Notes in System Dynamics* (1974, reprinted by Pegasus Communications in 1989).〔『システム・ダイナミックス・ノート』蒲生叡輝ほか訳，マグロウヒル好学社，1981 年〕で著した.

第 2 章

1　Carol S. Dweck, *Mindset: The New Psychology of Success* (Random House, 2006).〔キャロル・S・ドゥエック著『マインドセット「やればできる!」の研究』今西康子訳，草思社，2016 年〕

2　Senge, *The Fifth Discipline*, p. 231.〔センゲ著『学習する組織』〕

● 著者

デイヴィッド・ピーター・ストロー
David Peter Stroh

システム思考をベースに組織や社会課題の解決を支援するコーチ／コンサルタント。ブリッジウェイ・パートナーズ、アプライド・システム・シンキングの共同設立者。ピーター・センゲの「学習する組織」の方法論を用いた組織学習専門のコンサルティングファームであるイノベーション・アソシエイツの設立にも携わる。

社会変革プロジェクトに25年以上携わり、世界銀行、ロイヤル・ダッチ・シェル、W・K・ケロッグ財団など、さまざまな非営利組織、営利組織、公的機関と協働した実績をもつ。

ブリッジウェイ・パートナーズ　www.bridgewaypartners.com
アプライド・システム・シンキング　www.appliedsystemsthinking.com

（Photo: Kim Kennedy）

● 監訳者

小田理一郎
Riichiro Oda

チェンジ・エージェント代表取締役。オレゴン大学経営学修士（MBA）修了。多国籍企業経営を専攻し、米国企業で10年間、製品責任者・経営企画室長として組織横断での業務改革・組織変革に取り組む。2005年チェンジ・エージェント社を設立、人財・組織開発、CSR経営などのコンサルティングに従事し、システム横断で社会課題を解決するプロセスデザインやファシリテーションを展開する。デニス・メドウズ、ピーター・センゲ、アダム・カヘンら第一人者たちの薫陶を受け、組織学習協会（SoL）ジャパン理事長、グローバルSoL理事などを務め、システム思考、ダイアログ、「学習する組織」などの普及推進を図っている。

ドネラ・メドウズ著『世界はシステムで動く』（英治出版）の日本語版解説を担当。共著に『なぜあの人の解決策はいつもうまくいくのか』『もっと使いこなす！「システム思考」教本』（東洋経済新報社）など、共訳書にピーター・M・センゲ著『学習する組織』、ビル・トルバート著『行動探求』（以上、英治出版）、ジョン・D・スターマン著『システム思考』（東洋経済新報社）、監訳書にアダム・カヘン著『社会変革のシナリオ・プランニング』『敵とのコラボレーション』（以上、英治出版）。

● 訳者

中小路佳代子
Kayoko Nakakoji

津田塾大学学芸学部英文学科卒。ビジネス・経済分野の翻訳から、現在は主に環境分野の翻訳を手がける。訳書にリーアン・アイスラー著『ゼロから考える経済学』（英治出版）、レスター・ブラウン著『地球に残された時間』（ダイヤモンド社）、ジェイムズ・ハンセン著『地球温暖化との闘い』（日経BP社）、アル・ゴア著『アル・ゴア 未来を語る』（角川マガジンズ）、共訳書にピーター・M・センゲ著『学習する組織』、ビル・トルバート著『行動探求』（以上、英治出版）、ウルリッヒ・ベック著『変態する世界』（岩波書店）などがある。

● 日本語版まえがき

井上英之
Hideyuki Inoue

慶應義塾大学 特別招聘准教授、INNO-Lab International 共同代表。ジョージワシントン大学大学院卒（パブリックマネジメント専攻）。ワシントンDC市政府、アンダーセン・コンサルティング（現アクセンチュア）を経て、NPO法人ETIC.に参画。2001年より日本初のソーシャルベンチャー・プランコンテスト「STYLE」を開催するなど、国内外の社会起業家育成・輩出に取り組む。2003年、社会起業向け投資団体ソーシャルベンチャー・パートナーズ（SVP）東京を設立。2005年より、慶應義塾大学湘南藤沢キャンパスにて「社会起業論」などの、実務と理論を合わせた授業群を開発。「マイプロジェクト」と呼ばれるプロジェクト型の学びの手法は、全国の高校から社会人まで広がっている。2009年に世界経済フォーラム「Young Global Leader」に選出。近年は、マインドフルネスとソーシャルイノベーションを組み合わせたリーダーシップ開発に取り組む。

監訳書に『世界を変える人たち』（ダイヤモンド社）、監修書にデービッド・ボーンステイン、スーザン・デイヴィス著『社会起業家になりたいと思ったら読む本』、加藤徹生著『辺境から世界を変える』（ダイヤモンド社）。

● 英治出版からのお知らせ

本書に関するご意見・ご感想を E-mail (editor@eijipress.co.jp) で受け付けています。
また、英治出版ではメールマガジン、ブログ、ツイッターなどで新刊情報やイベント情報を配信しております。ぜひ一度、アクセスしてみてください。

メールマガジン ：会員登録はホームページにて
ブログ ：www.eijipress.co.jp/blog/
ツイッター ID ：@eijipress
フェイスブック ：www.facebook.com/eijipress
Web メディア ：eijionline.com

社会変革のためのシステム思考実践ガイド

共に解決策を見出し、コレクティブ・インパクトを創造する

発行日 2018 年 11 月 14 日 第 1 版 第 1 刷

著者 デイヴィッド・ピーター・ストロー
監訳者 小田理一郎（おだ・りいちろう）
訳者 中小路佳代子（なかこうじ・かよこ）
まえがき 井上英之（いのうえ・ひでゆき）
発行人 原田英治
発行 英治出版株式会社
〒 150-0022 東京都渋谷区恵比寿南 1-9-12 ピトレスクビル 4F
電話 03-5773-0193 FAX 03-5773-0194
http://www.eijipress.co.jp/
プロデューサー 下田理
スタッフ 高野達成 藤竹賢一郎 山下智也 鈴木美穂 田中三枝
安村侑希子 平野貴裕 上村悠也 山本有子
渡邉吏佐子 中西さおり 関紀子 瀧口大河
印刷・製本 大日本印刷株式会社
装丁 大森裕二
校正 株式会社ヴェリタ

Copyright © 2018 Riichiro Oda, Kayoko Nakakoji, Hideyuki Inoue

ISBN978-4-86276-242-9 C0030 Printed in Japan

本書の無断複写（コピー）は、著作権法上の例外を除き、著作権侵害となります。
乱丁・落丁本は着払いにてお送りください。お取り替えいたします。

世界はシステムで動く　いま起きていることの本質をつかむ考え方

ドネラ・H・メドウズ著　枝廣淳子訳　本体 1,900 円＋税

株価の暴落、資源枯渇、価格競争のエスカレート……さまざまな出来事の裏側では何が起きているのか？　物事を大局的に見つめ、真の解決策を導き出す「システム思考」の極意を、いまなお世界中に影響を与えつづける稀代の思考家がわかりやすく解説。

学習する組織　システム思考で未来を創造する

ピーター・M・センゲ著　枝廣淳子、小田理一郎、中小路佳代子訳　本体 3,500 円＋税

経営の「全体」を綜合せよ。不確実性に満ちた現代、私たちの生存と繁栄の鍵となるのは、組織としての「学習能力」である。――自律的かつ柔軟に進化しつづける「学習する組織」のコンセプトと構築法を説いた世界 250 万部のベストセラー、待望の増補改訂・完訳版。

「学習する組織」入門　自分・チーム・会社が変わる 持続的成長の技術と実践

小田理一郎著　本体 1,900 円＋税

変化への適応力をもち、常に進化し続けるには、高度な「学習能力」を身につけなければならない。「人と組織」のあらゆる課題に奥深い洞察をもたらす組織開発メソッド「学習する組織」の要諦を、ストーリーと演習を交えてわかりやすく解説する。

U理論［第二版］　過去や偏見にとらわれず、本当に必要な「変化」を生み出す技術

C・オットー・シャーマー著　中土井僚、由佐美加子訳　本体 3,500 円＋税

未来から現実を創造せよ――。ますます複雑さを増している今日の諸問題に私たちはどう対処すべきなのか？　経営学に哲学や心理学、認知科学、東洋思想まで幅広い知見を織り込んで組織・社会の「在り方」を鋭く深く問いかける、現代マネジメント界最先鋭の「変革と学習の理論」。

出現する未来から導く　U理論で自己と組織、社会のシステムを変革する

C・オットー・シャーマー、カトリン・カウファー著　由佐美加子、中土井僚訳　本体 2,400 円＋税

現代のビジネス・経済・社会が直面する諸課題を乗り越えるには、私たちの意識――内側からの変革が不可欠だ。世界的反響を巻き起こした『U理論』の著者が、未来志向のリーダーシップと組織・社会の変革をより具体的・実践的に語る。

対話型組織開発　その理論的系譜と実践

ジャルヴァース・R・ブッシュ、ロバート・J・マーシャク編著　中村和彦訳　本体 5,000 円＋税

組織とは、意味を形成するシステムである。なぜいま対話なのか？ 対話によって何が変わるか？対話をいかに行うか？　組織開発のフロンティアを往く21人の知見とビジョンを凝縮。個人と集団の可能性を信じる実践者に贈る、最前線の組織論。

● 英　治　出　版　の　本　　好　評　発　売　中 ●

社会変革のシナリオ・プランニング　対立を乗り越え、ともに難題を解決する

アダム・カヘン著　小田理一郎監訳　東出顕子訳　本体 2,400 円＋税

多角的な視点で組織・社会の可能性を探り、さまざまな立場の人がともに新たなストーリーを紡ぐことを通じて根本的な変化を引き起こす「変容型シナリオ・プランニング」。南アフリカ民族和解をはじめ世界各地で変革を導いてきたファシリテーターがその手法と実践を語る。

敵とのコラボレーション　賛同できない人、好きではない人、信頼できない人と協働する方法

アダム・カヘン著　小田理一郎監訳　東出顕子訳　本体 2,000 円＋税

「対話は必ずしも最善の選択肢ではない」――世界50カ国以上で企業の役員、政治家、ゲリラ、市民リーダー、国連職員など多岐に渡る人々と対話をかさねてきた、世界的ファシリテーターが直面した従来型の対話の限界。彼が試行錯誤のすえに編み出した新しいコラボレーションとは。

未来を変えるためにほんとうに必要なこと　最善の道を見出す技術

アダム・カヘン著　由佐美加子監訳、東出顕子訳　本体 1,800 円＋税

南アフリカの民族和解をはじめ世界各地で変革に取り組んできた辣腕ファシリテーターが、人と人の関係性を大きく変え、ともに難題を解決する方法を実体験を交えて語る。「力」と「愛」のバランスというシンプルかつ奥深い視点から見えてくる「未来の変え方」とは？

なぜ人と組織は変われないのか　ハーバード流 自己変革の理論と実践

ロバート・キーガン、リサ・ラスコウ・レイヒー著　池村千秋訳　本体 2,500 円＋税

変わる必要性を認識していても85％の人が行動すら起こさない――？ 「変わりたくても変われない」という心理的なジレンマの深層を掘り起こす「免疫マップ」を使った、個人と組織の変革手法をわかりやすく解説。発達心理学と教育学の権威が編み出した、究極の変革アプローチ。

会議のリーダーが知っておくべき10の原則　ホールシステム・アプローチで組織が変わる

マーヴィン・ワイスボード、サンドラ・ジャノフ著　金井壽宏監訳　野津智子訳　本体 1,900 円＋税

多くのビジネスパーソンが日々、会議を「時間のムダ」と感じている。まとまらない。意見が出ない。感情的な対立が生まれる。決まったことが実行されない。それはつまり、やり方がまずいのだ。会議運営のプロフェッショナルが、真に「価値ある会議」を行う方法をわかりやすく解説。

人と組織の「アイデア実行力」を高める　OST（オープン・スペース・テクノロジー）実践ガイド

香取一昭、大川恒著　本体 2,400 円＋税

もう「アイデア出し」で終わらせない――。企業の新規事業創出から、地域コミュニティの活性化まで、さまざまな問題解決の突破口を見いだすために全国各地で活用される「場づくり」の技法を第一人者が解説。大成建設、大分FC、京都市伏見区ほか事例満載！

TO MAKE THE WORLD A BETTER PLACE - Eiji Press, Inc.